U0638047

电视创作技巧与导演艺术

俞敏武◎著

吉林出版集团股份有限公司

图书在版编目（CIP）数据

电视创作技巧与导演艺术 / 俞敏武著 . — 长春：
吉林出版集团股份有限公司 , 2020.4
ISBN 978-7-5581-8316-4

Ⅰ . ①电… Ⅱ . ①俞… Ⅲ . ①电视节目制作 Ⅳ .
① G222.3

中国版本图书馆 CIP 数据核字 (2020) 第 047792 号

电视创作技巧与导演艺术

著　　者　俞敏武

责任编辑　齐　琳　李晓华

封面设计　李宁宁

开　　本　787mm×1092mm　1/16

字　　数　266 千

印　　张　14.5

版　　次　2020 年 5 月第 1 版

印　　次　2020 年 5 月第 1 次印刷

出　　版　吉林出版集团股份有限公司

电　　话　010–63109269

印　　刷　炫彩（天津）印刷有限责任公司

ISBN 978-7-5581-8316-4　　　　　　定价：65.00 元

前　言

　　电视节目是综合性的艺术创作，不仅应用诸多技术手段，如摄影、摄像、光电技术等，而且要以艺术学、传播学、心理学、美学、文学等作为基本的理论基础。在 21 世纪，随着电视技术日新月异的发展与应用，为电视节目制作提供了更加丰富、更加有效的制作技术与手段，高科技的力量使电视更具表现力。为此，一方面，对电视节目摄制理论与制作技术的研究需要在原有基础之上不断的深入研究与拓展，以便能及时反映出电视节目制作领域的最新发展和研究成果。另一方面，随着信息传播媒体的融合和拓展，尤其是面对"入世"后国际电视业所带来的强大冲击，使国内电视传媒领域面临着严峻挑战。而电视编导作为电视节目创作生产的策划者、组织者、领导者，是优秀电视作品创作的核心。要实现电视艺术整体水平的提高，推进我国电视事业的跨越式发展，很大程度上取决于电视编导的创作水准。

　　在数字化的技术浪潮中，电视深受影响，电视的节目形态、节目功能发生了很大的变化。科学与技术的发展表现在电视的节目形态上，还可以为电视提供更多的创作题材。电视创作与传统的文学创作不同，文学是想象的艺术，可以不受限制地创作各种题材的作品，读者只需在文字的抽象符号的指引下，展开自己丰富的联想、借助文字所引发的想象的魅力体验作者所描绘的情景。然而，电视艺术所属的视听艺术不是这种想象的艺术，相反它还是具象的，因此，它无法不受任何限制地进行创作，而是需要依靠技术把所有的艺术想象转化为影像现实。即使是在电脑图形技术相当发达的今天，虽然不再需要大量的物质实体作为拍摄对象来把艺术想象反映出来，电脑图像生成的最终结果仍然是可见、可听的具体影像。因此，电视创作技巧不仅是解决如何想象的问题，还是如何把想象还原为现实的问题。

　　本书力争对电视创作过程中的一些最关键的问题进行分析，从电视画面、摄像、剪辑、声音等技术层面进行深入探讨。另外，本书着重突出了导演作为影视创作的核心，必须承担哪些方面的具体工作，在创作过程中应该突出场面调度的意识，从哪些方面进行艺术构思以及如何培养独特的风格，在创作中如何平衡技术与艺术的表达。

　　本书在编写过程中参阅了国内外大量的著作、论文和权威网站的资料，借鉴了众多专家、学者的科研成果，在此一并表示衷心感谢。由于时间仓促，加之作者水平有限，书中难免出现一些不当之处，敬请方家和广大读者批评指正。

俞敏武

2020 年 1 月

目　录

第一章 电视概述

第一节 大众传媒属性

大众传播媒介是指在传播路线上用机器作中介物以传达信息的报纸、书籍、杂志、电影、广播、电视诸形式。大众传播媒介经过长期演变，到目前为止，主要分为"印刷传播"媒介和"电子传播"媒介两大类。广义上说印刷媒介包括书籍、报纸、杂志等，电子媒介则指广播、电视、电影、网络等。随着新型材料和高科技的运用，电子传媒又给我们增加了以数字技术为代表的多媒体"电子报纸""数字化电视""综合数字通信网络"以及"信息高速公路"等新媒介，极大地拓展了受众与大众传媒间的互动空间。狭义上讲，今天的大众传媒特指报纸、杂志、广播、电视、网络五种媒介，这些传媒以新闻传播为重要使命，因此又被称为新闻媒介。

从事物普遍运动的哲学原理来看，任何一种新媒介要取得大众传媒资格都需要经过历史的检验；同时，一些传统媒介也会随着社会的发展弱化乃至退出历史舞台，所以，大众传媒的内涵是动态的，是随时间不断丰富变化的。大众传媒赖以支撑的最小概念范围是一个国家，还可以是由某几个国家结合而成的利益共同体，而不是只服务于一个国家中的部分地区或部分人群的传播媒介。其最理想的支撑范围应该是整个人类世界，但迄今为止这种世界性的媒体尚未形成。原因之一是，对于大众传媒，无论其属于国有还是私有，总是存在于以国家或民族利益为核心的意识当中，以整个国家或民族为服务对象；原因之二是，大众传媒是以国家或民族形式出现的文化载体，具有强烈的既定的国家或民族意识指向性。因此，无论这个媒体属于哪一个行业，存在于哪一个层次；是综合性媒体还是专业性媒体，只要它是存在于这个时代组合的范畴之中，就具有大众传媒的属性。大众传媒的属性是在与其他事物的比较中展现，并在不同层次上展示出来的。

一、大众传媒的本质属性

所谓事物的本质属性，指的是一种事物特有的、区别于其他事物的显著特征。为了叙述清晰，我们对大众传媒本质属性的分析分别从其共性、特性和个性上展开。大众传媒的共性，特指大众传媒比较其他事物的基本特点；大众传媒的特性，特指一类媒介比较另一类媒介的基本特点；大众传媒的个性，是一家媒体比较其他家媒体的基本特点。

（一）大众传媒的共性

大众传媒的共性指的是各个时代、各个国家、各个阶级、各种类型的所有大众传媒的共同特点。

（1）大众传媒作为精神产品的生产机构，和立法、司法、行政机构一样，同属上层建筑，在社会上具有强大的影响力。但它仅仅是舆论机构，没有立法、司法、行政那样的强制性和指挥权；它是意识形态的重要部门，但不同于哲学、宗教、文学、艺术等，它的特点在于运用新闻手段传播新闻和其他信息，更直接地作用于经济基础。它通过评价、宣传、解释一定的思想观念，倡导一定的行为规范，为传媒所有者和控制者创造有力的舆论环境。

（2）大众传媒作为以传播新闻为主要内容的机构，和人际传播、组织传播所使用媒介的区别在于：

①传播速度快。电子新闻媒介几乎可以立即传播信息，如电视信号能够在不到一秒钟内绕地球一周。虽然并非所有的新闻工具都这样快，例如报刊信息传播就要慢些，但新闻工具需要讲求时效性，因为速度直接影响着信息传播的效果。因此，吸纳最先进的技术，提高信息传播速度，成为所有媒介在竞争中谋求发展的基础条件。

②公开传播，覆盖面广。大众传媒针对最广泛的、异质的和匿名的受众，信息是公开传播的，安排传播的时间，通常是以同时达到大多数受众为目的。在大众传播活动中，大众传媒机构对采集到的大量信息进行选择、加工和过滤，并按照受传者的需要和自己的意图，使用复杂的机器，例如电视发射机、无线电发射机、高速电动印刷机、扩音器和电影拍摄机等予以传播，使信息传播的距离延长，覆盖面增广。

③影响力强，信任度高。相对于立法、行政、司法和军队等有形的、刚性的权力而言，大众传媒是一种无形的权力，也是一种柔性的权力。它以其特有的方式广泛渗透到社会生活的每一个角落，通过对数百万人的吸引显示出它巨大的力量和影响力，从而改变着人们的社会环境、生活方式、思维方式、价值观念，推动着人类教育的发展，丰富着人们的文化生活，于潜移默

化中达到对人们思想和行为的有效影响。反之，受众对大众传媒抱有一种权威信息源的想法，对大众传媒产生了一定的、良好的信任度，这种信任度逐渐集合而成了媒介的公信力，包括长期形成的信誉度、权威性和影响力。

④有严密的组织机构和专职的从业人员。大量信息的采集、制作与传播需要巨额资金，需要购置大量的机器设备，以生产、分配和展示它们的产品。这就使大众传播必须成立一个复杂、严密的组织机构才能得以实现。具体而言，大众传媒主要是指报纸、杂志、电视、广播和网络等五种传播工具，他们分别具有复杂的内部组织结构和外部关系。

（二）大众传媒的特性

大众传媒的特性是分层次展现的，在不同的角度下有不同的描述。大众传媒特性的主要方面有：

1. 从所有制性质角度可分为三类

（1）私营媒介——完全由私人独资或内部股份制方式创办的新闻媒介。西方国家的报纸基本上都是私营媒介，其中以美国最具代表性，除少量公共电台电视台外，几乎所有报纸、电台、电视台都是私营的。

（2）公营媒介——由社会公众所共同拥有的新闻媒介。世界上绝大多数国家都有公营电台、电视台，以播放社会教育和少儿节目为主。其中以英国广播公司、日本放送协会和德国的电台电视台为代表。西方目前还没有公营报纸。

（3）国营媒介——由国家直接控制或国家控股的新闻媒介。除了社会主义国家的新闻媒介都属国营外，西方发达国家也有一批国营的新闻媒介，其中以法国在 20 世纪 80 年代中期的电视一台、二台、三台、意大利国家电视台最具代表性。

2. 从与政府或执政党关系角度可分为三类

（1）独立的新闻媒介——政治上标榜客观中立，只以国家、民族、公众的利益作为是非标准。1926 年新记《大公报》曾提出"不党、不私、不卖、不盲"的办报方针，在经济上完全依靠自己，不接受任何方面津贴。

（2）官方新闻媒介——代表政府（或政党）立场，宣传政府的施政纲领。一般来说，它们往往依靠政府（或政党）的财政津贴来维持日常运作。世界各国几乎所有的对外广播都是官方的新闻媒介，尽管它们运作方法可能不同。

（3）半官方新闻媒介——名义上是独立运作的，但在重大政治问题上、重要时刻往往代表政府发言，替政府宣传，同时，政府又可以不承担这些宣传的责任。半官方新闻媒介往往从政府那里得到许多优惠，比如获得政府独家新闻发布权，采访优先权，刊登政府发布的广告等。

3. 从阶级性角度可分为两类

（1）无产阶级新闻媒介——它们代表无产阶级和广大人民群众的利益，以有利于国家和人民利益为最高宗旨。虽然必须讲求经济效益，但社会利益始终是它的第一个并且是最终的追求目标。

（2）资产阶级新闻媒介——它们代表资产阶级尤其是垄断资本家的利益。

4. 从媒介方针角度可分为三类

（1）商业性媒介——以追求利润为主要目的的新闻媒介，当然，这并不排斥它们同样具有政府倾向性。

（2）政治性媒介——以追求政治目标为主要目的的新闻媒介。

（3）政企合一型媒介既追求政治目标，也同样追求商业利润。

5. 从媒介的内容角度可分为两类

（1）严肃的高级媒介——以刊登硬新闻和评论为主。

（2）大众化的通俗媒介——以刊登娱乐、服务新闻为主。

（三）大众传媒的个性

在日常的新闻工作和新闻学研究中，人们更关注的是某一家新闻媒介的个性。大众传媒的个性是指一种具体的新闻媒介在内容选择、编排方式、行文风格上的与众不同之处。一个具有较为稳定且鲜明风格的媒介，容易塑造统一的、独特的媒介形象，因而也就能在受众的心目中留下深刻的印象，让受众对其做出良好的评价。

以英国 BBC 和美国四家电视台比较，其风格截然不同。BBC 的新闻严肃，比较客观、公正、可靠。而美国四家电视台的新闻争分夺秒，编排灵活，但主观倾向性外露，炒作痕迹显而易见。美国三家无线电视 ABC（美国广播公司）、NBC（全国广播公司）、CBS（哥伦比亚广播公司）的个性也很鲜明，ABC 的国际新闻报道周详而深刻，NBC 始终以硬新闻报道见长，CBS 则在选举（尤其总统竞选、国会选举）报道中独树一帜。在中国，受读者欢迎的媒介都有鲜明的个性。同样为新闻类节目，中央电视台《新闻联播》主要报道国计民生的主要政策和决策、国内外重大事件等，以一种严肃、庄重、快捷以及信息的重要性、显著性的节目风格奠定了中央台的权威性；而北京电视台的一个新闻栏目《第七日》，则运用口语化的语言以及主持人充满人情味的说新闻方式增强了活泼气氛，在内容上主要报道人们在日常生活中关系密切的感兴趣的问题，时而配以主持人必要的指导性评论，并适当鼓励受众发短信参与评论，增强了贴近性、互动性和指导性，从而形成了一种活泼、轻松、贴近生活、参与性强、极具人情味的地方台新闻节目风格，赢得了受众的喜爱。又例如传统的三大晚报《北京晚报》《新民晚报》《羊城晚报》，历经几十年而发展势头旺盛，就在于它们鲜明的报风牢牢吸引着读者。其中，《北京晚报》具有京派文化的典雅、庄重、厚实的风格；《新民晚报》具有海派文化的实用、精致、活泼的风格；《羊城晚报》很好地体现了岭南文化的开拓创新。

因此，媒介风格是某一媒介与另一个媒介区别开来的重要依据，是媒介识别系统的重要内容，也是媒介无形资产的重要部分。媒体必须确立鲜明的媒介风格，创建自己的品牌，如此才能提高媒介的知名度和美誉度，塑造媒介组织的良好形象。

二、大众传媒的企业（产业）属性

作为精神产品的生产者，大众传媒既属于上层建筑范畴，又属于信息、娱乐产业，这在西方发达国家已是一个常识。在我国，随着市场经济的日益完善，中国传媒产业化、市场化的趋势已经越发明显。

长期以来，我们把大众传媒（新闻事业）的属性定位在上层建筑内，认为新闻事业是上层建筑的一个组成部分，并确认中国共产党领导的新闻事业是党和人民的喉舌，即党的宣传工具。这一认识从我们党的报刊一开始创办就确定下来。1921年8月上海出版的《劳动周刊》在发刊词中宣布："我们的周刊不是营业的性质，是专门本着中国劳动组合部的宗旨，为劳动者说话，并鼓吹劳动组合主义。"不搞经营、专事宣传，这是我们党的新闻事业半个多世纪的基本运行模式。1949年12月，新闻总署曾召开全国报纸经理会议，决定报纸实行企业化经营，但没过几年就停止执行；1978年，财政部批准《人民日报》等首都报纸试行企业管理，但实际上也没有真正推行。一直到党的十四大召开，确立我国要建立社会主义市场经济以后，新闻界逐渐达成一个共识：在社会主义市场经济条件下，新闻事业不但是一支强大的精神上、道义上的力量，而且还是一支强大的经济力量。新闻事业不但要促进社会主义市场经济的发育，而且本身就是社会主义市场经济不可或缺的有机组成。进而形成新闻事业具有双重性的新认识，即新闻事业具有上层建筑属性和信息产业属性。

事实上，大众传播过程的实现一直是由传播产业来完成的。所谓传播产业，就是报纸、杂志、广播、电视、网络等大众传播媒介产业的统称。产业内容一般包括：各种供作传播工具的印刷企业，广播和电视公司，新闻和特稿通信社，广告和公共关系事务公司；提供印刷材料和视听材料的联合企业或独立公司，公营或私营新闻办事处、资料库、软件制造者；技术设备制造商等。另外，还包括已被人们称之为"文化产业"的内容，也就是说，它用工业技术复制和传播精神产品及文化艺术产品。

"事业性质，企业管理"是上述双重属性在当前我国新闻传播事业中的外在表现形式。这意味着，新闻传播事业的性质决定了它不能像一般企业那样可以自由出入市场，可以自定方针，而必须服从党和政府领导，但在管理上采取企业方法，传播媒介是独立法人，在经济上必须自主经营、自负盈亏、依法纳税。或者说，传播媒介在政治上必须恪守党性原则，经济上按社会主义市场经济的规律运行。

确立传播媒介的双重属性，"事业性质，企业管理"，极大地解放了传播媒介的生产力，给中国新闻传播事业带来重大转机、重大变化。传播媒介以广告费来维持自身运转和发展壮大自己，同时，广告也是沟通生产者、消费者之间的桥梁，这就是广告赖以生存的社会原因。认识到报纸、广播、电视产品也是一种商品，对我国新闻传播工作者有着积极意义。

（1）经常考虑读者的需要。竞争的直接目标是争取更多的受众，即报纸要扩大发行量，电台要提高收听率，电视台要提高收视率。为了吸引受众，就要不断下功夫改进版面、改进节目，从而使传播媒介更加注意塑造自己鲜明的个性特点，使宣传、新闻报道更加生动活泼，广播电视节目更加丰富多彩。马克思说过："商品首先是一个外界的对象，一个靠自己的属性来满足人的某种需要的物。"传播媒介如果不能满足人们的某种需要，受众就不愿去买它、看它，一切意图都会落空。

传播媒介更加注重受众的反馈。媒介竞争态势的形成标志着中国新闻传播媒介从过去的以传者为中心向以受者为中心过渡，媒介经营比以前更加重视受众的需要，媒介内容向贴近生活、贴近受众倾斜。重视媒介的受众定位，不断进行受众调查。媒介栏目不断变化，热点追踪不断转移，其中心轴就是受众需要。

（2）大众传媒的产品既然是商品，那必然可以自由买卖，行业间必然存在竞争。竞争是人才的竞争，也是设备的竞争。为了更真实、更迅速、更深刻、更生动地反映现实，制做出受众喜闻乐见的产品，媒介组织需要方方面面的人才，因此，媒介更加注重人才的培养和设备的更新。

（3）媒介产品既然是商品，那就必然有价值规律发生作用，这就要求加强对媒介生产的经营管理，提高质量，降低成本，重视投入产出的效益，开源节流，发展壮大。大众传媒在做好宣传党的方针政策的同时，要敢于放开手脚搞活经营。二十多年来全国大众传播媒介的广告收入增加了一千倍。结果，国家利税收入增加，大众传播媒介实力壮大，从业人员收入增长。

但是，我们必须强调，从新闻史上看，以商品原则指导经营，既有积极作用，也会带来消极因素：为了迎合一部分受众，产生了色情、暴力等内容；有些媒介搞有偿新闻，把整个新闻媒介版面（时间）标价出售给企业。在我国社会主义制度下，指导大众传媒事业的不是一般的商品生产规律，而是党性原则。因此，我们必须在服从党性原则的前提下来考虑报纸的发行量以及电台的收听率和电视台的收视率，绝不能为了增加广告、扩大发行、多获利润而不择手段。

第二节 大众艺术属性

电视作为一个新兴媒体，从一诞生开始，人们就发现它的多种传播功能。除了传递信息的功能以外，人们已经注意到它可以作为各种娱乐形式的载体，特别是它具有电影的表现手法和特征。直至今日，国外一些著名的电影导演仍然坚持这种看法。意大利著名导演罗西里尼认为："在电影和电视之间，毫无差别而言，不论银幕是大是小，我想的、说的和做的都是同样的事物。"电视如同电影的这种艺术功能，一开始就受到重视。

与电影同为视听艺术的电视，早在它的发展初期，人们就开始探索一种完全有别于影剧院的视听艺术。当然，一开始还没有认识到这种艺术对家庭及各年龄层的人的影响，只是尝试着把电影院搬到家里。1929 年，英国 BBC 开始试播无声图像，播出的第一部电视剧是《女王的信使》，它不像是电影，而是一组连环画似的照片。1930 年，BBC 第一次声像播出了皮兰德罗写的电视剧《嘴里叼花的人》，这应该是世界电视史上第一部电视剧。

1958 年，中央电视台的前身北京电视台（不是现在的北京电视台）成立了，在简陋的演播厅里，用国产摄像机实况播出了中国的第一部电视剧《一口菜饼子》。

这个具有代表性的早期电视剧完全不同于电影，倒跟舞台剧是近亲。它采取了戏剧的结构方法，有开端、发展、高潮、结局，遵守话剧的"三一律"原则：时间、地点和人物动作的同一性；但也不完全同于话剧的实况转播，主要有导演的分镜头处理，同时是采取直播形式，完全是电视台自己创作的文艺节目。实际上，目前电视台不少话剧的实况转播，导播也决不会用一个全景的景别进行转播，也要进行分镜头处理，甚至有时不在剧场，而是把剧团请到演播厅里，所以这种早期演播厅里直播的电视剧同话剧的区别不大。这一时期的电视剧以及电视文艺类节目很难找出自己的特点。

的确，电视文艺，特别是电视剧一开始并没完全形成自己的个性，正如美国学者 L·舒尔策指出的：“电视片这一称谓一出现就因受到批评界广泛而激烈的抵制而显得特别引从注目”。最主要的指责认为是电视片被看成“电影业的继子”，1969 年，电视评论家朱迪思·克里斯特撰文指出：“电视片如果用影院尺度衡量……恐怕连 B 级都达不到”。电视片中绝大多数是“伪劣产品”。这是因为电视台为应付每日的大量播出，把那些电影院里卖不出座的影片或一些人们早已看腻了的影片拿出来播放，加上一些早期电视剧成本低廉、质量粗糙，确实使电影业对电视片不屑一顾。

批评家的批评是一回事，电视台的播出是另一回事。因为电视台有电视台的尺度，在自己不能生产足够的电视节目以充斥全部播出时间以前，也只能如此而已。

下面，我们有必要简单回顾一下代表世界电视发展史的美国电视节目的发展情况。

美国三大电视网的美国广播公司、哥伦比亚广播公司、全国广播公司所属的电视台播出的各种剧情片一开始都是电影故事片。1950 年，美国好莱坞各制片厂准许各地电视台播放它们的一些老片子，1955 年，这些剧情片已成为地方电视台节目的主体。20 世纪 60 年代，好莱坞开始真正进入电视界。到 70 年代初，美国三大电视网每周有 10 次“电影之夜”，专门播映近期拍摄的新片。这一阶段，电视台播出的大量剧情片都是电影院里放映的影片。

由于播放影片，特别是新片，价格昂贵，比如美国广播公司为放映《桂河大桥》竟付给电影厂 200 万美元。好莱坞的贪得无厌，使电视台利润减少，于是电视台开始委托电影厂专门摄制电视里播放的剧情片。1965 年，美国好莱坞之外的一家尖端人才经纪公司的专门为电视台生产资料片的 MCA 公司，同全国广播公司签约，专门生产供电视台一次播放的电视剧情片。1966 年，MCA 公司的环球公司生产的第一部电视剧情片《声誉是游戏之名》，被美国批评家帕特里克·麦吉利根称为：电视网向好莱坞正剧片发出的“独立宣言”开始生效。这些专门为电视台制作的影片获得了极大的成功。到 20 世纪 70 年代初，电视片的生产成倍增长；但我们所称的连续剧还不多，长度 2 小时、制作费用 200 万美元的电视片仍占主导地位，然而一些成本极高的大制作却创造了较高的收视率，如 1977 年拍摄的电视连续剧《根》，就创造了极高的收视率。这一时期，电视剧占据了黄金段，取代了好莱坞的影片。美国广播公司制作的纪录片《布赖恩之歌》雄居 10 部在电视播放的影片（也包括在电视上播放的电影）之首，获得美国电视最高大奖“艾美奖”，并得到评论界一致好评。国外这些现象在我国也大同小异。

1980 年以前，我国电视界每年生产的电视剧很少，各级电视台主要以播老故事片为主。改革开放初期,进口了一些国外电影厂为电视台专门制作的片子,如美国系列片《大西洋海底来的人》《加里森敢死队》等,这些档次不高的作品却给我国当时节目匮乏的荧屏带来了热点。《加里森敢死队》播出后受到公安部门的指责。影片描述了二战期间美国军方将一些收监的小偷、罪犯派到欧洲前线,从事敌后的各种特工活动。片中一些作案手段不仅为人效法,甚至在全国出现了一二十个以"加里森敢死队"命名的盗窃团伙。中央电视台本想丰富匮乏的荧屏,不料却给社会治安带来副作用,影片播了十几集后不得不中途停播。也有一些进口电视剧在全国产生巨大反响,如香港连续剧《霍元甲》便使得万人空巷,一到这个时间人们便早早坐在电视机前,翘首以待。

1980年前后,以《三家亲》《有一个青年》为代表的一批以ENG方式拍摄的国产电视剧出现在屏幕上,引起观众的关注。

1982年举办了电视剧展播,评选出国产优秀电视剧,《有一个青年》等获奖。

1982年,中央电视台举办第一届全国电视剧编导学习班。夏衍到会,对中央电视台第一部有影响的电视连续剧《敌营十八年》提出批评。

1983年,由导演黄一鹤提议举办《春节联欢晚会》,采用现场直播形式,从此"春晚"成为中国人的一道年夜饭和精神大餐,全国形成了过年吃饺子,看晚会的新民俗,"春晚"也成为最有中国特色的唯一进入世界吉尼斯纪录的中国电视节目。

1992年首次举办了"3·15"(国际消费者权益日)晚会——《消费者之友晚会》,开创了专题晚会的先河。这台晚会将文艺节目、权威部门发布各类消息、新闻监督三者结合起来,构成了专题晚会的模式,从而形成中国电视晚会的三种模式:综艺晚会:以春节联欢晚会为代表,由电视台主办的直播或录播节目;专题晚会:以"3·15"晚会为代表,将文艺与社教、新闻等专门话题相结合,由电视台与政府或行业主管部门合办;音乐会和各类开幕式演出:如新年音乐会、杭州一年一度的西湖博览会等,电视台主要承担转播任务。

2003年,全国电视剧的产量达到489部10381集,每年增加1000集以上,到2007年达到17000集。题材从古至今,并生产出由中国人编导制作的外国名著改编的电视剧,艺术质量也不断提高。电视文艺尤其是电视剧所显示的强大生命力和巨大社会作用,使我国电视界同国外电视界一样开始从这些社会现象入手,研究观众的心理与社会需求。美国电视界为争夺观众,电视台往往喜欢选择以家庭伦理道德等全社会普遍关注的问题为内容的剧情片。

"特别是情节剧，它是在讨论人们的社会问题时首选的虚构语境。"这种现象引起了一些西方学者的兴趣：马里尔认为是涉及了"更成熟的主题"，惠特尼将其贴上"社会片"标签，麦吉利根称之为"公益剧"，这种电视片的作用相当于一个探讨"恼人的"社会、道德问题的"大舞台"。正因为如此，这类专门为电视台制作的影片或者我们称谓的电视剧，"赢得最大多数观众，其收视率有时甚至会超过声势浩大的正剧片"（舒尔策语），而成本却低于购买好莱坞电影播映权的费用。针对这种现象，一种新的关于电视媒体属性的观点出现了。美国学者惠特尼反复论证"电视片可以作为大众艺术来播映"的观点。从这点出发，就很容易产生下面的看法："电视片主要依靠家庭情节剧和浪漫爱情，偏重家庭题材，对女主角和女明星情有独钟。这一切确实对被称为女性叙述形式的东西有所倾斜。"（舒尔策语）不错，世界上许多国家的电视剧的选材确是如此，除了大量反映社会问题的内容外，对女性话题大做文章，用来吸引观众，尤其是女性观众。20世纪80年代引进的巴西连续剧《女奴》以及我国较早拍摄的家庭伦理剧《渴望》，1997年播出的《香港的故事》，1999年最吸引女性观众同时也让男性观众瞩目的两部女性题材的电视剧《牵手》和《姐妹——外来妹第二部》，根据琼瑶同名小说改编在全国产生巨大反响的古装电视剧《还珠格格》，央视根据苏联作家同名小说改编的电视连续剧《这里的黎明静悄悄》，2005年热播的韩剧《大长今》，进入2005年国产电视剧十大排行榜的张扬女权主义由蒋雯丽、那英等主演的《好想好想谈恋爱》，由赵薇主演的根据林语堂同名小说改编的《京华烟云》，都明显地看出这种以女性话题吸引观众的价值取向。甚至同一题材，在不同国家不同文化背景下还会上演不同的版本，日本电视剧《血疑》、韩国的《蓝色生死恋》和我国的《蝴蝶飞飞》，类似的创作手法，故事情节大同小异，一次又一次同一题材花样翻新，令少男少女唏嘘不已。美国一些评论家甚至对女性观众说："为了痛痛快快哭一场，人们应该去看电视里每周一部的电视片。"日常生活中，女性总是比男性更容易对电视剧着迷。首尔大学医院的权俊寿博士通过功能性磁共振成像测试比较发现，女性的感情细腻，更能理解电视剧中人物的感情变化，并被电视剧所感染，这也是女性尤其喜欢看电视剧的原因。韩国诚信女子大学女性学系教授韩贞媛指出，女性会在看电视剧时把自己当作剧中人物，随情节发展而喜怒哀乐，并从剧中人物的经历得到启示，获得日常生活中所无法感受到的间接经验。有些具有一定新闻属性而又有一定艺术特征的专栏和杂志类节目，也在对女性话题大做文章，如《半边天》就是一个纯粹的女性世界。电视剧情片和各类电视节目把电视作为"大众艺术"的观点发挥得淋漓尽致。以女性选秀为主旨的节目层出不穷，从央视的《青春中国》《黄金搭档杯 CCTV 模特电视大赛》到地方台的《汽车模特大赛》，女模特选秀节目一个接一个，令人目不暇接。2005 年湖南卫视《超级女声》海选，虽然全国只有 6 个赛区，但竟有十几万女性报名，海选震动全国，总决赛有 4 亿人次收看，收视率超过了一年一度的中央电视台的《春节联欢晚会》，通过电视与手机、网络和报刊的互动，成为当年炒作最成功的女性话题。"超女""PK"成为当年影响最大的新话语。2005 年《超级女声》开创了一个新时代："一切观众说了算"的"大众艺术"新标准。

2005 年《超级女声》的广泛影响和节目后续影响的不断升温，使电视文艺的社会影响力已经超出文艺本身的界限，成为人们社会文化生活的组成部分。电视特别是电视文艺已成为社会生活的重要内涵。

电视到底是什么？我们又回到本书一开始的问题。首先，电视不是电影，与电影有许多方面是不同的。从电视的起源来分析，电视的近亲不是电影，而恰恰是广播。英国最早办电视的是 BBC 公司，它本身就是一家无线电广播公司，世界各国也都是广播公司办电视。在节目设置以及节目制作上，电视更贴近广播，而不是趋向电影。其深层次的原因是因为电视的媒体特性更接近广播而不是电影，甚至电视剧也是如此。

电视不仅表现出与广播的某些相似性，同时也表现出以下的它自己的一些属性：

1. 播出时间固定化。电视节目播出表的安排是吸取了广播的优点，使观众可以在固定的时间收看自己喜欢的节目，既为观众提供了方便，也固定了观众群，而电影的放映，任何一家影院都无法做到这一点。

2. 节目栏目化。广播节目的最显著特征是节目的栏目化，我国各级电视台基本上做到了节目栏目化。栏目化开始于 20 世纪 80 年代初，中央电视台1991 年就开设了 80 多个专栏，到 2006 年，随着播出频道的增加和播出时间的延长，增加到 406 个栏目，目前专栏还在增加。

3. 节目的连续化。连续化特征分两类。一类是节目的连续化，如几十集上百集的电视连续剧、电视系列片，在指定时间、指定栏目中播出。一些大型的连续节目可以达到几百期甚至长年坚持下去。为庆祝 1905 年第一部中国电影《定军山》的拍摄——标志中国电影诞生 100 周年，从 2005 年初开始，中央电视台最有影响的栏目《实话实说》的创始人崔永元创办了一档极有特色的特别节目《电影传奇》，每周末晚上 6 点 30 分播出一期，每期讲述一部国产电影和这部电影背后的故事，共播出了 100 集。

另一类是同一类节目的连续化，如《东方时空》从 1993 年 5 月 1 日清晨6 点开始播出第一期节目，时至今日，十几年如一日，一年 365 天，天天不断。尽管每期内容在变，但形式上基本一致。电视节目连续化的特点也是从广播节目中借鉴而来的。

4. 节目包装的统一化。在同一类节目中，包装和表现形式大体一致，比如，使用同一个或几位主持人，节目样式也大体一致。1994 年央视一套每晚推出的名牌专栏节目——从 19 点 38 分开始的新闻评论节目《焦点访谈》和 22 点的《新闻调查》，此外还有益智类和竞技类的节目《开心辞典》《幸运 52》《梦想中国》等，还有从 1993 年开播至今的《东方时空》，都是以相同的包装和表现形式出现的。

5. 节目频道专业化。电子传媒类现代媒体的发展表现在时间与空间形式两个方面的扩张。

播出时间的延长，从 20 世纪 80 年代初每天的几个小时，延长到全天 24 小时的不间断播出。

在空间形式方面的扩展，除了频道内的纵向时间扩张外，还形成了频道与频道之间的空间扩展，央视 20 世纪 80 年代只有两套节目，到 2004 年形成了以第一套综合频道为龙头，其他 15 个专业频道相互支撑，门类趋于齐全，服务领域广泛，覆盖国内国际的频道格局。除了 16 个开路电视频道外，中央电视台还开播了 10 个数字付费电视频道和 2 个海外播出平台，节目覆盖全球，落地 120 多个国家和地区。

空间形式的扩张还表现在电视领域之外，央视 2005 年开播了专门的网络频道，至 2006 年，据央视国际网络统计，CCTV406 个电视栏目主要内容及其主创人员信息已实现网上传播，已上网栏目达到了 268 个，每年网络与电视在重大事件、大型活动、各类晚会、电视大赛、体育赛事、特别报道等项目上直播互动 200 多场。至此，中央电视台的频道专业化布局宣告完成。此外，有些地区还开办了手机频道。各省市电视台也都形成了六七套界限明显的专业频道。频道的扩展不再是量的简单复制，而是节目内容的专业化分组。21 世纪初，电视节目频道的重组是电子传媒的一个新的发展趋势。知识经济的发展要求媒体的专业分工更加细化，收视人群的分众化也要求各个频道不能形成大一统、小而全的传统思维模式，频道之间的区分度明显加强，形成了频道之间不同的专业特色。过去频道之间你中有我、我中有你的节目形式与内容雷同、区分度不明显的现象将不复存在。

6. 专业频道品牌化。电视节目频道化使节目与节目、栏目与栏目、频道与频道之间形成了明显的区分度，也就容易形成频道之间、栏目之间的特色。2005 年在完成电视频道布局之后，中央电视台又提出"专业栏目品牌化"的发展战略，使频道和节目之间"定位更准、栏目更精、影响更大、创收更多"，促进各频道成功改版，使所播出的节目和众多的栏目更为观众所喜爱。

当然，我们还可以举出电视和广播很多相似的特征，相似的原因归根结底是它们的媒体特征相似。广播和电视都可以通过无线、有线、卫星、网络等方式进行传播，它们的管理体制是完全一样的，这些都进一步证明电视更接近广播。

上述电视与广播的相同特征说明了电视与广播的亲缘关系。

另外，从受众的接受方式上看，电视也具有广播的特性，而不同于电影。电影是公共场合的媒介，它的大银幕特性使它更适合在大环境下放映，比如影剧院、广场等公共场所，尤其是宽银幕电影更是如此。如果家庭有较大的空间范围，也不排除可以在家里放电影，但那毕竟不是普遍现象。当然，在电视节目中不排除可以放电影，电视上的电影已完全没有了看电影的那种感受，如同观赏一部电视剧，绝无在电影院观看那种心情。收音机和电视机则更适合个人和家庭使用，每一个受众要接受的信息和内容不尽相同，所以受众使用时往往选择自己喜欢的节目。放电影则不一样，内容往往是固定的，个人必须服从公众，只有两种选择：看与不看。

电视与电影这种小屏幕与大银幕形成的视野上的差异，也形成了电视导演、摄影与电影不同的特点。由于电视屏幕上的形象比电影小得多，分辨率也低得多因此美国评论界认为，电视从导演角度比银幕形象更少细节刻画，而从摄影上，中景和特写占主导地位，还倾向使用浅焦。与电影相比，电视的场面调度几乎没有（当然不可能完全没有，只是相对而言，本书对电视的场面调度将作专门的探讨）。

尽管电视有如此多的局限，但这种局限中也孕育着一种新的美学。

霍勒斯·纽科姆在《走近一种电视美学》一文中，提出电视美学的原则之一是"亲近感"，这种风格上的亲近感是与电视屏幕狭小的幅度和电视观看的常规相适应的：电视是在家庭的私人空间里观看的。电视片这种亲近感原则以及各种叙事方法，尤其集中在那些个人故事中。

看电视与看电影的另一个不同点是观众的注意力具有间歇性。约翰·埃利斯在《视觉虚构》一书中提出一种"瞥视规则"的观点，看电视时受其支配，而电视的声音是清晰的，甚至不看屏幕也可以了解内容。所以电视强调音响，以此吸引观众目光并传递信息，而看电影时观众会全神贯注地盯着银幕。由于这种原因，电视比电影更多地依赖对话。

电视与电影在结构故事上也有区别。戴维·索伯恩提出电视是"片断戏剧结构"的论点。与电影不同，电视剧常被广告所中断，所以大多电视片，尤其是我国港台地区、新加坡以及东南亚的电视连续剧，往往15分钟左右便是一个较完整的片断。从编导吸引观众在广告之后能继续收看的角度出发，每个段落都要有一个局部的生动点，都要在广告插播之前掀起一个小高潮，这样观众才能耐心看完广告。这种结构，电影是不具备的。这种片断戏剧结构的方法，在演员表演上提出了新的要求，演员要具有高度激情，故事要高度紧凑，人物性格特征要呼之欲出，不然观众就会另有选择。根据我国电视非商业性的特点，在播出时间上以照顾观众的收视习惯为出发点，以50分钟作为一个长度单位。

电视与电影都各自造就了自己的明星"星系"，比如：一些专栏的名主持人、名记者，一些电视文艺节目（小品演员、歌星等）和电视剧上常常出现的面孔。这些面孔在电影上大多是没见过的，或不多见。赵本山、赵薇是电视明星，而巩俐、章子怡是电影明星。他们在各自成名的媒体上都产生了不可替代的作用。电视和电影尽管可以找出许许多多不同点，但作为姐妹艺术，又具有众多的相同之处，所以，电视和电影在语言系统中，相似与相同之处，互为借鉴又是相得益彰的。寻找差别，是开发电视艺术的个性；寻找共同点，是借鉴电影艺术的优点。

电视是开放的艺术。看电影只能在一个封闭的黑暗环境中进行，走进电影院，坐在那里，就不能干别的任何事情，甚至不能和别人交谈，完全把个人封闭在银幕天地中。电视则不同，人们在吃饭、做家务、会友中，完全可以一边看电视一边做事情。

电视是家庭艺术。它的传播对象的社会结构是以家庭为主的。根据电视媒体的这一特点，国外有一种专供家庭主妇干家务时（比如洗衣服）看的电视连续剧，被业内人士称为肥皂剧。电影具有强制性，坐在那里只能往下看，电视的观赏具有很大的随意性，想看则看，不想看可以换台，也可以暂时离开。因此看电视往往精力不大集中，因而容易影响观看效果。这种特点，需要加强剧情的故事性，以增强吸引力。

电视又是大众艺术。根据大众的不同年龄、不同职业、不同性别、不同文化层次，电视节目有目的性地设置了不同栏目，以适合不同人群的需求。比如，中央电视台《大风车》的对象是少年儿童，《第二起跑线》的对象是中学生，《夕阳红》的对象是老人，这是从年龄层为特征进行划分的；《半边天》则有鲜明的性别特征；从职业特征上划分，《金土地》的对象是农民，《人民子弟兵》对象是军人。

这些均表现了一些传播对象的大众化特征。电视作为大众传媒，也具有一些独特属性：

兼容性：电视作为大众第一传媒，它首先具有报纸、广播等大众传媒所共有的特性，即首要功能是传播消息，同时，它在传播内容上和表现形式上又具有广泛的兼容性特征。在符号特征上，它容图像、声音、文字于一体；在节目内容上，它容新闻、社教、文艺、体育、服务各类节目于一炉；在传播方式上可以直播，可以录播，也可以两者结合等等。人们可以通过电视了解世界上各个角落发生的大事，也可以在电视上看电影、看各种文艺演出，还可以通过电视接受各种职业教育。加拿大著名学者马歇尔·麦克卢汉在《了解传播媒介》一书中指出："媒介的交叉或混合，如同分裂或融合一样，能释放出新的巨大能量。"电视节目包罗各种艺术表现人间万象的特点，使这种"混合能量"最大限度地得以释放。

现场可视性：这是电视有别于以文字和图像为传播媒介的最显著区别标志。报纸上的消息只能是最近的报道，电影传达的信息更慢。广播可以在现场传送，具有现场性，但没有可视性，只有电视具有现场可视性。西方美学家鲍列夫形象地形容电视："把观众带进此时此刻正在发生的历史事件之中，这一事件只有明天才能搬上银幕，后天才能成为文学、戏剧和绘画的主题。"每年一度的中央电视台春节联欢晚会，奥运直播和 1997 香港回归的报道，都是通过现场直播使人们同步收看发生在世界各个角落的事情，而别的传媒做不到这一点。实况性是电视所具备的新颖而独特的特点。有人把英语现在进行时的概念引入了电视报道，这正是依据现场可视性来实现的。

参与性：广播和电视都有受众参与的特点。观众的参与方式有两种：一种是直接参与。有两种表现形式，一是在现场参与节目，直接参与节目的整个过程，像《开心辞典》，观众在节目现场；二是利用电话热线参与，像《春节联欢晚会》和《超级女声》，观众通过手机表达自己的意见或想法。此外还有一种间接参与，观众既不在现场，也不打电话，但观众在收视节目中同现场观众一样也投入到节目中，同现场参与者完全处于同样的心态和思维活动。有些节目常常出现了屏幕内外高潮此起彼伏，观众热线电话不断的场面。那些包含了需由观众来完成某些过程的电视节目是最有效的。观众参与节目的程度越高，节目也就越有吸引力。

有些节目，本身虽不具有参与性，比如电视系列剧《我爱我家》《家有儿女》，但编导为了表现观众参与的效果，在精彩部分有意加上了画外观众的笑声，表现了参与性的特点。

综上所述，我们分析了电视传媒的特性和优点，正确认识和运用电视的这些特点和优势，将大众艺术办得更精、更好，是当好电视编导的关键。

第二章 电视画面基础

第一节 图像与视觉

一、图像的含义

从广义上说，图像是自然界景物的客观反映，是人类认识世界和人类本身的重要源泉。英文 Picture 的原意是指图片、图画、各种照片以及光学影像，是采用绘画或者拍照的方法获得的，是对人、物、景的模拟。英文 Image 的含义是"像"，是客观世界通过光学系统产生的视觉印象。图（Picture）是物体反射或透射光的分布，它是客观存在的，而"像"是人的视觉系统所接收的图在人脑中所形成的印象或认识。

图像信息不仅包含光通量分布，而且还包含人类视觉的主观感受。随着计算机技术的迅速发展，人们可以人为地创造出色彩斑斓、千姿百态的各种图像。概括地讲，图像包含以下几个重要内容。

视频（Video）：视频图像又称为动态图像、活动图像或者运动图像。它是一组图像在时间轴上的有序排列，是二维图像在一维时间域上构成的序列图像。如 NTSC 制式电视是 30 帧／秒（fps，frame per second），PAL 制式是 25 帧／秒，电影则是 24 帧／秒。

图形（Graphics）：图形是图像的一种抽象，它反映图像的几何特征，例如点、线、面等。

图形不直接描述图像中的每一点，而是描述产生这些点的过程和方法，被称为矢量图形。矢量图形以解析的形式描述一幅图中所包含的直线、圆、弧线的形状和大小，甚至可用更复杂的形式表示图像中的曲面、光照、材质等。图形的矢量化能够对图中多个部分分别进行控制。

二、图像的分类

由于实际存在的自然图像多种多样，内容千变万化，因此可获得的图像数量相当大。

以 256×256 像素，每像素为 8bit 的二维静止灰度图像为例，所有可能构成的图像数目就高达（2）256×256=2524288 幅。

图像按其性质特征来分类，大致有以下几种。

（一）灰度分类

按灰度分类有二值图像（例如图文传真、文字、图表、工程图纸等）和多灰度图像。多层次灰度图像按应用的不同，有各种不同的灰度层次。例如，计算机打印或传真中有灰度层次的图像，一般为 16、25 灰度级，工业电视、可视电话为 64 灰度级（6bit），气象数字图像为 7 灰度级，广播电视图像为 256 灰度级（8bit），医学图像一般为 1024 灰度级（10bit）。

（二）色彩分类

按照色彩分类，可分为单色图像和彩色图像。

单色图像（Monochromatic）指只具有某谱段的图像，一般为黑白灰度图像。

彩色图像（Color），包括真彩色（True Color）、合成彩色、伪彩色（Pseudo Color）、假彩色（False Color）等，可用不同的彩色空间来描述，如 RGB、YUV 等。

（三）运动分类

按照运动分类，图像可分为静态图像和动态图像。

静态图像包括静止（Still）图像和凝固（Freezing）图像。每幅图像本身都是一幅静止图像。凝固图像是动态图像中的某一帧。动态图像的快慢以帧率（frame/s）量度，帧率反映了画面中运动的连续性。可以看出，动态图像实际上是由一幅幅静态图像按时间排列组成的。

（四）按时空分布分类

按时空分布分类，图像可分为二维图像和三维图像。

二维图像即平面图像，其数学表示为 $f(x, y)$，f 为光强，x，y 为二维空间坐标。

三维图像即立体图像，其数学表示为 $f(x, y, z)$，f 为光强，x，y，z 为三维空间坐标。

三、人类的视觉

我们的视觉所感受到的图像可以看作是三维光辐射场对人眼的影响。进行分析前，首先要建立物理模型，这个模型以照射、反射现象为基础，包括辐射、传播、照射、反射和吸收等方面的内容。若图像分析的结果或其中间过程需要人的干预或理解时，则还有必要对人眼的视觉机理以及人眼的构造进行研究。实际上，图像处理的全过程都需人去观看，例如摄入图像、传入计算机以及中间各环节都要人—机交互式处理；即使是中间环节不需观看的情况，如可见光谱以外的红外图像、雷达图像，其最终结果常需用可见光再现其图像以便观察。只有对人眼的构造、视觉的物理建模、光谱分布和光的度量等进行研究，才能对图像进行科学的分析及深层次的理解。

人的视觉系统对图形、图像具有高度的识别能力。在相同条件和时间内，与其他感觉形式相比，视觉图像信息给人的信息量特别大，即视觉要比其他感觉所感受到的信息多得多。在信息量爆炸性增长的信息时代，信息量显得尤为重要。

随着社会的进步和经济的发展，人类对信息的传递、交换、存储和处理提出了越来越高的要求。尤其是近年来，"信息高速公路"正在全球飞速发展，图像通信占有特别重要的地位。在语音、数据、图像三种主要的通信方式中，图像通信起到主要作用。这是与人们获取信息的方式相适应的。

听觉获取的是时间信息，视觉获取的是时空信息。在相同条件下，常规的视频图像的数据量比语音的数据量大 600~2500 倍。视觉信息是人类从外界获取信息的主要方式，视觉所观察到的现象比其他感官要丰富得多，更适合人类活动的需要。

（一）图像与视觉的关系

图像最终需要由人或机器来观察、辨别、理解。研究图像与视觉之间的对应关系，是一个非常重要的问题，信息理论只能解释信息符号化（具体化）之后的过程。而要解释图像信息从人眼到大脑的复杂过程，传统的信息理论是无能为力的。需要从符号和信息两个角度探讨图像与视觉的对应关系。

图像信息内容的描述和分析（图像或景物分析）对于视觉而言，只要求知道图像的意义和内容。例如，一幅细胞图像，视觉只要求识别和标定其中的染色体，遥感图像只要求识别各种类型的地貌（森林、水域、道路等），而图像的光强度、线、面、对比度、颜色等引起视觉的反应称为感觉和知觉。

视觉有以下几个相关概念：

感觉（Sensation）：人眼在限制点光源或视野情况下对光刺激的反应叫作

感觉。它反映了图像的明亮程度和颜色，例如亮度、对比度等。

知觉（Perception）：又称直觉。对于图像形状、大小、运动、方向、颜色的变化等的反应叫作知觉。它反映的只是图像在时间和空间的变化特性，而不涉及图像所具有的复杂内容。

认识（Recognition）：又称为识别，指对图像内容、含义的理解。往往与过去的经验、学习所积累的记忆进行对照、比较。不同写法的图形（例如字母 A）对知觉而言可能是不同的，因为图形的形状有区别，但从认识角度而言却是相同的。

感情（Feeling/Emotion）：被感觉和知觉的图像可引起愉快、高兴、痛苦、讨厌等不同的感情和情绪。

为了提高处理图像的效率，就必须对通常遇到的大量图像进行分析、统计，找出其内在规律，从而使处理算法大大简化。例如常见的景物图像经数字化后其相邻的点彼此间亮度差很少有突变，一般电视图像都符合这个规律。若能利用这个规律将使计算量大为减少。进一步对图像的理解还应对彩色色度学和人眼的彩色视觉特性有基本的了解。下面对图像的物理概念作扼要的叙述。

（二）光度学

人们常把处理的图像数据映射为彩色以加深对图像的感知。景物图像可看作是二维幅频辐射场，目前我们研究的是从热辐射波、雷达波、光波等包括远红外直到光谱以外的特高频的各种辐射形式的图像。由于客观世界的景物对于上述各种频谱的响应不同而形成不同的图像，换句话说，同一地区的图像用不同波谱的光来照射，得到的图像是不相同的。因此我们研究光度学也是从辐射的角度对图像进行分析和度量的，其中对于人眼所见的图像可以用光度学来度量。

光度学是光学中研究光的辐射、吸收、照射、反射、散射、漫射等有关光的度量的学科，同时结合人眼的视觉特征来确定光的度量及使用的单位。同样，在可见光谱段以外的景物图像也可用类似的方法研究。应该指出，可见光谱段以外所形成的图像，其处理加工的各个过程也常常要变换成人眼可以观察的图像，例如热成像、X 光照片等都是为了便于人对计算机处理过程进行干预，对最终结果映射为可见的图像进行判读。下面介绍几个光度学中的基本概念。

1. 光通量

光源以电磁波的形式辐射出的光功率称为光通量，其单位流明（lm）的定义为：发光强度为 1 坎（cd）的均匀点光源在一球面立体角内发射的光通量。

2. 发光强度

设某个点光源向各方向都均匀辐射，则可以定义发光强度为发射到单位立体角的光通量增量与该单位角的比值，发光强度的单位为坎（cd）。

3. 视敏度

流明的测量常以人眼的光感觉来度量其辐射功率。人眼对不同波长的可见光的敏感程度不同，根据人眼对不同波长的敏感程度可得到一曲线，称为视敏度曲线。

4. 亮度

亮度是发光面的明亮程度的度量，它决定于单位面积的发光强度，单位为坎每平方米（cd/m^2）。

5. 照度

照度指照射在单位面积上的光通量，单位为勒（lx）。

第二节 画面与镜头

一、画面与镜头的同一性

（一）电视画面概念

电视画面是电视传播的主要符号之一，在电视节目语言的构成中有着举足轻重的作用。那么，什么是电视画面呢？这似乎并不是一个如想象中那样容易回答的问题。随着电视传播技术的进步和电视节目制作观念的更新，人们对电视画面的认识也在不断地变化和深入。我们认为，电视画面是在电视屏幕上显现出来的诸多可视性语言符号和非语言符号的集合。

1. 关于可视性

电视画面的可视性是指它是诉诸人们的视觉通道的。我们一般所说的"看"电视，严格意义上来说，就是针对电视画面而言的。我们知道，人类感受外部世界主要是通过眼、耳、鼻、舌等感觉器官及其相应的神经系统来完成的。其中，视觉和听觉是人们与外界进行沟通和交流的两种最主要方式。传播学的研究表明，人对于外界信息的感知 80% 来自视觉，其中又有 80% 是来自各种各样的图形。电视画面提供给观众的正是这种对"物质现实的复原"，满足人们"眼见为实"的要求。电视画面的可视性是电视区别于广播等诉诸听觉的传播形式的最主要特点。

人们进行交流和传播的两种最主要通道是视觉和听觉。事实上，视觉和听觉在接收信息时有着各自不同的特点和方式，二者不可混为一谈。"依附于画面之上的声音（包括台词、解说词、音乐、音响等）是画面内容的重要组成部分"，"一幅电视画面是视觉形象和声音的复合体"，"电视画面是视听一体的"，诸如这样的认识都没有认清视觉通道和听觉通道在传播信息时的不同作用和规律，是不利于发挥电视画面的特点优势的。其最直接的后果之一是会导致在电视创作过程中一味地强调声音和画面的同步记录。前段时候，在电视新闻界有关于电视新闻声画关系的争论，其中的所谓"声画同构"说，就是把声音和画面机械地撮合在一起，片面追求"建立在摄录技术基础上的声画同步记录"。电视画面具有可视性，但要注意不能把这种可视性不顾传播实际盲目扩大为可视可听的现场同构。

2. 关于语言符号与非语言符号

有人认为，电视画面是指"通过光电信号的摄录系统，在一段时间内不间断地拍摄的形象素材"。我们认为，时至今日，仅仅把电视画面等同于形象素材的看法已经不能适应电视事业的发展，也是不符合电视传播的实际的。事实上，电视画面除了形象素材，也就是图像外，还应该包括摄影照片、图画、电子特技画面、屏幕文字等。它涵括了语言符号和非语言符号两个符号系统。

著名的符号学家朗格认为，人类使用的传播符号可分为两类：一是推理的符号，即语言符号；一是表象的符号，即非语言符号。朗格这一认识已为语言学界、传播学界和美学界普遍接受和广泛应用。

什么是语言符号？语言符号是信息传播的主要载体，是人类特有的形声符号集合和符号系统，它涵括了书写符号（文字）和声音符号（语言）这两大系统。从语言的功能看，语言符号是人际间进行传播、交流的重要工具。人们借助语言符号表达思想、传达感情、共享各种信息。从哲学意义看，语言表达思想，语言是思维的"外壳"，思维是语言的"内核"，内核的有序排列，就形成了推理的模式（外壳），使人们的思想得以进行完整的逻辑表述。语言符号较之其他符号，它最大的特征是：以时间顺序为思维脉络，形成一种推理模式的"陈述"，而且顺应人们的思想要求，可以产生一种陈述驳倒另一种陈述的效应。语言符号的陈述是明晰的，但往往又是抽象的。屏幕文字是指根据内容表达的需要，后期制作时叠加在电视屏幕上的文字。屏幕文字就是一种语言符号，它也是构成电视画面的一部分，或者有时候它本身就是电视画面。屏幕文字在电视节目中可以用来介绍剧情、叙述人物对白等。而在电视新闻节目中，屏幕文字更是发挥着不同寻常的作用。电视新闻从业者在屏幕文字运用中使尽招数，从新闻标题、新闻内容提要、口播新闻文字显现、随时插播动态新闻等多个方面发掘它的使用功能。

什么是非语言符号？非语言符号是指信息传播不以有声语言和书面语言为载体，而借助于直接打动人的感觉器官的各类具象符号，如颜色，人际间的距离，人的衣着、神态、表情、手势、体势、陈设、环境等。非语言符号的主要特征是，其意义即在符号自身，难以用语言复述。它的语义模糊但又具体。它所传递的信息，许多是来自内心深处，难以抑制。有的人在重大灾难中，嘴上一个劲地说"不怕"，可他颤抖的手脚不由自主地表述着内心惊恐，这就是非语言符号的不可抑制性。电视画面中的非语言符号包括图像、图画、摄影照片、电子特技画面等。图像是电视画面中最主要的非语言符号。画面图像首先是现实主义的，或者更确切地说，它拥有现实的全部（或几乎是全部）外在表现。电视节目中的实人、实景、实物构成了画面的实际内容。画面图像中，这些人物、景物又与人物的形体动作、表情、服饰等相关。图画是人工绘制的，包括动画、漫画、地图、图表等。其中的动画、漫画有着形象表达的意义，具有艺术创造的功能，其中的地图、图表之类，则具有概括作用。摄影照片也是电视画面的构成成分之一，特别是在电视新闻方面，用新闻照片作为电视新闻语言的构成要素，一直为国内外许多著名电视台（网）高度重视。这是因为，尽管当今先进的采访设备为电视新闻的摄制提供了种种方便，但社会生活广泛、复杂，摄像机难于伸及每个角落，更难于及时捕捉那些信息量大的突发新闻。况且，对于那些时过境迁的人或物，我们很难获取到当时现场的图像素材。这时，摄影照片就有了用武之地，比如美国前总统肯尼迪遇刺、日本社会党前负责人浅沼次郎会场遇害、美国航天飞机"挑战者"号空中突然爆炸等消息，美国 NBC、ABC，日本 NHK，英国维斯社等电视台首次报道时，画面用的都是新闻照片或资料照片；又如阳光 TV 播放的纪录片《比尔·克林顿》记录了克林顿从婴儿至总统隐退半个多世纪的生涯，全片使用克林顿各个时期的生活、工作照片 42 幅，因照片的巧妙运用，使《比尔·克林顿》真实、生动，极具可看性。

电子特技画面可以获得特殊的画面效果。它包括混合特技、色键特技和数码特技等三类。电子特技手段改变了画面"照相性"再现现实的情形，打破了现实的时空结构，从而产生一种表现功能。它可以抒情，可以说理，同时还具有一种形式美。

必须指出的是，电视画面的符号构成虽然涵括了从语言符号到非语言符号的诸多符号要素，但其中最主要、最能反映电视画面特点的还是图像符号。

这也是本书所要讨论的重点。本书中所称的"电视画面",如果没有作特别说明,均指通过摄像机拍摄的人、物的图像。

3. 关于集合

这里的集合是指构成电视画面的符号是多种多样的,它包括语言符号和非语言符号。但更重要的是指电视画面是在时间序列上展开的连续画面。电视画面以每秒 25 帧的静态画幅的速度连续不断地变换画面内容,利用人眼视觉暂留原理使画面更形象地表现运动。客观事物运动的连续性要求电视画面记录表现的连续性。因此,电视画面不是跳跃的、无序的,而是连续的、有序的,画面在时间上的造型表现是通过画幅先后排列的顺序安排来体现的,并由此形成了电视画面语言传情达意的内在规律。电视画面在时间上连续不断的单方向运动,符合人们生活中对事物的认识规律和习惯。不过,这也决定了观众对电视画面观看的"一次过"特征,从某种程度上说,这也造成了观众观看电视节目的被动性,制约了观众的选择自由。

4. 关于电视屏幕

电视屏幕是承载电视画面的物质载体。电视画面在现今的技术基础和物质材料的制约下,不管是多机位拍摄,还是多符号传播,最终都要呈现在一个有明显边缘的平面上、一种横向的矩形框架结构的电视屏幕上。

"世界上没有无局限的艺术,艺术在局限中展示各自的个性。"记不得这是哪位大师的惊人妙语,它一语道破了万物特性的起缘。音乐被七个音符所局限,诗歌为文字所驱使,摄影、绘画为瞬间形象所凝固,它们在各自的局限中发展,造就各自独立的品格。电视画面的构成同样无法逃脱"局限规律"的局限,在构图的局限中形成了自身的特点。

电视画面不似绘画、照相,它们在绘制过程中从不为画幅比例所框限。电视画面没有过多的选择自由,它只有两种固定的幅边比:一是普遍采用的 4:3 的横长方形;二是 16:9 的遮幅长方形。鉴于此,电视画面创作者必须在这一"固定幅边比"的限制中,从这个不变的画框中表现千变万化的内容,训练自己在这个固定方框中处理构图的本领。技巧高超者,应以这个固定的框架为窗口,利用摄影机的运动、场面的选择、景别的变换、光影的处理,提供给观众喜闻乐见的画面形象。

(二)镜头与画面的认识

在我们日常的电视画面创作工作中,镜头与画面这两个概念常常被当成同义词,然而,严格来说,二者是有区别的。画面是从绘画语言中借来的一个术语。从电视的意义上说,画面是利用电视设备的扫描成像电路产生的一帧画格。从视觉暂留的原理看，这是一帧相对静止的图像，是一个"画面"。但这个画面，与绘画、照相意义上的画面，有着本质的差异：绘画、照相画面，是现实生活典型瞬间的凝固，是个稳定的空间完形，其画面内涵是静止不变的；电视画面，它是"动作时间"分解后的暂停，画面语言用这种暂停画格开始陈述的第一步，在每秒 25 个单帧上成像，然后，这一帧帧在空间上展开的画格向前推移，画面的连续运动，让时间的"帧"随空间的出现得到了延续，形成了电视画面语言。这样，电视的每一个画面，既具有时间的连续性，同时又具有空间的扩散性，其画面内涵体现在整个扫描成像的连续图像之中。单帧的电视画面，是可视性语言符号和非语言符号集合之最小的"运动暂停形式"，其实质是"时空性"的，是构成镜头的基本因素，也是研究由静态构图向动态构图演进规律的起点。

镜头，是指拍摄过程中，摄像机由启动到关闭这段时间内所拍摄的内容；从编辑角度看，是画面的"入点"到"出点"之间的那段内容。很显然，镜头涵括的内容大于画面。无论一个镜头有多少时间长度，包含多少镜头运动方式的变化，只要中间不间断，或不经外部"剪辑"，我们都称它为一个镜头，有的亦称为一个画面。

镜头还有另一层含义。从硬件（设备）上讲，镜头是指电视摄像机、电影摄影机、照相机上的光学构件，它是由透镜组合而成的成像系统，物理学上称之为透镜、透镜组，俗称为镜头。镜头是电视摄像机的重要部件，一般是由多片正透镜和负透镜与相应的金属零件组合而成的。质量较好、档次较高的摄像机镜头还带有自动光圈、自动变焦距等装置。镜头是摄像机的门户，它的最基本作用是把被摄物体成像于摄像机内的摄像管上。镜头的光学特性是指由其光学结构所形成的物理性能，由焦距、视场角和相对孔径三个因素组成。任何一种镜头，都可以由这三种光学特性的技术参数来表示和区分。

对于电视画面创作者来说，镜头焦距、视场角和相对孔径对画面拍摄都会产生影响，它们的技术性能和组配关系决定了电视画面所能达到的技术可能性，是必须掌握的一项基本功。

二、画面是镜头活动的起点

电视画面是构成电视节目的基础语言之一，它传达了被摄对象的形态、色彩、影调、运动等多种构成要素。这些要素的组合与安排直接关系到观众的视觉接收，关系到电视节目的成败。电视从业人员必须充分调动各种因素创做出信息量饱满、主题鲜明、构图合理的电视画面，无论在画面的内容还是形式上都要精益求精，带给观众一种在观看节目时的视觉美感和快感。

（一）画面思维能力

如何创做出符合电视传播特性的精彩画面呢？这不仅要求电视从业人员对现实世界的事物进行细心的观察，大胆发挥其想象力和创造力。更重要的是，电视从业人员必须加强对电视画面语言基础地位的认识，在不断的创作实践中培养和发展自己的画面思维能力。

1. 何为画面思维能力

要知道什么是画面思维，首先必须明确什么是思维。所谓思维，"是人脑对客观事物间接的、概括的反映"。通常意义上的思维，包括逻辑思维和形象思维，这两类思维凭借的工具都是抽象的书面语言和口头语言。而画面思维呢？我们参照"思维"定义的基本内涵，根据画面语言的基本特征，作如是表述："画面思维是电视从业人员的画面意识对客观事物直接的、概括的反映。"画面意识转化为画面思维，凭借的工具主要是具象的非语言符号语言。电视从业人员借助于画面将丰富的现场形象（材料）加以分析和综合，由此及彼，由表及里，去粗取精，去伪存真，从而用具象的画面语言揭示不能直接感知到的事物的本质和规律。

为了进一步阐明画面思维这一概念，我们不妨对中国电视新闻奖一等奖作品《农民成了现代农业投资的主体》作一简要分析。这条电视新闻的主旨在于传达"随着市场经济的兴起，计划经济的逐渐淡化，依靠农业富裕起来的广大农民开始成为现代农业投资的主体"这一新鲜信息。为了向观众形象地介绍"现代农业"的内涵，也是为了突出信息的新鲜性，画面意识的集中与强化，促使该节目制作者从单个的先进"种养行为"画面意识，跃升为新的画面思维判断力——若干先进"种养行为"画面正是"三高农业"政策的具体证明。于是记者用"大型养鸡场""大型果园""产粮大户""鳖类养殖场""养鱼专业户""香蕉苗室内培植厂""鳗鱼机械化生产线"等高产值的生动画面，向人们介绍了"三高农业"政策在广东省的推行及其取得的成果。这条电视新闻运用"从同类的许多个别或特殊的事物中概括出一般的思维方法"的成功，反映了电视从业人员用画面论证事物本质的思辨能力。这便是画面思维能力的具体反映。

画面思维，它虽然派生于人们早已熟知的思维这一概念，但画面思维与思维有着本质上的差异：画面思维的整个过程都是具象性的，它凭借的工具是画。概念中涉及的直接反映，是指电视从业人员对事态现场的直接观照、判断和选择；概念中涉及的概括反映，是电视从业人员具象观照的归纳与浓缩，是画面趣味的本质显现。

如上例中的《农民成了现代农业投资的主体》，单个的画面还不足以说明"现代农业"这个主体内容，有的单个画面还是传统农业生产的内容（如养鱼），还仅是现象的局部反映，但电视从业人员最终用于表达观点的"镜头群"就是归纳性的本质显现了，而一般意义上的思维，它的对象（如事物）的原始形态虽然也是形象的，但它是借助抽象语言（字、词、句）符号展开思维活动的，在这个活动过程中，一切具象性对象都嬗变为空洞的词。在整个演绎过程中，只有概念的交替组合，场面往往被模糊、忽略。总之，这两类思维活动，一类以画面为依托，一类忽略画面而以词语为依托，这是电视从业人员对"画面思维"所应有的本质性辨析和认识。

辨析这两类思维概念的本质差异，对于电视从业人员的业务素质的养成，以及电视节目质量的提高都具有十分重要的指导意义。为什么一些电视节目不受欢迎？主要是电视从业人员在创作画面时没有自觉地进行"画面思维"，而是习惯性地运用抽象思维的方式指导拍摄。比如，某些电视新闻中就出现为了印证文字稿而寻找画面的现象。这种寻找是在"词"的概念诱导下进行的，往往忽略新闻现场的动人细节，更谈不上现场灵感的诱发与保持，有的仅是漫不经心地推拉摇移，所摄画面大多是可有可无，仅能填充文字稿的时间空白。必须强调指出的是，我们这里强调的仅仅是电视从业人员在拍摄现场运用思维方式的顺序——首先应该使用的是"画面思维"这一形式，而不是用字词去套取画面。我们并不是在排斥、否定字词类语言的思维作用，事实上，"语言可以为每一类型的思维提供一个清晰明确的符号，帮助维持感觉世界固有的秩序。词语就像一个个指针，将这些有意义的峰尖从绵延在地平线上的山脉轮廓中突现出来"。电视摄制的实践也证明，优秀的电视节目在拥有独具魅力的画面的同时，也拥有相得益彰的文字声音。

这是我们在辨析这两类思维方式时所不容忽视的要点。

2. 画面思维的基本特征

画面思维是一个由多种要素相互作用而构成的复杂的动态系统。它同任何系统一样，不但有其自身的发生和形成的契机，而且也有其自身运行的规律性。为了深入揭示画面思维的内在本质，必须具体认识它的基本特征。

（1）画面思维具有综合性

电视节目的创作活动，是通过画面思维和其他的制作活动一起进行的。我们必须认识到，电视节目制作是一个整体活动。画面思维和其他形式的思维总是伴行共存的，很难把它们截然分开。这是因为，任何形式的思维活动都是一种心理过程，是一种"流动状态"，各种思维形式互相补充、互相渗透、互相结合，使思维活动现实而又生动地进行下去。任何单独的思维形式，实质上都不可能存在。

电视节目制作，是通过电视从业人员在拍摄现场的感知所形成的画面思维，结合文字和声音的抽象思维构成的综合活动。在这个过程中，把彼此分离的表象组合起来，整合成优秀的电视节目奉献给观众。如果说在画面思维过程中，形象的凸显（形成为人们关注的趣味中心）有赖于对形象的组合加工，那么，对形象内涵的深化、对形象的加工就不能不受到逻辑思维的渗透。抽象的理念通过画面的综合表述（实质是画面表达一种思维过程）而显得更为生动、深刻。

（2）画面思维具有概括性

在人的思维活动过程中，任何一种思维方式都能从复杂多样的外界信息中选择既定目标和相关的信息，排斥与己无关的信息，从而使思维方式具有一种选择的作用，这种选择便导致了概括。画面思维也具有这种由选择而导致的概括特性。具体来讲，所谓概括性就是把同一类事物的共同特征和本质抽取出来加以集中。画面思维概括的主要特点是用归类的方式抽取感性的、直接的形象内容构成一种思维模式，将最终的理性判断交给观众去完成。它和逻辑思维的概括过程有本质上的差别，因为逻辑思维的概括过程全由思维主体承担完成，客体仅是处于被动接收状态；画面思维的概括过程虽说没有结论性判断，似乎是一种低层次的感性概括，然而正是这种概括过程的不完整加强了客体（观众）的参与性，从而使这种感性概括得到质的飞跃。

（3）画面思维具有跳跃性

众所周知，电视是一种时空艺术。从时间的维度上讲，电视节目由于传播节奏、观众的欣赏习惯所限，总是有相应的有限播出时间。无论是电视剧、电视纪录片、电视专题，还是电视新闻、电视综艺节目，都无一例外地受到了时间的限制。这就决定了必须对电视节目拍摄现场的时空因素作高度的压缩，也就使得电视从业人员的画面思维出现跳跃性。在拍摄现场，思维主体（电视从业人员）根据不断发展变化的客观环境，不断改变思维程序和方向，将镜头指向具有特殊意味的画格上，从而达到优化思维目标的目的。由于这个过程是不断运动的、调整的、择优的思维活动，因而呈现出轻视情节构成的跳跃性。

画面思维的跳跃性是与电视从业人员在拍摄现场的理性思考的连贯性相

辅相成的。没有连贯的理性思考，画面思维的跳跃将缺乏目的，而成为凭电视从业人员的零星感觉驱使的"乱跳"；一味依赖连贯的理性思考，画面思维则又会失去跳跃性而沦为漫无目的的推、拉、摇、移。

（二）镜头活动规则

在人类思维方式的改进与转换中，科学技术的发展对人类思维方式的变革产生着重大影响。画面思维，作为一种思维方式的提出，正是顺应了电视传播技术发展的需要。努力改变习惯的思维方式，加强画面思维能力的培养，已成为提高电视从业人员素质的当务之急。电视从业人员在实际的电视画面创作中，应该用画面意识去探究、去发现，并辅之以逻辑思维的补充。

我们知道，画面思维的结果最终是表现在镜头的运用上。

画面是镜头活动的起点，镜头活动是画面意识的表现和归宿。那么，电视从业人员在电视画面创作实践中，如何运用画面思维来指导镜头活动呢？

镜头活动的最根本任务就是要创做出符合电视传播规律的电视画面，单个镜头的画面构图要合理，镜头之间的组合要恰当。由于电视画面所具有的连续性、运动性等传播特性，使得镜头与镜头之间的组接和转换显得尤为重要。一般来说，镜头转接的最基本要求是，上下镜头之间的转接要自然、流畅，符合人们注意力变化的生理和心理要求，不能产生视觉上的间断感和跳跃感。要达到这个要求，电视从业人员的镜头活动必须遵循一定的规则。

1. 镜头的匹配规则

所谓镜头的匹配规则，是指在电视画面的连续镜头之间被摄对象的位置、动作、方向应该一致、相配或呼应。我们知道，电视画面最终要在电视屏幕上展现，由于电视屏幕画框的局限，观众从电视屏幕上欣赏到的人或物的形态和运动与他们在日常生活中所观察到的有很大的不同，所以，我们应该在被摄对象的相对位置、运动、视觉注意中心等方面充分考虑到电视画面的特性，以符合现实生活的逻辑和观众的心理体验。从被摄对象的位置的角度来讲，为了使上下镜头之间的画面连接在一起时自然、和谐，就必须考虑画面中的同一被摄主体所处的位置是否匹配，是否具有空间统一性。特别是在画面的景别有了变化或者同一画面中有多个人物时，更要注意他们之间的相对位置。一般来说，在同轴变换景别时，同一被摄主体应该处于画面中大致相同的位置上。否则，观众很容易在电视屏幕中觉察到这种变动，它所带来的空间位置紊乱和不协调会破坏观众的视觉流畅。在电视画面中，被摄主体应该处于视觉中心的位置，根据基本的构图规则，也就是画面的四个视知强点上，这样就容易把观众的注意力集中在所要重点表现的被摄主体上。被摄主体处于这样的醒目位置，缩短了观众从流动的电视画面中搜寻重要信息的时间。当然以上讲的是画面中的主体具有同一性时的情况。如果画面中的主体具有明显的对立关系时，如不同的辩论者之间、演讲者与观众之间、谈话的双方等情况，连续的画面中被摄主体处于相反的位置，可以建立起一种内容上的逻辑关系，这时，虽然观众的注意力产生了跃动，但这种逻辑关系形成了一种心理上的平衡。他们之间的位置关系也是相匹配的。

从镜头的方向角度来讲，镜头活动过程中应该保持被摄主体方向的一致性。一般来说，电视节目的画面都是由许多不同角度拍摄下来的镜头构成的。同样，镜头中被摄主体的运动方向或其目光的注视方向的不合理的改变，会割裂整个节目的连续性，分散观众的注意力，甚至会导致视觉上的混乱。不同屏幕运动方向的镜头相接，其所表现的实际运动的含义是不同的。一个特定的运动方向确定之后，一般应该在这个运动的模式下持续下去，以获得一种在观众心理上的明确方向感。眼睛是心灵的窗户，人们的交流很多情况下是通过眼神进行的，因此，电视画面中被摄主体的视线也是一个关键因素。画面中人物的视线方向应该合乎一定的逻辑关系，应该符合观众一般的心理感受。

以上我们所讲的镜头的匹配原则，包括位置和运动的方向，是保持观众视觉流畅和屏幕方向一致的前提，也是镜头语言叙述的基础。如果不遵循这些原则，就会影响场景的描述，影响电视画面的内在连续性和观众的视觉感知。

2. 景别的变化规则

景别是指画面中表现出的面积。它的大小是由摄像机与被摄主体的距离和镜头焦距的长度两个方面决定的。有关景别的分类和各种景别的不同功能，我们将在本书的其他有关章节中作全面的介绍。这里，我们将要叙述的是，在电视节目制作中不同景别的变化和安排的规则。巧妙地运用景别变换的一些规则可以达到不同的叙述和审美效果。

（1）运用不同景别的镜头，描述事件的过程不同景别的镜头有不同的表现力和叙述功用，因此，我们可以按照一定的规律来安排一系列不同景别的镜头，使观众对整个所要表现的事件过程和叙述段落有一个清晰的完整的印象。如全景可以交代环境和整个事件的规模和气势，可以介绍活动场景中人和物的位置和对他们的关系进行定位，所以，一般用全景镜头来开始一个段落或片断。在全景后，往往用中景镜头来表现主要人物或事物，来表现人物之间的冲突；接着，可以用特写镜头来展示特定的局部和细节；最后，又可以用一个全景镜头来展示整个场面的环境。这是景别安排的一般的和常用的做法。当然，有时为了制造悬念，也可以反其道而行之，先特写，然后近景、中景、再全景，这样可以制造悬念，达到特殊的效果。

（2）合理变换景别，形成视觉流畅感为了形成电视画面的节奏感和流畅感，在创作电视画面时，一般要避免相同景别的镜头组合在一起，如上一个镜头是全景镜头，接下来的镜头景别就不宜再使用全景景别。一般情况下，两极景别的镜头也不宜组接在一起，而应该有过渡性的镜头景别。

（3）特殊情况下，也可以运用非常规景别以上景别安排的规则是就镜头中的内容要素而言的，其目的在于使叙述更加清晰。从景别变换的外在形式来说，一些非常规的景别安排，可以引起视觉上的震撼和心理上的震动，表达一种特殊的情绪和气氛。如同类景别的镜头组接在一起表达一种积累的效果；两极景别的镜头组接在一起形成一种强烈的对比效果等。

3. 镜头节奏的表现规则

"比物以饰节，节奏以成文。"电视从业人员的心灵本来就是一个节奏的世界，其任务就是要在观众和节目之间用节奏架起一座心灵的桥梁，使之目驰神往，产生认知上的共鸣。电视画面创作中，为了表现镜头节奏，有一些比较成熟的规则可资参考。这些规则主要有：一是控制镜头内部运动节奏。相接镜头中主体运动的速度应该一致或相近；二是控制画面影调节奏。正常情况下，相接镜头的画面影调应该尽量趋于一致，给观众以和谐的感觉。特殊情况下，也可以将反差强烈的镜头组接在一起，形成强烈的对比；三是控制镜头运动节奏。为了保证视觉反应的一致性，相接镜头运动的速度和节奏应尽量保持一致；四是控制镜头相接的动静节奏。动静画面的多样式相接，可以形成不同的节奏，传达不同的气氛和情绪。动静镜头相接一般有四种情况，即动接动、静接静、动接静、静接动。其中，动接动、静接静比较适合表现镜头的连贯性；而动接静、静接动则是特例，运用时应谨慎铺垫，找准关系，力求连贯、流畅。

第三节　电视画面的拍摄角度

在电视画面的创作过程中，拍摄角度的选择就是在拍摄现场确定拍摄的位置。角度的变化可以影响到画面的造型效果的差异，不同的角度，往往具有不同的侧重点和表现力。确定电视画面的拍摄角度是画面内容、各种构图因素综合物化的决定性过程，这个过程涉及的物质手段主要包括电视画面的拍摄方向、拍摄高度、拍摄距离等三个内容。在拍摄过程中，这三者是综合运用、不可分割的。拍摄角度的运用，不是纯技术手段，其使用控制是以拍摄内容的总体要求为依据的。

一、电视画面的拍摄方向

拍摄方向是摄像机镜头与被摄主体在水平面上的相对位置，是拍摄角度在水平方向上的变化。拍摄方向的变化，可以影响到电视画面中的形象特征和意境等的相应的改变。我们一般根据拍摄方向的变化，把它分为正面角度、侧面角度、背面角度、斜侧角度、反拍角度等几种基本角度。

（一）正面角度

正面角度，是指摄像机处于被摄体的正面方向的角度。正面角度最能够体现被摄对象的主要外部特征，把被摄对象的正面的全貌呈现在观众面前。生活经验告诉我们，如果要清楚地观察一个物体，最好的办法就是与之进行面对面的"视觉接触"。电视画面拍摄的正面角度正是要起到这种一览无余的画面效果。

正面角度拍摄的画面可以充分展示被摄对象的横向线条，产生对称、均衡、平稳、庄重的效果。比如采访大型的政治性会议时，从会场正中央拍摄主席台就可在电视画面上形成庄严的气氛；再比如在电视连续剧《康熙王朝》中，康熙皇帝上早朝时，就使用了正面角度来表现金殿的肃穆和皇权的威严。运用正面角度拍摄人物，有利于展示人物的面部表情、神态，有利于展示人物身体正面的动作和体态，如果加上平角度和近景与别的配合，则可以表现画面内人物与观众面对面的交流，使观众产生一种参与感和亲切感。一般在各类节目中的播音员、主持人出现在屏幕上时都是这样处理的。运用正面角度拍摄物体如建筑时，可以产生平静和谐的视觉效果，可以突出建筑物的宏伟气势。中央电视台的开始曲中表现天安门、人民大会堂、人民英雄纪念碑时，使用的就是正面拍摄的角度画面。

正面角度还可以展现一些有一定联系或差别的并列形象，形成对比和联想，引导观众进一步思索，从而表达画面以外的引申义，丰富画面的内涵。

正面角度拍摄的不足之处是，由于它突出横向线条，这些线条与画幅边缘平行，使得画面缺少纵向的透视变化，没有构图的动势方向，因而显不出更多的空间和体积，显得呆板。而且，正面拍摄的物体透视感比较差，立体效果不甚明显，如果画面布局不合理的话，就有可能使被摄对象显得主次不分，平淡而无生气。

（二）侧面角度

侧面角度，是指摄像机处于被摄体的正侧方向，与被摄体正侧面成 90° 角的拍摄角度。这个角度主要用来表现被摄对象侧面特征，勾画被摄对象侧面轮廓形状。侧面角度具有很强的表现力，这从我国的民间艺术皮影戏的艺术造型中就可见一斑。皮影戏主要是通过侧面角度的造型来表现丰富的戏剧情节的。

侧面角度可以比较清楚地交代被摄对象的方向、方位。这是因为运用侧面角度拍摄，被摄对象的视线方向位于画面的一侧或在画面之外，从而使其具有明确的方向性。在拍摄体育比赛时，我们可以用它来表现乒乓球、羽毛球、网球等双方参加的体育赛事，以交代双方的位置关系。

侧面角度可以用来表现人物或事物的动势。对于那些运动的拍摄对象，用侧面角度拍摄，不仅可以表现其富有特征的侧面线条，而且可以表现其运动的美感和气势。比如，摄像人员就经常用侧面角度来拍摄呼啸而过的火车、汽车等具有非常明显动势的对象，以造成强烈的震撼力。

侧面角度可以用来表现被摄人物之间的情感交流，可以交代清楚相互交流的人物之间的关系。在访谈节目中，除了用正面角度来表现访谈人物外，也经常用侧面角度来拍摄面对面交流的主持人和嘉宾，以形成一种交流的气氛，增强节目的交互性。

侧面角度的不足，同样是不利于展现立体空间。

（三）背面角度

背面角度，是指摄像机处于被摄体的背面方向的角度。背面角度使电视画面所表现的视向与观众的视向一致，使观众产生与被摄对象同一视线的主观效果。背面角度是一种较少采用的角度，其实，处理好的话，这个角度常常可以收到意想不到的效果。

背面角度将被摄对象和他们所关注的事物放在同一个画面上加以表现，往往带给观众一种强烈的参与感。近年来，许多纪实性电视节目往往采用这个角度进行跟踪式采访，即跟在被摄对象的背后进行拍摄，这样，被摄对象面对什么，观众也同样面对什么，从而使观众产生一种心理认同感，具有很强的现场纪实效果。

背面角度往往具有一定的悬念，这是因为观众看不到画面中被摄对象的面部表情，具有一种不确定性，观众往往想知道其正面的情况，这样观众的好奇心和想象力就被调动起来了，电视画面创作者可以利用这种期盼的心理来设计矛盾冲突和推进故事情节的发展。

用背面角度表现人物时，人物正面的面部表情不为观众所见，几乎没有什么画面表现力，而观众能看到的是被摄对象的姿态和动作，这成为画面的主要形象语言。因此，在拍摄背面角度的画面时，要注意着重刻画人物的动作、轮廓，提炼出具有表现力的线条。

（四）斜侧角度

斜侧角度，是指摄像机处于被摄对象的除正面、正侧面、背面以外的任意一个水平方向的拍摄角度。它是介于正面角度和侧面角度之间的角度，所以兼有这两种角度之长，使所表现的物体形象具有丰富多样的变化。

斜侧角度有利于表现画面的空间透视感和物体的立体感。

它能使被摄体本身的横线，在画面上表现为与画面边框相交的斜线，形成物体形象的近大远小和线条汇聚等效果。

斜侧角度可以分清画面中人物的主次关系，用以突出需要着重表现的人物或事物。电视新闻节目中，记者出镜头采访新闻人物时，常常运用斜侧角度拍摄画面，采访者位于前景，新闻人物位于中景稍后，把观众的注意力自然而然地吸引到新闻人物的身上。

斜侧角度拍摄可以使画面显得生动、活泼并具有变化。事实上，拍摄人物时，斜侧角度是一种经常用且有很好表现力的角度，因为它可以避免正面角度拍摄时的某些人物面部的缺陷，调整人物脸部的轮廓形象，表现面部的表情起伏，达到美化的目的。

斜侧角度还可以很好地表现被摄对象的动感。运用斜侧角度拍摄，被摄对象总是处于正面角度和侧面角度之间的一种变化状态，从而形成一种向这两个方向运动的内在张力。这是单纯的正面角度和侧面角度无法达到的效果。

（五）反拍角度

反拍角度，是指处于前一个镜头拍摄方向的反面或反侧面角度的拍摄角度，也称"反打"。以拍摄人物为例：前一镜头从正面拍摄，后一镜头从反面或反侧面拍摄。往往将后者称为"反拍"或"反打镜头"。侧反拍摄人物，几乎是背影，面部看见的较少，这个角度常常产生奇妙的感觉。正如一个人坐在窗口背向着观众，似在沉思，若回头，则造成新颖动人的神态。

反拍角度还可以使观众看到环境的完整性，有利于全面介绍现场情景。由于反拍镜头可以拍摄对象的另一面，有助于表现主体对象的多方面和立体心态。在一组镜头中还可以起到对比、暗示、强调和渲染的作用。

必须注意的是，反拍角度是超过主要人物活动的中心和"轴线"来拍摄的，使用不当会导致人物关系错乱和方向不清。

二、电视画面的拍摄高度

电视画面的拍摄高度是指摄像机镜头与被摄主体在垂直平面上的相对位置或相对高度。拍摄高度的选择在电视画面的创作中至关重要,它可以影响到画面中的地平线的高低、景物的展示程度、远近观感等因素。我们一般根据拍摄高度的变化,把它大致分成平角度、俯角度、仰角度、顶角度等。这四种拍摄高度各有不同的造型特点和感情色彩。

(一)平角度

平角度是指摄像机镜头与被摄对象处在同一水平线上的角度。平角度拍摄的视觉效果与我们日常生活中一般观察事物的情况很相似,合乎人们平常的观察视点和视觉习惯。它所拍摄的画面在结构、透视、景物大小对比度等方面与人眼观察所得大致相同,使人感到平等、客观、公正、冷静,给人以亲切感,可以用来表现人物与人物之间的交流和内心活动。平角度是电视画面创作中最为常用的拍摄高度。

拍摄平角度画面时,要重视对地平线这个构图因素的处理。通常情况下,我们要避免画面中的地平线在画面中间平均分割电视画面,造成整个画面构图呆板、单调、四平八稳等效果。一般来说,为了避免地平线分割画面,我们可以处理好前景,增强画面的透视效果;也可以利用山峦、树木、弯曲的小道等高低不平的构图要素来分散观众的注意力。不过,在某些情况下,地平线的这种分割现象运用得当的话,如拍摄各种倒影,则可以收到画面上下对称的视觉效果。

(二)俯角度

俯角度是指摄像机镜头高于被摄对象水平线的角度。俯角度的特点是:一是画内地平线明显升高,甚至落在幅外,有利于交代画内景物的层次、数量及分布情况,可以展现出完整的画面布局,显得宽广,气势宏伟;二是画面中竖向线条有向下透视集中的趋势,用广角镜头拍摄高大建筑物时,建筑物顶部与地面景色能够成远近景强烈的透视对比,有"配景缩小"的效果。用稍俯的角度拍摄人物时,因线条向下透视的缘故,可以使之略显清秀一些;三是拍摄环境与人的关系时,可以造成孤单、渺小、茫然、压抑的心理效应。

(三)仰角度

仰角度是指摄像机镜头低于被摄对象水平线的拍摄角度。

由于镜头低于被摄对象,产生从下往上、从低到高的视觉效果。

　　仰角度拍摄时，摄像机在被摄对象的水平线以下，低于被摄对象向上拍摄，画内地平线明显下降，甚至落在画幅之外，从而可以突出画面中的主体，将次要的物体、背景降于画面的下部，使画面显得洁净，富于写情意味。拍摄人物时，产生崇高伟岸之感，还可使近景人物显得略为丰满；拍摄建筑物则可产生巍峨、雄伟的气势。

　　仰角画面中的跳跃、腾空等动作，比我们一般的感觉要更具夸张效果，具有很强的视觉冲击力。比如电视体育节目中，用仰角度拍摄撑杆跳高，运动员一跃而起的动作给观众的视觉感受要比实际观察的感受强烈得多。

　　用仰角度拍摄，画面中竖线条有向上方透视集中的趋势，产生上升感觉，用中、近景拍摄，若角度过仰，容易产生变形。所以在运用仰角度的时候，一定要根据具体的内容掌握好分寸，不能一味地追求仰角画面所带来的赞颂、敬仰、伟大的感情色彩，无节制地加以滥用，那样可能达不到预期的效果。

　　仰角度拍摄还可以形成上下景物的对比、联系，可以深化主题，丰富画面内涵。

（四）顶角度（垂直角度）

　　顶角度是指摄像机镜头近似于与地面垂直，从被摄体上方自上而下进行拍摄的角度。这种角度由于改变了我们正常观察事物时的视角，画面各部分的构图有较大变化，所以在电视画面的创作中运用得不多。不过，顶角度若运用得好，也可以取得很好的画面效果。

　　运用顶角度进行拍摄，可以使观众感受到被摄对象在大小、高低、上下等方面的对比，形成一种居高临下的心理优越感。这种被摄对象的大小对比，还可以造成物体影像的夸张和变形，获得某种奇特的影像。比如，用顶角度拍摄摩天大楼，可以使摩天大楼形成我们一般观察达不到的视觉冲击，从而表达创作者的某种思想和理念。

　　如果我们所要表现的被摄对象本身具有某种优美的图案或造型，这时顶角度拍摄则可以起到表现和强调这种美感，强调被摄对象之间的相互关系。如我们可以运用顶角度来拍摄花样游泳、舞蹈、大型团体操等美感非常强的造型。

三、电视画面的拍摄距离

　　拍摄距离的变化会影响到被摄对象在电视画面中的大小。在电视画面的拍摄中，有两种情况都可以达到拍摄距离的变化：一种是摄像机和被摄对象的实际距离；另一种是摄像机的焦距。它们都可以获得被摄对象的同一景别的电视画面，虽然用这两种方法得到的画面在景深、视角、透视感等效果方面有所不同，但其实质都是距离的变化。这种距离的变化所带来的被摄对象在画面中呈现的范围的变化，称之为景别变化。我们所要掌握的是拍摄距离的变化所形成的各类"景别"的具体内容，包括：远景、全景、中景、近景、特写。

景别的选择是电视画面创作者对画面叙述方式和故事结构方式的总体考虑的结果，它是创作人员思维活动的直接表现。运用景别的目的，首先是为了让人们看个究竟，正如我们的实际观察一样，要看事物的细节就凑近观察，要看事物的全貌则退而审视一样，景别在这种时候的功能主要是描述性的；其次，采用不同的景别，还能创造出各种心理效果，特别是两极景别——全景（包括远景）和特写，往往能造成某种突出的心理效果，描述作用反而不是主要功能了。这是必须注意的要点。下面分别简述各景别有关内容。

（一）远景

远景是表现广阔场面的画面景别，它是从远离被摄主体进行拍摄，包括极大的景物范围。可以用远景画面来表现地理环境、自然风貌，事物的规模、数量、气氛、气势和大的活动场面，所以，远景画面要重视空间环境的结构。

远景画面注重对景物和事件的宏观表现，其主要任务是提供广阔的视觉空间和表现景物的宏观形象，讲究"远取其势，大处着眼"，所以，在结构远景画面时，要注意提炼具有表现力的线条和概括力的形象。

远景画面中表现空间范围大，人在画面中所占面积比较小，而空白、空间则往往占据较大的面积，因此，它可以寓情于景，表达一种自然和含蓄的美感，表达深远的意境，从而引发观众的联想。

在拍摄远景画面时，要注意调动多种手段来表现空间深度和立体效果，通过深远的景物和开阔的视野将观众的视线引向远方。同时，要尽量避免景物的庞杂和凌乱，通过寻找一定的对象作为画面构图的支点，结构画面。由于远景画面包含人物、事物、环境等诸多构成要素，一定要给足屏幕时间，否则，观众难以在很短的时间内看清和理解画面，达不到预定的传播效果。

早期的电视理论认为电视画面不适宜用远景来表现，理由很简单：看不清。然而，随着摄制、播放、收看设备的进步，远景的屏幕效果已经大为改善。事实上，它已大量进入电视屏幕且受到欢迎。

（二）全景

全景是表现成年人的全身或场景全貌的画面景别，它所包含的景物范围要比远景小，有明显的内容中心和结构主体，一般比较重视被摄对象的视觉轮廓和形状。

全景可以表现被摄对象的全貌，可以交代人物之间的相互关系，还可以交代一定的环境。全景使观众对被摄对象有一个比较完整的把握，其表现效果比剪辑合成的形象更具有真实感，所以，在纪实性电视节目中，全景画面所具有的这种能够无间隔的直接再现场景全貌的特点，使它承担了记录、表现等重要作用。

全景是一种最基本的介绍性景别。它可以展现整个场景中的人物、事物以及场景全貌，使观众对整个被摄对象的全貌和环境有一个完整的认识。因此，全景在一个叙述性段落中是不可少的景别，有人又称全景为"定位性镜头"，即指其可以为故事情节确定情境。全景的这种环境介绍功能使观众在欣赏节目时，可以对镜头中发生的事、出现的人进行"定位"，让观众知道其中涉及的是谁，他们在什么地方活动。这样，观众就能清楚地判断人物所处的位置以及和环境之间的关系。因此，很多情况下，在一个场景的开始，用全景镜头来对该场景进行设定。

全景景别所表现的范围比较广，它集纳了众多的构图元素，故电视从业人员在拍摄全景景别时，必须注意各种构图元素之间的搭配和协调，注意空间深度的表现和被摄主体的轮廓和线条，重视环境的渲染和烘托。在拍摄全景画面时，画面内容中的前景和背景的选择也非常重要，选择好了前景可以加强画面的空间纵深感，选择好了背景可以衬托、突出画面中的被摄主体。

（三）中景

中景是表现成年人的腰腹以上或场景局部的画面景别。中景可以表现人物与人物之间、人物与事物之间的相互关系，可以表现被摄人物的动作、姿势，它的优势在于，它既可以充分展现人物之间的相互交流，而不至过细，又可以表现一定的环境气氛，而排除不必要的背景环境。所以，在电视画面创作中，中景是一种比较适中的景别。我们可以在一个远景镜头交代环境后，紧接着一个中景镜头展开叙述，或者，在一个特写镜头之后，来一个中景镜头，重新确认人物的活动位置和空间关系。

在拍摄中景画面时，为了使镜头富于变化，必须注意选取那些具有表现力的表情和动作。由于中景画面中，人物之间的交流和不断变化的运动状态，使得画面中的构图不断变化，这就要求电视从业人员必须随时审视被摄对象的动作和表情变化，把握好它们之间的结构关系，始终将动作的中心点处理在画面结构的中心位置。

（四）近景

近景是表现成年人胸部以上部分或物体局部的画面景别。

它常用来表现物体的细节和人物的面部特征和表情。近景使观众可以逼近被摄对象做仔细地观察，取得较好的视觉效果，可以展示人物的心理活动、面部表情、细微动作，使观众产生一种与之交流的感觉。

近景画面的拍摄过程中，一定要注意"近取其神""近取其质"，注意物体纹理、质地的表现，在拍摄人物时，则要注意人的眼神光和手势的处理。

（五）特写

特写是表现成年人肩部以上的投向或某些被摄对象细部的画面景别。特写还包括一部分近景。运用长焦距镜头或运用短焦距镜头靠近拍摄，都可以获得特写画面。

特写的功能主要是选择与放大。所谓选择，是将人或物从周围环境中强调出来，即"从整体中抽出细节"；所谓放大，是让观众逼近画面对象，窥察细微的表情传达的心灵信息，或是细部特征。特写的这两大功能，不但扩大了对生活的观察，而且加深了对生活的观察。匈牙利电影理论家巴拉兹是这样估价"特写"功能："它不仅使我们看到某些前所未见的物体和事件：昆虫在宽阔的叶上冒险旅行，初生的小鸡在鸡舍的角落里经历的悲剧，花的爱情行为和纤细风景画里的失意。它不仅带给我们新的题材……还给我们揭示了我们自以为早已熟悉的生活中的潜在基因。我们对生活全貌认识模糊不清，这主要是因为我们的感觉迟钝、眼力短浅和观察不深。我们只是滑行在生活的表层。摄影机已经为我们揭示出作为一切重大事件产生根源的各个重要问题的内核：因为最重大的事件只不过是各个微小因素的运动的最后结合。一连串特写可以使我们看到一个整体变成各个个体的那一刹那间"。

特写的类别从内容上可以分为：人物活动背景中的自然环境或生活环境的细部特写；人物动作细节特写；人物躯体细部特写；人物面部表情或面部表情细节特写。这些不同内容的特写，其作用都是通过细节去揭示事物的面貌，去发掘事物的本质。

在拍摄特写画面时，构图必须饱满流畅，剔除一切多余的画面形象。还要严格控制好画面的曝光量，对于明暗差别比较大的物体最好要用手动光圈进行曝光，而不能完全依赖于自动光圈系统。此外，当所要表现的场景空间比较复杂时，应避免由于特写表现空间的不明确性使观众对物体所处环境不得其解，产生空间混乱感。

综上所述，我们分析了由于拍摄距离的变化所带来的电视画面的不同景别。景别的处理是电视画面创作中至关重要的部分。景别的变化带来的是视点的变化，它是实现画面造型、形成节奏变化的因素之一。所以说，电视画面创作中景别的运用是否得当和有效，是检验创作者思路是否清晰、表现意图是否明确的重要尺度和标志。

第四节　电视画面结构的基础元素

一、光线——形、影、色的渊源

（一）光线的构图作用

光线是电视画面构成的重要条件。"摄影"这一名称本身就来自希腊文中的两个词"光线"和"描写"。没有光线根本谈不上成像。正如构图使影像具有形式和实体一样，光线使影像清晰可辨。没有光线，也就无所谓形状的发现和色彩的感知。可以说，光线是形、影、色的渊源。学习怎样创作电视画面的重要方法就是要学会"观察光"，也就是要学会敏锐地去感觉，理性地去思考。光线的构图作用在光的相对强度、光的方向和光的性质三个方面得以发挥。

1. 光的相对强度

某一个画面富于视觉冲力，归根结底是运用光的结果。不同强度的光，使画面产生多维纵深效果。大反差照明，往往能创造出比均匀照明场合更富于魅力的影像，如黑暗中的亮眼睛就使人感到神秘。

2. 光的方向

一个场面无论是用人工照明或是自然照明，光的方向是首要的，因为光的方向产生一定的情绪。一些电视新闻画面往往是正面照明，使画面情绪显得平淡、冷漠。从头顶上照下来的平光使场面具有一种呆滞、单调的性质，而从一个较低角度射来的光则会产生一种富于戏剧性的效果。而45°侧光照明，影像层次分明，有益于提高电视画面的表现力。光线的方向对色彩饱和度也有着重要的影响，用前向照明可获得最大的饱和度，后向照明可降低饱和度。

3. 光的性质

光线从性质上大体可分为硬光和柔光。硬光是指光的阴影很清晰、很明显，它固有的高照度使我们觉得它的阴影很黑。硬光的方向性很强，它一般是从很小的光源发出的。柔光是指光的阴影逐渐地形成，且具有不明晰的边缘，相应的柔光有更淡、更柔和的阴影。柔光比硬光的照度低，没有硬光的方向性强，常常被认为是全向的或"无向"的光。在一个场面里使用的每一个光源，都有各自的特点。自然光的质量也有着无止境的变化，不同季节的阳光，有能够影响影像情调和性质的特殊的色彩特征。阴郁的气氛和轻松的场合，它们都因光的性质不同而产生不同的视觉冲击力。比如欢庆的新闻场面会因为记者使用单灯照明造成浓黑的阴影和强烈反差，使"欢乐气氛"消失殆尽。

光的构图作用，离不开画面内容。光的最佳运用，取决于具体内容在光的作用下所产生的视觉冲击效果。

（二）画面创作中的用光控制

为了保证电视画面能够真实地再现物体本来的颜色和现场的气氛，拍摄用光的控制是个十分重要的因素。电视画面拍摄用光的控制主要包括色温控制（含白平衡控制）、强度控制和方向控制三个方面内容。

1. 色温与白平衡的控制

彩色电视画面能否准确反映物体的颜色，取决于在光线的各种色温条件下对摄像机的"白平衡"的正确调节。控制色温，调整好白平衡，是用光控制的基础。

对于色温的认识。色温，是表示光源的光谱成分的概念，色温是光线颜色的一种取值标度，不是指光线照射的实际温度。各种不同光源之所以能呈现不同的颜色，就是因为光谱成分的不同。据测定，纯正的白光（5500K），所包含的红光、绿光、蓝光的量大致相等（若白光为1，其中红光的含量为0.33，绿光的含量为0.34，蓝光的含量为0.33）。如果某一光源的色温低于5500K，那它所含的红光成分就多；如果某一光源高于5500K，那它所含的蓝光成分就多。色温高低的变化，其实质表现为光源中红蓝成分的变化，所谓色温控制，实际上就是光源中红蓝成分的互变的控制。色温的计量，是以色温的发明者Kelvin（凯尔文）提出的方法为依据。其测定方法是，将一个不反光的金属黑体从绝对零度（-273℃）开始加热，随着温度升高，这一金属便出现反射光，当金属升温到1000℃时，发出暗红光，标定的色温为1273K（1000℃加上273℃，以色温发明者的英文名第一个字母为计量单位）。依此类推，当金属升温到5227℃时，发出白光，这时的色温则表述为5227+273=5500K。

对于白平衡的认识。调整好白平衡，保证物体图像的色彩正常还原，是电视画面摄影的最起码要求。白平衡又称白色平衡，或称彩色平衡。当彩色摄像机拍摄灰度卡时，在彩色电视机上应显示不带颜色的黑、灰、白图像，这就是彩色电视系统的白平衡。摄像系统的白平衡是通过使用滤光片的调整和摄像机的相关电路参数的调整（手动和半自动、全自动）得以实现的。滤光片的调整。彩色摄像机的彩色编码电路，是在色温为3200K的光照上拍摄某一标准白而实现准确的白色平衡的（它是以输出的红、绿、蓝三色电信号相互相等为标准）。但是，在具体拍摄中，光源的色温是随光源的变异而变化的，这样设计中的白平衡就被破坏，为了保证在不同光照条件下正确还原物体的本色，就需要选配相应的滤光片校正光源的色温。摄像机上的滤光片装置于镜头之后的转盘上，数块滤光片供随意转动选用。滤光片一般来说有3200K、5500K、5500K+ND几档。

色温校正电路的调整。滤光片是起到相对降低某一光源的色温或提高某一光源色温作用的。为了保证机内的白平衡标准得以准确的维护，摄像机内还设有色温补偿电路，以补正滤光片的不足，这一电路称之为白平衡电路。白平衡电路有手动调节、自动调节之分，使用便捷，与滤光片的搭配运用，二者相互补充，使色温校正范围扩大，白平衡更易于调整。

白平衡调整的方法。白平衡调整的方法最重要的是对光源色温的判别和标准白的选择。不同摄影场合有不同的光源色温，只有准确地判定了色温，才能进行滤光片号的选择，以保证白色平衡调节的顺利进行。单一光源的场合，色温较好判别；混合光源场合，则首先要确立好对光源色温的调整，再选择相应的滤光片。例如拍摄一个会议场面，临窗光源的色温是5500K，而离窗较远的碘钨灯光色温是3200K，若不调整光源色温，无论选用摄像机上的哪挡滤光片，所摄画面都将是色调失谐。调整的办法无非是提高或降低某一光源的色温，使之趋同于一个色温标准。标准白的选择也是一个非常重要的因素。调整自动白平衡，首先要选择好一块"标准白"。"调白"用的"标准白"可用无色胶水调和钡粉刷在便于携带的纸板上（有的镜头盖出厂时就刷有"标准白"），选用一般白纸（白布）时，要力求纯白。一些白纸（白布）中添加了青色荧光染料以显示"洁白"，用这种纸（或布）来调整白平衡，图像就带有黄色。如果使用已褪色或带有微黄色的旧白纸调整白平衡，图像就带有青色。由此不难看出，标准白的不同选择对于色彩准确还原的种种影响。

2. 光线强度的控制

摄像机对光照强度的控制是通过光圈的变化施行的。摄像机设有自动光圈电路，为电视从业人员抢拍各种照度的画面提供了极大的方便。在被摄体照度均匀、明暗反差不大的情况下，自动光圈能适应从100lx到10万lx照度的变化，能够较好地保证图像的质量，但是在照度不均、阴暗反差过大的情况下，光圈虽然能根据照度的变化迅速进行自动调节，但这一调节过程仍会影响图像质量（如主体在室内、背景是室外天空，便会造成大反差而淹没主体的面目），这时则应改用手动光圈（或对主体测光后将自动光圈锁定）。

使用手动光圈（或自动光圈自动锁定）时，光圈的大小直接影响输出信号。当光圈过小时，输出信号弱，画面杂波大，对比度小，色彩饱和度差；当光圈过大时，信号过强，画面亮部无层次，色彩呈焦灼感，并严重破坏视频信号比例，影响同步的稳定。当现场照度太低时，可以使用摄像机上的增益开关，改变电路的放大能力，以增强输出信号。增益方式以慎用为好，增益倍率越大，电路中"噪声"越大、杂波越多，犹如摄影胶片的增感处理，使"粒子"变粗一样，会不同程度地损害画面的像质。无论是手动光圈控制，还是"增益"方式控制，对于光照强度的控制，均应以保证画面的像质为前提。

3. 光线方向的控制

电视画面创作中的光线一般有主光、补光、背景光、后向光和轮廓光、特殊灯光。

主光是影响拍摄的最关键的重要光源，它确立了照明的方向和光源的创意，并决定面部阴影的位置。为了便于表达，在水平面上，以照相机/被摄体轴为参照，我们划分了五个重要位置：前向、四分之三前向、四分之三后向、侧向和后向。前向位置低角度的灯光能创造出熟知的恐怖电视剧/吸血鬼画面。当一个前向主光放置于照相机高度或稍高一点位置上时，会产生一种平淡的直接的照明，它不强调景深，形成一种二维的感觉。这种前向照明最小化了脸部皱纹、线条和其他标记的影响。摄像机高度上大约30°~45°的前向主光常被用于电视明星，这时的演员的脸具有了一些立体感，但还是软化了脸部的特征，最小化了皮肤的纹理，与散射相结合时用，这是一个很流行的影视明星的照明风格。当到达较高位置时，将失去上述魅力效果，纹理消失，眼窝变暗变黑，且在嘴唇和鼻子下将出现拉长的阴影。四分之三前向主光在经典的好莱坞影视风格中是颇受宠的主光位置。它位于上方大约45度的角度，在脸的阴影面产生熟悉的三角形修补光。在侧主光位置上，采用柔光效果最好。用摄像机高度的侧主光照明前补的脸是一个经典的照明布局，照明用一个垂直的阴影将脸部一分为二。四分之三后向主光是四分之三前向主光的背面版本。它是极富戏剧性和情调的，常用于夜晚的外景的拍摄。采用硬光源拍摄关于轰动事件的电视画面时，四分之三后向主光效果最好。对一个人用后向主光能自动产生黑暗的有情调的效果，这对夜晚的内景和外景是很有用的。这时我们几乎看不到细节，但能获得神秘感。

　　补光用来照亮那些阴影以避免新阴影的形成，补光几乎总是柔和的。它一般放在以下四个位置中的一个位置处：照相机／被摄体轴的前向位置，并稍微高于照相机高度；照相机／被摄体轴的关键侧向。这个位置比照相机／被摄体轴能产生更好的立体效果；脸部的非关键侧向，这是要特别小心不要产生一系列新的阴影，尤其是鼻子上。这个位置也出现很好的立体效果，但由于演员的移动很容易造成阴影问题。最后一个补光位置是上方较高位置处。补光的强度对影像的情调有着重要的影响。可用"高调"和"低调"来描述：在高调（轻松、明亮、欢快的情调和效果）情况下，如果有补光的话，它将和补光一样明亮。当为低调效果时，伴随的是神秘、阴郁、黑暗的情调。补光与主光相比是低强度的。补光在一个特定镜头中的确切位置由移动阴影的考虑和所需的整体效果来决定。

　　后向光是指来自被摄体的正后方且通常是从上方照射下来的光。后向光用来照亮头发并从背景中分离被摄体。

　　轮廓光是指来自被摄体后方且有一定角度并能"提取"或勾画出被摄体的整个或部分轮廓的光。轮廓光也被用来照亮头发和脸颊的边缘。

　　后向光、轮廓光和辅助光的主要作用是产生景深，这时被摄体有立体感，可把被摄体从背景中分离出来。

　　特殊灯光有诸如眼神光和头发光。眼神光是一种很重要的灯光。使用它不是从曝光的角度考虑把眼睛照亮，而是制造一个反射，使眼睛有鲜活感。眼神光有时也被用来产生特殊效果。眼神光很容易安排，位于照相机／被摄体轴上的补光可同时作为一种眼神光。没有这种补光的地方，我们可在照相机上方安装一个小灯，作为一个流动补光。眼神光通常使用低照度光，它不必照亮整个被摄体，只要使眼睛有反射光即可。头发光有几种类型：来自头顶；来自倾斜的角度，用来产生戏剧性效果；来自被摄体后面，能产生一种光晕的效果。

　　必须指出的是，电视画面涵括的范围非常广泛。不同类型的电视节目，对电视画面的用光控制有不同的要求。例如电视新闻拍摄的光源比较单一，其照射方向也单一，它一般不以艺术类画面可作多点光源的布置。根据这一特点，拍摄中尽可能运用顺光或顺侧光，并保证适度的照度。实践证明，照度适中的顺光或顺侧光，画面的色彩饱和度最佳。电视新闻忌用逆光拍摄。无论是用自动光圈还是手动光圈，单一的逆光很难取得好的效果。值得提醒的是，逆光入镜，还有灼伤摄像机靶面的危险；而且在拍摄中，还要避免画面中出现高光点（大多是在多灯照明时），以防画面中出现光晕拖尾，分散观众的注意力。

二、线条——对万事万物的抽象

线条是画面构成中的一个基础因素。任何画面中的任何形体轮廓最基本形态都表现为线条。在绘画作品中，线条是绘画者对客观事物进行抽象的产物；在电视画面中，线条则是事物实体经复制工具所形成的轮廓层次。我们在现实生活中感受周围的事物也离不开线条。如高楼大厦的高耸、雄伟的气势，就是通过垂直线条表示出来的；一望无际的草原和浩瀚的大海是通过横线表示出来的；曲折的羊肠小道就是通过曲线来表现的。如果电视画面创作者能比较准确地表现事物的外部特征——线条和线条的结构，就可以更好地表达作品的内容，更好地实现作品与观众之间的沟通。

从几何学的角度上讲，线条是由点的运动轨迹形成的。点的运动轨迹是同一方向就形成直线；点的运动轨迹改变了原来运动方向就形成曲线。从造型艺术的角度上讲，线条是对客观事物进行抽象的结果。所谓抽象是指"从具体事物中抽取出来的相对独立的各个方面、属性、关系等"。电视画面创作中对线条的抽象认识就是从对被摄物体的最基本视觉特征中抽取出来的属性。例如从高空俯视地面上的物体一般就会把它抽象成圆形线的属性。然而在电视画面中创作的"线"的视觉形象，并不可能是由几何学中的线来构成，实际生活中也不存在像几何学中所讲的那样的线。正如美国著名的心理学家和美学家鲁道夫·阿恩海姆在其著作《艺术与视知觉》中所指出的："直线、规律的螺旋形、互相平行的直线或曲线等式样，在自然中永远也找不到，它们只存在于人的大脑中，如果它们真的被人采用，也会被周围的自然环境吞噬掉。"电视画面造型中的"线条"是创作者对现实生活中的事物通过视觉进行提炼、简化和抽象后形成的相对独立的有一定属性的视觉形象。通过对这些线条进行合理结构，从而和其他的造型元素相结合来达到线条在画面中的造型任务和审美价值。

线条是形成电视画面线条透视的主要元素。线条透视可以构成画面的纵深感，确定物体的远近空间关系，其主要特征是在画中物像以"线条"的形式按规律排列，它所产生的视觉效果近大远小，即近处物像大、远处物像小，向远处伸展的平行线趋向于接近，最后汇合成一个点。线条透视是造型艺术中表现空间的一种很有效的手段。如我们在电视画面中经常可以见到的向远处延伸的高速公路、铁轨，人行道两旁的树木等就是这种效果。

线条和线条的有机结构是画面构图结构的重要手段。首先，线条能形成画面视觉中心地导向，从而有效地突出主体。其次，通过画面中一些主要线条的结构将其他分散的线条有机地组合起来，使画面形成一个有机的线条结构整体，从而完善构图。再次，线条还能通过揭示物像的轮廓以及结构来表现画面的内涵。另外，在有些情况下，线条还能成为画面结构的主体。

线条还具有象征意义。尽管从理论上应该认为抽象的线条没有具体含义，但是由于生活经验的积累，人们对各类线条还是形成了抽象认知定势，认为各种线条还是具有某种普通的象征联想作用——垂直线条：一般是自下而上地运用直线，产生生活中所常见的大树或高耸雄伟的建筑物一样的感觉，给人以庄严、高大、昂扬、岿然不动、严肃、端庄的感觉，有代表尊严、永恒、权力的意味；也有自上而下地运用垂直线条的，造成深不可测，一落千丈之势。水平线条：平行的线条，引导我们的目光向左右两边延拓，形成宽广开阔的气势。因为是水平线，就缺少动势，可以表示大海的平静、无垠的大地和天空的寂静与安定，常给人以平静和安宁的感觉。倾斜线条：斜线在画面中可产生动势。由于人的眼睛看着斜线的一侧极度缩小或是极度开扩，画面空间有了或大或小的变化，瞬息间就产生一种动势。如果结合了物体的运动姿态，斜线更有助于运动的强化。如果通过长长的走廊两边所构成的斜线，将我们的视线导向画面的深处，当一个人从远处走来时，他的神情姿态，一定给人以强烈的感受。斜线还意味着危险、行动、崩溃和无法控制的感情，产生跳跃的感觉。放射形线：人们从生活中体验到太阳从云隙中放出光芒，产生光辉有力的感觉；从爆炸和喷泉现象，体验到奔放、豪迈，排除一切威力的感觉。锯齿形线：使人的视线忽高忽低地变化，因而产生不安定、不均匀、紊乱和动摇的感觉。弯曲线条：它可以造成柔和优美、迂回曲折之感，使画面中的结构变化多姿。如火车在直线上奔驰，和在一条曲线上奔驰会产生两种不同的动态、不同的景深和不同的情趣。线条本身还能表现形式美。如电视画面中出现的大雁南飞时排成的"人"字的形状，就会给人一种美的享受，这是因为物象自身就具有优美的轮廓线特征。类似的例子还有如蜿蜒的长城、女孩优美的身体曲线等。自然界和人类社会中有很多丰富优美的线条结构。线条的重复排列可以形成一种节奏，这也是线条的一种形式美。如在电视连续剧《戏说乾隆》中，乾隆皇帝在大殿上接受文武百官的朝拜时，文官的服侍形成一条线，武官的官服形成一条线，宫女的排列又形成一条线。这种线条的安排，在画面中形成了一定的有秩序的节奏，构成画面线条形式美。

电视画面创作中一个非常重要的方面就是对物体的富有特征的线条的再现和勾勒。电视画面虽然是以现实存在的物体为表现对象的，但是它也需要电视从业人员在生活中发现、选择和提炼。如果电视从业人员没有将被摄对象的富有特征的线条作为重要元素提炼出来，那么，也就没有体会到电视画面创作的奥妙。在绘画艺术中，线条是从画家的笔下流出来的，这是画家长期的生活积累、对事物进行细致的观察的结果，也是画家对形象的概括和抽象的结果。然而，电视画面的线条，则直接来自物体本身，电视从业人员只有依靠自己的直觉，依靠对线条的敏感，娴熟地运用摄像技巧，才能在平凡的事物中选择和提炼富有表现力的线条。

电视画面创作中要注重画面中的线条结构。每种线条都有它的特性和它相应产生的效果。必须指出的是，线条本身不可能单独在画面中产生主导作用，只有当它和画面内容和构图中其他方面的因素有机地结合，才表现出一定的功效。如平静的海面，外形线条是平的，产生安定、流畅、开阔的感觉，风浪簇拥的海滩，跳腾的海水在沙滩形成锯齿状线条，产生汹涌澎湃、动荡不安的气势。如果抽掉具体内容，我们很难具体说明这些线条的作用。每一种线条都能产生一定的视觉印象和某一种情绪，而这种印象和情绪的感受，必须由作品的内容来决定。画面的线条结构必须建立在表现好内容的基础之上，以免走上形式主义的歧途。线条的结构必须根据现实生活所提供的物象的可能性，即线的结构是建立在生活的基础之上的，而不是建立在人的主观意象之上的。正如苏联摄影理论家德科和格洛夫尼亚在《摄影构图》中提出的："拍摄过程中画面的安排不能强制地进行的，而实际对象，尤其是对人是不能组织在预先想好的几何图形之中。正发生的事件或被摄体的性质，画面中运动的形式，被摄体的线条与影调描绘，这一切才是未来照片的构图基础，而绝不是由照片作者预先设想好的几何图形！"这段话虽然是就摄影构图而言，但对电视画面的创作也同样适用。

电视画面创作中的线条组合要达到两个目的：一是从形式上讲，要通过画面的线条结构将分散的影像、零散的线条联系起来，从而构成画面结构的整体性，避免画面中的线条杂乱无章，从而有效地表现画面的主体，通过线条的结构，准确再现影像的轮廓和空间结构；二是从内容上讲，电视画面创作者可以通过生动的线条结构，来表达创作者的思想情感和表述作品的内容，并让观众通过美好的形式去领会作品的思想及内涵。

三、影调——对万事万物的具象

影调在电视画面创作中的作用至关重要。那么什么是影调呢？我们知道不同亮度的景物会形成有明暗差别的影像，这些明暗差异所产生的黑白灰级差，谓之影调。

所谓有光才有影，可以说光和影是一对孪生兄弟。所有的阴影都是由于缺光而造成的。但是它们产生的具体原因则有所差异。大体上可分为投影和阴影区两大类。

投影是指入射光线被物体遮断所形成的阴影。投影按照所投下阴影的范围一般又可分为三级：一级投影、二级投影、三级投影。一级投影是指在被摄体表面留下的自身某一部分的投影，它是由于被摄体的突出部分遮断了入射光线而形成的。它对电视从业人员表现物体的立体形状和视觉质感有重要作用。如在人像拍摄中典型的三角光的布置，就是通过巧妙的布光，利用面部的突出部分遮挡了部分光线，恰到好处地在人的两眼窝处形成两块小的三角形光区。此外，鼻子在脸部的阴影也属于这种情况。它们能形成非常美妙的视觉效果。二级投影是指被摄体整体在附近所投下的阴影。如人在地面或墙上的阴影。如大型电视纪录片中《望长城》中，当节目制作人员为了找到罗布泊的古长城，而在炎热的罗布泊沙漠中艰难跋涉时，画面上就拍摄了他们在沙漠上的阴影，这一方面反映了罗布泊的天气和地理状况，一方面又表现了节目制作者们为了找到古长城所付出的艰辛劳动。三级投影是指被摄体周围的物体在被摄体上投下的阴影。如树枝投在人身上的阴影，或是被摄体站在建筑物的阴影里。如在电视连续剧《大宅门》中有这样一个场景，当白家老大被怀疑医死了平主子而获罪被关进大牢时，白家一家老小聚集在房间里商量对策时，外面的光线通过窗格照在他们身上，在他们身上留下了一格格的斑驳阴影。导演在这里就非常巧妙地运用了影调元素来表现他们一家此时一筹莫展的心情。投影对表现空间、时间、环境气氛，对画面构图都起着重要作用。

阴影区的形成不是由于物体的遮断造成的，而是因为光源发出的入射光线的范围或能量不足以达到而形成的，确切地说这是一种阴暗区，而不是一种影子。

与影调息息相关的三个因素是光源、明亮部和阴影。一般来说，明亮部一定是夹在光源和阴影之间的。阴影是一个立体空间，而不仅仅是平面。光源和明亮部构成了一种锥体，我们见到的影子是这个锥体延伸部分在某种面上的投影的形状。而实际上整个延伸部分是阴影区，被摄体进入了这个区域，就有了阴影。随着光源、明亮部和阴影之间距离和角度的变化，阴影也就会同时发生变化。一般来说，假设明亮部与阴影的距离不变，光源越远，影子越小，阴影越浓；光源越近，影子越大，阴影越淡。假设光源与阴影的距离不变，明亮部离光源越近，影子越大，阴影越淡；光源越远，影子越小，阴影越浓。阴影通常都是要变形的。当光源、明亮部、阴影在同一条轴线上时，畸变最小，影子最小；当它们不在一条轴线上时，角度越大，畸变越大，影子越长。这一点是很容易理解的，一天当中，早、晚太阳越接近地平线时，人的影子越长；而当烈日当空时，人的影子很短；假如太阳刚好在人的头顶时，这时是看不到影子的。

　　阴影和明亮部之间还有一个重要的关系就是它们之间的光比。从理论上说，没有光线照到的地方应该是完全黑的，然而事实上，由于空气中有折射光，周围物体有反射光，所以阴影部分也是有亮度的。明亮部与阴影在亮度上的比例或比值就叫作光比。光比的大小决定着画面的明暗反差、造型效果和艺术气氛。

　　为了保证电视画面的影像质量，电视从业人员要明确影调在其中所起的关键因素。电视图像的彩色是以"大面积着色"形式出现的，色彩层次全靠影调来表现，影调的控制，实质是电视画面像质的控制。影调在电视画面构成中的作用大致是：

　　影调是构成电视画面形象的基础。有光才有影，有影才有形，有形才有线。在构成电视画面的各种要素中，明和暗具有特殊的重要性。因为有了明和暗，画面中各种物体才能成为可以看得见的影像，所有其他要素，包括形状、线条、质感和立体感等，实际上都是在明和暗的基础上产生的。在电视画面中（包括电影、摄影画面），线条并不是以它在铅笔画中所表现出来的那种形态而存在的。线条并不是构成画面的首要因素，而是作为轮廓线，作为影调的界限，由影调派生出来的。影调是构成画面的第一因素，这是与绘画理论决然相悖的认识。一切以绘画的线条与影调理论左右电视画面构成的观念必须彻底摒弃。影调可以突出重点。根据画面内容的要求，运用影调明暗对比映衬的方法，可以突出相关的表现对象。突出亮的物像，一般采用暗影调背景，突出暗的物像，则采用较亮的影调为背景。

　　影调可以增强画面的透视感。要在二维的屏幕平面中获得多维的主体效果，除了线条的几何透视作用外，浓淡不一的影调可以形成层次丰富的空气透视（又称影调透视或阶调透视）。自然景物是由许多浓淡不一的阶调组成的。这是因为，大自然里的一切物体，都有它们各自的空间方位，由于光线照射的情况不同，距离远近不同，以及物体固有的色彩所表现的明度不同，各种物体之间就有了明暗差别，当画面能够准确反映这些因物体距拍摄机位距离不同而产生的明暗差别时，画面的二度空间就呈现出多维的立体效果。

　　影调可以突出物体的质感。所谓质感，是指物体的表面结构感，质感是物体最鲜明的外部特征。是粗糙光滑，还是柔软坚实，画面能够充分表现这些特征时，物体将显得更加突出。光洁的玻璃器皿或柔软的毛绒织物，都因为有恰到好处的影调控制才会给人留下深刻的印象。

　　影调可以加强画面的气氛。画面的气氛可以深化主题，加强其思想感情色彩。浓淡阶调的配置，使画面因黑、白、灰所占的面积大小而形成各种"调子"，画面上黑色影调占的面积大，称之为"低调"，低调往往宜于表现力量、深沉、苍劲、忧郁、沉重等情绪内容；画面上白色（或浅色）影调占的面积大，称之为"高调"，高调宜于表现明朗、欢快、恬静等情绪内容。如果各影调参差过渡，配置和谐，中间层次丰富，称之为正常调子。各种"调子"的选择均以画面内容的要求和对象的特征为依据。

电视画面创作由于受被摄对象实有情况的局限，在绝大多数情况下，被摄对象的影调是不大可能随拍摄者的主观意愿进行配置的；在某种意义上说，电视画面上的影调是"自然"表现出来的，但这并不是说在影调面前我们毫无作为。事实上，电视画面创作者可以通过多种方法和手段进行影调配置。比如：通过照明光线区分影调。在一定的条件下，我们可以通过照明光线对被摄对象的影调和层次加以区分。利用照明光线区分影调与层次可以有多种多样的形式。比如，使被摄主体受光，形成亮调，而使背景保持暗调，体现出主体与背景的影调差别；使主体保持暗调，背景形成亮调，用亮调的背景托出暗调的主体，也能使主体突出；使主体有明有暗，背景保持中间影调，利用背景的中间调衬托出主体的亮面和阴影部分；主体有明有暗，背景也处理得有明有暗，用背景上暗的部位衬托主体亮的部分，用背景上亮的部位衬托出主体暗的部分，也能使主体与背景的层次区分得鲜明。这种处理影调的方法，在室内用灯光照明或利用窗子投射进来的阳光照明时较易做到；在室外就要通过对太阳这个光源进行巧妙地利用和处理，或者通过仔细选择背景的影调加以解决。

利用虚实区分影调。这是指仔细控制景深，使被摄主体和背景（或前景）形成不同的清晰度，区分开前后的层次，表现出空间深度感。尤其在背景或前景距离被摄主体比较近而容易导致主体不突出的场合下，这种控制景深利用虚实区分层次的方法是经常要用到的。被摄对象前后的虚实关系不同，给我们的视觉效果是不一样的。如在拍摄一个游行队伍的场面时，如果前面领头的人是虚的，而后面人群清晰时，给人的视觉感受是强调整个的队形或壮观场面；反之，则给人以强调整个队伍的领导者或核心人物效果的感觉。虚实的控制，与光圈的大小、摄像机镜头的焦距、对焦的距离有直接的关系。欲得虚实变化明显的效果，宜选用较大的光圈、较长的焦距及较近的对焦距离；否则，虚实对比的效果往往不够明显。

通过曝光形成影调。除去上面谈到的因素之外，电视画面的影调表现得如何，还直接受曝光的影响。倘若被摄对象从最亮到最暗的影调差别不大，对电视画面摄像来说，曝光虽略有差异，只要影调中最亮的和最暗的部分不超出曝光的宽容度范围，画面便能很好地再现被摄对象原有的影调变化。但是，在被摄对象影调的明暗变化较大的情况下，不同的曝光量则直接影响画面影调的表现：照顾明亮部分，阴影部分会损失一些层次；照顾阴影部分，明亮部分也会损失某些层次。这就要求我们在拍摄之前对画幅中所包括的被摄对象的明暗影调进行比较详细的观察，特别是对于最亮的和最暗的影调要做一番分析，区分开哪是重要的，哪是较为次要的，通过曝光保留主要的影调，舍弃一部分次要的影调。

四、色彩——对生命历程的体悟

自然界是五彩缤纷的，人类的生活也是充满着色彩的。色彩与我们的生活紧紧地联系在一起。色彩给人带来各种各样的联想和感情，人们把自己的生活经验与色彩联系起来便产生了丰富的联想。同时，色彩也是电视画面创作中的一个非常重要的要素，它是电视从业人员的一个非常重要的表现手段。色虽然是自然界早就存在的现象，但对它进行科学的分析和研究却是迟至 17 世纪的事情。1666 年英国科学家牛顿用三棱镜对日光进行分析，发现通过三棱镜后射到白纸上的光线出现了红、橙、黄、绿、青、蓝、紫七种颜色的光谱色。后来他通过实验认为这些不同波长的光源是白光（太阳光）所固有的，并经过再实验把由三棱镜分解的光重新组合成白光。据此可以认为白光是由各种不同波长的可见光谱组成。当光线投射到物体表面后，经过选择性吸收，也就是经过反射或透射后到人的眼睛，作用于眼的视网膜中的锥体细胞引起脑神经的反应产生色觉，这时人就感觉到色彩了。人眼所看到的物体的色彩取决于两个因素：光源的颜色和物体本身的色彩。光源的颜色就是各类发光体所发出的光。没有光源就没有色；有了光源后，它的光谱成分对色的影响是很大的。物体本身的颜色是物体受到光源（白光）照明后所呈现的色。物体本身的色就是反射色和透射色。反射色是指物体表面对投射的白光吸收一部分光谱色后，被反射的光谱色就构成了物体的反射色。例如绿色物体就是对白光中的蓝光和红光吸收而反射绿光，所以人眼看到的就是绿色物体了。透射色也是一种选择性吸收，白光投射到透明物体时，吸收一部分光谱色，透射一部分光谱色，透射过的光谱色就是人眼看到的物体颜色。

（一）色的基本特性

色有三个基本特性：色相、色的饱和度和色的明度。色相是人们认识各种色彩差别的途径。它是光谱上各种不同波长的光在视觉上的反应。最基本的三种色彩就是红、绿、蓝，即所谓的三原色。这三种颜色通过各种组合形成了五彩缤纷的世界。不过人的眼睛识别色相能力是有限的，据统计大概在一百种左右。色的饱和度又称色的纯度，光谱色是饱和度最好的色。色的明度指色的明暗程度，物体色的明度与它的反射率有关，一般来说，反射率高，色的明度就高；反射率低，色的明度就低。色的饱和度越好明度越高、越鲜艳，对人的视觉刺激就越大，所以往往显得热烈；相反，色的饱和度差、明度低，对人的视觉刺激也就弱，所以往往也显得平和或沉静。

（二）色彩的象征

我们在生活中无时无刻不与色彩发生着密切的联系，色彩的自然属性成为生活中客观对象的一种表象和标记。我们中国人的头发是黑色的、皮肤是黄色的；树叶是绿的、天空是蓝的等。色彩学认为，色彩本身并无什么抽象含义，但当色彩进入到人类社会就被打上了时代、阶级、宗教、伦理等烙印，产生一种约定俗成的社会寓意。如中国封建社会中将黄色作为帝王的"专用色"，而平民百姓只能"望而生畏"，就是一个十分生动的例证。五星红旗就会让我们联想到革命先辈抛头颅、洒热血的悲壮情怀。人们对色彩的运用，都是致力发掘它的象征寓意。人们公认的一些色彩寓意是：红色——热烈、喜悦、勇敢、斗争；黄色——醒目、庄重、高贵、光辉；蓝色——安静、深远、幽清、阴郁；绿色——生意、健康、活泼、平和；白色——清洁、坦率、朴素、单调；紫色——柔和、幽婉、华贵、娴静；品红——秀丽、鲜艳、飘逸、悦目；黑色——沉着、恐惧、严肃、神秘。

（三）色彩意义的形成

色彩，作为一种物质现象，其本身的色相特质几乎是恒定不变的。色彩所形成的感觉多变性，实质上是反映色彩与自然现象、生理现象、人为现象和社会现象的复杂关系。

三色学说的创立者认为：任何一种物体的色彩都是由一定比例的三原色彩组成的，在人眼的视网膜上存在着能分别对红、绿、蓝光产生反应的感红纤维、感绿纤维和感蓝纤维。它们在相应色光刺激下会发生兴奋，并通过视神经将接受的色光信息传递到大脑，形成一定的色彩感觉。三种感色纤维接受相应色光刺激时，产生的兴奋程度是不同的，其中感绿纤维最大，感红纤维次之，感蓝纤维最小。这种兴奋程度的差异，是人类在适应赖以生存的自然环境的过程中，经过长期进化、遗传所形成的，人类在进化的历史过程中，为了适应自然条件求得生存，逐渐形成了能够感觉与区分色彩的视知能力。当人类还完全依赖于自然条件生存的时候，所处的基本环境是阳光、野火、蓝天、江河湖海、冰雪以及绿色植物。如果不能感觉与区分这些自然现象，便无法寻找食物、水源以及栖身场所，也无法逃脱危险，避开严寒。火红的太阳带给人们光明与温暖，炽红的野火带来烤熟兽肉的甘美，红熟的野果带来鲜甜，森林大火带来死亡与恐惧，由于这一类外界条件的长期影响，在人眼的视网膜上就逐渐形成了一种对红光敏感的感红纤维（红色觉）。人们最初对色彩形成恒常反应，是以自然现象和生理现象为基础的，随着社会的进化、部落的斗争，流血现象又表明胜利和喜庆以及残酷和失败，同样是红色，于是又有了社会现象和人为现象的反应。这是红色感觉的形成和发展。同样的道理，感蓝纤维（蓝色觉）的形成，与原始生活中的蓝天、蓝天映照的江河湖海、呈蓝青色调的冬雪寒月有着密切关系，沉寂、冷清、安静之类的心理感觉亦由此生成。感绿纤维（绿色觉）的形成，则是因为广袤的大自然中的绿色植物为人们的衣、食、住等生存需求提供了丰厚的条件，引起人们常年关注生存和向往的结果。虽然感绿纤维最易兴奋，但也最易抑制，这是由于远古的原始绿色教人们敏锐地从绿色的大自然中寻找生存条件和绿色给人们以庇护和享受所形成的。所以，绿色在心理上的影响包含着动与静的融合，且以静为终结的特点，产生清新、明快、宁静的感觉。比如，绿色的群山使人心旷神怡，绿色的田园使人感到清新明快，绿色的地毯使居室显得宁静平和。整个人类以绿色象征安全与和平。

综上所述，我们认为：人们对于色彩的感觉源于自然现象与生理现象的有机融合，色彩感觉的发展则与人为现象、社会现象有着千丝万缕的联系，色彩感觉是一个实实在在的哲学现象，正如色彩与自然、与生理、与人、与社会的既分立又关联的那样一种哲学关系。只有准确地理解并把握了这一关系，才谈得上对色彩语言的真正驾驭。

（四）色彩语言在电视画面创作中的运用

电视画面创作中的色彩语言掌握和运用，应该以三色成因理论为基础，对色别、色调、色彩搭配，画面色彩基调控制，色彩还原基础内容作深入了解，综合考虑环境、时代、季节和人们的习俗、思想情绪及心理状况等多个因素对于色彩语言构成的影响。

当我们了解了色彩的象征寓意和意义的形成后，有必要对在电视画面中如何运用好色彩要素，即色彩构图作进一步的分析。色彩构图的内容，包括色调的冷暖，色度的明暗，色彩的变化、对比、和谐、渐变以及画面上的色块分布等。

1. 色彩的基调与主题

色调是画面中呈现的色彩总和，它指的是画面上给人的总的色彩感觉，也就是画面的整体色彩效果。色调犹如音乐中音调的概念一样，和谐的音调给人以深刻的感染（传播效力）。色调对表现时间、环境、气氛等作用有很大的渲染作用。一个画面可以根据主题的需要确定色彩基调。暖色调画面表现为红黄基调，冷色调画面则以明亮的蓝色为基调。比如在一个篝火晚会的大环境下，当要表现众人的欢乐时，应以篝火的暖色调为基调，当要表现篝火圈外人们小聚低语时应以如水的月色形成冷色基调。

2. 色彩的对比与和谐

自然界景物是具有丰富多彩的色调关系的，它们互相联系、互相影响，形成多样而统一的整体。这种多样性的对比，称之为色彩反差；这种多样性的统一，称之为色彩和谐。在处理色彩的反差关系时，必须考虑到色彩的和谐，在色彩和谐的前提下，又要充分考虑色彩的多样性。所以也可以说，色彩反差就是颜色的对立；色彩和谐就是颜色的统一。和谐与对比是相辅相成的，过分强调和谐，色彩将失之平淡，甚至产生灰暗，致使画面眉目不清；过分强调对比，会造成色彩堆砌，以致喧宾夺主，杂乱无章。因此，色彩运用要恰到好处，达到色彩反差与色彩和谐的统一。

3. 色彩的渐变与分布

自然界景物的色彩给人的感觉是：近处景色要比远处的景色鲜艳、饱和，它能使彩色画面更富于变化。我们将这一现象称之为色彩渐变效应。颜色在画面上的分布大都成块状，我们称之为色块。色块分布表现出不同颜色在画面上的组合、穿插。构图时先要注意观察被摄对象是由哪几种色块所组成，然后决定取舍，应使近景中有较大面积的饱和色块，结人以强烈的视觉印象。同时要尽量避免出现面积相等、大块的、互为补色的色块相邻。

4. 色彩与光的配合

色彩的表现与光的亮度、色温及环境色光的反射有着密切关系，彩色构图必须注意光的配合。实践表明，各种类型的光线，会表现出种种不同的色相。例如顺光色彩饱和、透明度高，但缺乏阴影，色调平和，适宜于表现色形丰富的题材；侧光色彩阴暗对比强，应加补充光，以降低反差；斜射光能表现景物的丰富色彩，富有质感、立体感；逆光则使色彩大量失落。总之，色彩构图主要是要求色彩饱和、明快、色调统一、色块组合和谐、邻色过度柔和，给人以鲜明舒畅的感受，应以提高画面内容的有效传播为最终目的。

第五节 电视画面结构的实体元素

画面，是一切平面造型形式的第一语言。画面语言的运用都是表现为对社会、自然对象的取舍与安排，使之组织成为一个可以理解的整体。那些被取舍、组织的对象是画面构成的实体元素，它们通常包括主体、陪体、前景、背景等内容。无论是绘画还是照相，无论是电影还是电视，它们的画面构成都离不开这些实体元素的支撑。尽管这些实体元素在形成概念时染上了浓重的绘画性和照相性色彩，但是电影、电视还是无可回避地要运用这些实体元素。电视画面的构成，依然是以这些实体元素为基础。

一、主体——画面结构的灵魂

主体，是电视画面中的主要对象。它可以是一个对象，也可以是一组对象；可以是人，也可以是物；可以是新闻事件的主角，也可以是配角。主体是根据表达内容的需要、上下镜头的衔接，以及构图形式的规律来安排的。比如拍摄一条英模报告团在基层单位做报告的消息，做报告的那位英雄是当然的主角，配角则是其他与会者。在一连串画面中，报告者是许多个画面中的主体。为了反映与会者听报告的反应，镜头摇至群众场面，与会者（配角）成为画面中的主体。镜头以配角为主体，目的还是要表现主角。这种主体转移现象，是由电视画面"动"的特点所形成的，是绘画和照相构图过程中所没有的。

主体是表达画面内容的主要对象，也是画面结构的重点，在结构画面时，应以一切摄影的表现手段使主体突出，给人以鲜明的印象。有条反映当地政府为教师办实事，小学老师搬进新居的新闻，镜头以迁居后在大门口说话的一老年教师为主体，这无甚不当。但这条新闻缺乏感染力，因为观众没有看到他住房的具体情况，这是主体选择单一造成的结果。如果能以老教师的居室为另一主体，在听他讲述的同时，镜头摇至客厅、卧室、书房，而以他讲述的声音作为画外音，效果就大不一样。由电视"动"的本性所决定，电视画面的主体可以是单主体、双主体、多主体交替出现。如在中央电视台的《对话》《实话实说》，香港凤凰卫视中文台的《锵锵三人行》等访谈类节目中，就经常运用这种画面表现手法，主持人和嘉宾的画面一般都是轮流出现或同时出现。不过目前电视新闻中一些目的不明、主体不清、内容不实的"推拉摇移"画面，使观众不知就里、迷惑不解，不属于这种"主体"有意识转移之列，而是电视新闻从业者亟待戒除的无意识的"技巧性习惯动作"。

电视画面创作中突出主体的方法很多，常见的方式有：

（一）构图处理

按照人们心理注意的规律，处理构图时，将主体安排在观众视线最易集中的画面部位。实践表明，在 4：3 的电视屏幕方框中，运用"黄金分割"原理，可以得到四个视知强点，这四个点的视知强度按照左上、右上、左下、右下的顺序依次递减。在这四个点上，都可以获得掎角之势便于对画面各部分进行顾盼和照应。而且这些点都临近边缘的黄金分割点，容易获得开拓与均衡的视觉效果。画幅正中是视觉的最薄弱地区，因为人用双眼观看对象时，很难从正中顾及两翼，只有偶居一隅才能轻松地纵览全局。所以如果电视画面中只出现一个主体时，一般这个主体的位置不会在画幅的正中间，而是稍微偏左或偏右。只要留意一下电视新闻画面中主播出现的位置就可以发现这个原理。根据以上规律，在构图处理时，将主体尽可能地安排在视知强点和注意优势区域，可以获得最佳视觉冲击力。这一规律对于电视画面抓取活动对象、进行动态构图有很高的指导价值。当然，这一规律的运用是以内容表达的需要为依据的。

（二）光影布置

主要是通过用光控制，形成不同程度的反差对比，使主体获得突出效果。一般来说，是主体的光线比非主体要明亮一些，这样符合观众的观看习惯。大部分电视画面的用光都是遵循这样的原则。但也不是千篇一律，有时候，主体的光线亮度低于画面的其他部分也能取得意想不到的效果，如中央电视台《焦点访谈》节目的开头的主体光影处理就令人耳目一新。它先是一个全景镜头，节目主持人背对着观众，观众看到的只是主持人的昏暗模糊的轮廓，明显区别于背景的亮色。接着运用了一个推镜头，把主持人拉近，伴随这个过程，主持人的画面由暗变亮，最后正面呈现在观众面前，开始侃侃而谈。这样的处理，很好地在节目的一开始就把观众的注意力集中在主持人这个画面中的主体上来，起到了突出主体的效果。

（三）色彩配置

主要是运用"对比"与"和谐"的手法突出主体。色彩的对比关系可以产生强烈的视觉效果。在现实生活中五颜六色的实景中进行拍摄时，会有千差万别的色彩和多种多样的对比关系等着我们去提炼和选择、去搭配和表现，蓝天白云、青山绿水、金黄的收获、火红的太阳等，无一不显示着自然造化的神妙。电视从业人员只有善于观察、发现和提炼色彩，才能充分利用电视画面色彩表现的资源宝库，创做出主体明确、结构合理的电视画面。

（四）焦点虚实

通过调焦控制景深范围，在虚实对比中，突出主体的"实"像。所谓实，就是画面影像清晰度好，视觉能迅速、准确地捕捉到它的特征并认识它，即画面内望之可及的实体。所谓虚，就是画面的影像清晰度比较差，难以辨认其面貌。在电视画面创作过程中，可以通过控制景深的手段，使焦点上的物像清晰，使焦点外的物像虚化而难以认清其面貌，从而做到以虚衬实的画面效果。也就是说，将画面中的主体处在焦点上，使它清晰，因为主体是画面上最主要的表现对象，观众是要看到主体才能明白画面所要表达的思想，感受画面的审美价值。而前景、背景则处于焦点的清晰度以外，影像虚化，以达到突出主体的效果和目的。电视从业人员常常利用大光圈和长焦距长镜头等技术手段以造成画面的虚实对比关系。

（五）动静对比

电视画面中，大多数构图因素都处于运动状态，即便是静止的山峦，因为机位在行驶的车船上，山峦也飞奔起来，相对静止的倒是车船。这就要求电视从业人员找出相应的动或静的参照因素，在动或静的对比下，达到突出主体的目的。针对画内主体的运动节律而言，画面的动与静的多样式相接，所形成的节奏、传达的气氛和情绪是不一样的。

动静画面相接一般有四种情况：

1. 动接动

动接动又有两种类型：一是两个在视觉上都有明显动态的画面的连接。它是不同主体画面的连接，运用上下画面之间的逻辑关联因素进行过渡，采用"切"的技法，节奏明快、流畅。从画面连接所产生的含义看，这是一种"对列式"的连接。如上一个画面主体是奔驰的汽车，下一个镜头则可接流动的街景。下一个画面的来由及动因，得之于上一画面的汽车奔驰，这种"主观角度"的联想，都借助于观众的联想。二是运用动作剪接点使两个画面相接，这是两个画面同一主体的动态相接。这是一种连续性连接，诸如人们业已熟知的一个人"进门""关门""坐下"之类的几个动态镜头连接就属此类。这一技法运用的关键是要找准动作速度快、幅度大的那些转折点，以明显的变化引起注意，收到最佳转换衔接效果。这类动作点的选择，并非要重现活动的全过程，适当省略过程动作（如上例省去"关门"动作），可使结构更加紧凑。有时为了表达紧张、活跃等效果，亦应是在节奏省略上做文章。

2. 静接静

这是在视觉上没有明显动感的画面相接的形式，它们相接不强调运动的连续性，而注重画面内部情节线索、感情线索的连贯，是系采用"切"的技法实现彼此的连接。这种连接是对列性的，借助事物内部的对比、隐喻、抒情、心理诸因素为连贯条件，其组接效果是节奏流畅而情调含蓄。

3. 静接动

这是动作不明显的画面与动作十分明显的画面相接。这种衔接推动情节的加剧发展，压缩屏幕时间，视觉效果简明而洗练。如许多径赛项目画面的组接，前一画面是等候发令枪声的运动员，后一画面则是枪响后奔跑的运动员。

4. 动接静

这是在动感明显的画面后紧接静感明显的画面。这一组接技法能造成明显的停顿效果。这一技法要慎用，因两画面间不易寻找到应有的逻辑关系，以致隔断动作、情节上的连贯。以上四种组接方式中，"动接动""静接静"是能较好地体现画面的连贯性的；"静接动""动接静"都可谓是特例，运用时应谨慎铺垫，找准关系，力求连贯、流畅。

二、陪体——突显主体的绿叶

陪体是相对于主体而言的，它是指与拍摄主体有紧密联系的对象，是画面中陪衬主体的景物或人物。在电视画面中，人与人之间、人与物之间、物与物之间都存在主体与陪体的关系。如在拍摄一个演讲的场面时，演讲者就是画面的主体，听众就是画面的陪体；在拍摄一个人在给花浇水的画面时，浇花者就是主体，被浇的花就是陪体；在拍摄火车进站的场面时，鸣着汽笛、徐徐开进火车站的火车就是主体，而铁轨、站台就是陪体。陪体也是画面的重要组成部分和画面构图的重要内容。陪体主要是陪衬、烘托、突出、解释、说明主体。形象地说，陪体就是突显"红花"的"绿叶"。其在画面中的作用分述于下：

帮助主体说明、揭示画面所要表现的中心含义。虽然主体对表达画面的中心起主导作用，但缺少陪体的映衬，画面的意义在流动的节奏中难以充分显示，以致影响内容的充分表达。在中国香港地区的电视新闻节目中，经常可以看到一些我们称之为"标志性镜头"的画面。如果是一条有关美国的新闻，画面中就有可能出现美国的自由女神像或白宫；如果是一条有关我国大陆的新闻，画面中就有可能出现北京天安门或五星红旗；如果是一条有关法庭审判的新闻，画面中就有可能出现标志法律公平和法院的天平。诸如此类的画面，相对于新闻所要表达的主要内容来说都是陪体性画面，它可以使主体报道内容表现得更加完整和真实。

陪体的另一个作用是帮助突出主体。主体虽然反映一定的内容，但是如果单只是表现主体而没有陪体，其内容往往显得单调、贫乏，如果有适当的陪体加以陪衬，则画面内容会更加丰满，使主体更加突出，所谓"红花还要绿叶扶"，就是作为主体的"花"，因为有绿叶相伴而显得鲜明、突出。但是这里要注意一个过犹不及的问题。如在电视新闻中，记者对新闻人物进行采访时，有些记者就喜欢和新闻人物一起出现在摄像机的前面。这种陪体不仅不能突出主体，反而会分散观众接受信息时的注意力。要知道观众想得到的是丰富的信息享受，而不是记者的漂亮脸庞。一些记者的"出镜瘾"是需要努力戒除的。对陪体进行安排时，必须要有一定的目的，使它在画面中确能起到应有的作用，凡是内容所不需要的，就应通过镜头的运动、机位的变化，及时将其"清除"出画面。陪体只能处于与主体相应的次要位置，既与主体相呼应，又不让它分散观众的注意力，更不能喧宾夺主。一些电视画面的语言模糊，看了叫人不知所云，如说是某模范的事迹，而画面中有一群人，这是没有突出主次关系。

陪体还有均衡画面、渲染气氛和美化画面的作用。比如可以通过陪体的画面配置丰富影调层次，均衡色彩构图，加强画面的空间感和纵深感，活跃画面、增强画面的感染力和表现力。如果主体是在迪斯科舞厅跳舞的情侣，那么迪斯科舞厅闪烁的灯光、尽情扭动的舞者就能很好地对他们进行渲染。陪体还有一个作用是，处于画幅之外的陪体给人以联想和为镜头转场提供方便。有的画面中仅有主体，但主体的注意力、运动方向都朝向画外的某一方向，这是陪体在画外的"间接"作用。如电视新闻《南通市百万市民和中外宾客喜看"日环食"》，人们引颈九天之外看日食，画面上许多只有观看的"主体"，陪体"太阳"在画外，观众从主体惊喜的情态中可以间接领悟到日食这一天象奇观的魅力。当画面切出日食图像时，在节奏上也不会显出突然的跳跃，反倒是给人以简洁、明快，紧凑的感觉。

值得指出的是，因为电视画面的"流动性"，电视从业人员在创作画面时，还可以"反客为主"，颠倒主体、陪体的关系，以适应内容表达的需要。这种颠倒关系一般出现在主体、陪体同处一个画面的条件下，这与双主体、多主体画面有所区别。双主体、多主体往往是没有陪体的。

电视画面是运动的，这给表现主体与陪体的关系创造了很大的空间。我们知道，绘画和照片都是固定和静止的。一般来说，一张照片或一幅绘画的主体和陪体是同时出现的，否则就会无意义。而作为活动的电视画面，它的主体和陪体可以同时出现，也可以不同时出现，在某些情况下，还可以颠倒主体、陪体的关系，以适应内容表达的需要。下面我们对其进行逐一分析：

主体和陪体出现在同一画面上：在这种情况下，主体和陪体共同完成传递信息、表达内容、表现主题的任务。但是，这时要牢记它只是"陪"体，只能是在画面构图中作陪衬处理的对象，只能处于相对于主体来说的次要位置，陪体要既能与主体构成呼应关系，又不至于分散观众的视觉注意力，更切忌喧宾夺主。这时要与双主体或多主体区分开来。

主体和陪体出现在不同画面上：这在电视画面中是经常出现的，按照主体与陪体出现的先后关系，我们把它分为主体在前、陪体在后，陪体在前、主体在后两种情况。

主体在前、陪体在后：这时候，主体出现在上一个画面中，根据主体的暗示或呼应情况可以预想和推测到陪体的内容，接着在下一个画面中出现陪体。比如，在电视连续剧《东京爱情故事》中男女主人公最后相见的画面中就运用了这种手法。男主人公完治和妻子在参加完好友的婚礼后，在东京街头，完治的鞋带开了，妻子弯下腰去给他系鞋带的时候，完治的眼睛专注地凝视着前方熙熙攘攘的人群，这样就传达给观众一种信息，即一定有什么特别的东西吸引住了完治的目光，从而给观众造成一个悬念，期待下一个画面的出现。果不其然，接下来的画面中就是在熙熙攘攘的人群中，观众看到了一个熟悉的穿着白色风衣的背影，她就是完治以前的女朋友，在整部戏中完治与她有着不断的感情瓜葛，而最后一次见面就是在东京街头这样开始的。这样处理自然流畅，又与内容的表达十分吻合。

陪体在前、主体在后：这可以说是影视画面创作中的特有现象，我们很难想象在照片和绘画等静止性画面中会出现这种情况。但是，在电视画面中，根据内容表达和表现的需要，用变化的、连续的画面语言来艺术地表现主体和陪体是完全可能的。也就是说，让陪体先在画面中出现，然后随着镜头的运动和内容的转化，与其具有情节呼应关系的真正主体再出现。这样，主体、陪体的关系也就在画面语言中得以诠释，在镜头变化的过程中，陪体便体现了其陪衬的性质和作用。例如在 2001 年 10 月 21 日的中央电视台《新闻联播》节目中对亚太经合组织领导人非正式会议（APEC）的报道中有这样的镜头：

在介绍有关国家主席接见参加会议的各国领导人时，画面中先是在会场外的各国领导人乘轿车抵达并下车，接着画面切到会场内国家主席和领导人握手、寒暄。这里，主体画面就是后于陪体画面出现的，各国领导人乘车抵达的画面是一个铺垫性的镜头，为国家主席接见他们的画面埋下了伏笔。先出现陪体，然后在接下来的画面中展现主体，一方面可以交代下一个画面中的细节或情节重点，成为一种在镜头间进行场景转换的方法；另一方面也能够丰富画面语言，避免主体一览无余的直露和堆砌，从而加强画面表述的表现力。如果我们想要表现一个刻苦学习的学生的画面，可以先用一个特写镜头来表现握着钢笔在纸上奋笔疾书或双手捧读课本的画面，然后推到或切到该学生的中景或全景镜头。在这里，前一个画面就是陪体，它先于主体画面出现，对主体起引导作用，从而更清楚地表达了学生刻苦学习的思想内容，观众也就能更好地理解和欣赏。再比如，很多的电视作品中在表现某人发生了意外，而在医院进行急救时，一般是先出来一个陪体性的镜头，如急诊室的横眉上写着"手术进行中"的提示牌或急诊室门外焦急等待的病人家属，然后才是主体画面，医生和护士推开急诊室的门，众人围上去向他们打探病人的情况。

需要特别提起注意的是，我们虽然可以运用多种多样的方法来表现主体和陪体的关系，但在这个过程中一定要把握好分寸，以防犯主体不"主"、陪体不"陪"的错误。也就是说，陪体始终应当与主体紧密地配合，而不能妨碍甚至削弱主体的表现力。

三、前景、背景——主体生存的环境

前景是指在主体前面或靠近镜头位置的人物或景物。用前景有时可以是主体也可以是陪体，但多数情况下是环境的组成部分。我们常常可以利用前景来安排画面构图。前景在电视画面中能够起到很积极、很活跃的作用。

前景有烘托主体或直接帮助表达主题的作用。有些画面内容，单靠主体很难完整地表现，甚至可能产生歧义，给观众造成误解。而前景就能在一定程度下与主体互相结合，帮助主体表达画面内涵。如在电视会议新闻报道中，一般拍摄在主席台就座的会议参加者的电视画面时，会把他们桌子前面的介绍牌也拍进画面。这样，观众就知道画面中的新闻人物是谁，而不会无所适从。这里的介绍牌就是画面中的前景。当然这是前景在表现主题、烘托主体的最简单地运用。

前景能增加画面的层次，表现空间深度。电视画面实际上是一个二维的画面，但在电视画面创作过程中我们能够运用一些画面创作技巧，使其具有三维的性质。前景的运用就是其中的一种。在电视画面的构图过程中，通过有意识地选择一些前景，能够在画面中表现出三维立体空间的透视感和距离感，从而形成一种生活的真实感。

　　前景能均衡美化画面，使构图增加变化。在电视画面的拍摄过程中，我们常常会发现，如果孤立地去拍摄一个景物，在视觉上往往会感到很单调，因为画面构成上缺乏变化。如果我们善于在拍摄现场选择一些景物作前景，使它与主要的被摄景物相呼应，共同构成画面，就能使构图富有多样性的变化，并且达到视觉上的和谐与均衡。一些富有特征、美感和装饰效果的前景，能够给主体的展现提供空间，是画面更加具有视觉美感，从而更好地表现主体。如电视连续剧《大宅门》中就经常以白家的大宅院的房檐或门口的石狮子为前景，使画面具有均衡的视觉变化和美感效果。

　　前景能"框"起主体，具有装饰趣味。拍摄中有时会遇到一些物体本身具有框架形状，我们可以利用它把要表现的被摄主体"框"起来，使画面的构图紧凑，并随框架本身的形状或线条，使画面富有装饰趣味，增强画面的形式美。这种构图方法，使画面具有"向心"特点，很容易把观众的注意力引导到框架之内的被摄主体上，使那儿成为视觉趣味中心。如前景中的拱门、窗户等在构图上便起到这样的作用。

　　前景有利于影调和色彩的对比。前景能够丰富画面的影调和色彩，增强与主体、背景的影调和色彩对比，使平淡的景物显得更有生气。如雾天、阴雨天或者另外一些明暗反差低弱，画面影调平淡的景物，拍摄时你如果能够适当地在画幅内包括一点暗影调的前景，就能增加画面的影调变化，扩展影调之间的对比，使画面表现得更加生动。同样，你也可以利用前景的色彩去丰富画面的色彩构成，使它具有多样变化。甚至可以强调前景的某种色彩，给观众一种特定的色彩印象。

　　在运动摄影中能增强节奏感，如快速掠过镜头前的景物就形成了速度。如我们在拍摄行驶着的汽车中的人物时，就可以让那些路边的建筑或广告牌等前景从镜头前一一掠过，给观众造成流动的节奏感。有一个麦当劳的电视广告是这样拍的：一个男生的眼光专注地看着街道不远处的一个漂亮女生，女生手中拿着一包薯条，随着女生在街道上不停地往前走，男生的目光被时而出现在画面前景中的广告牌、灯柱等挡住了视线，因此女生的身影也是时隐时现，这就增强了画面的节奏感。前景的运用虽在构图中有积极的作用，但要选择得当，否则，也会适得其反。首先，前景与画面所展现的环境应该具有内在的联系，应显得协调、自然。如在写字台上摆放一盏台灯，显得和谐自然，但若换为一个菜篮子，恐怕就很不协调。其次，前景的形状宜美。前景处在画面的最前沿，在视觉上相当醒目，它本身的形状美不美就显得十分重要。难看的前景不如不用。如轻松愉快的游园活动，当然是应以垂柳枝叶作为前景恰当，如果是以一个粗笨的物体为前景则大煞风景。再次，一般说来，前景的影调比后景暗一些为好。这样有利于表现空间深度，也不至于因为前景的影调太亮而分散观众的注意力。构成前景的对象可以是任何物体，但是要有助于内容的表达，有的甚至还应与画面的情绪、气氛相吻合。总之，前景处于靠近镜头的位置，在画面上成像大，如果处理不当，容易破坏画面的完整，甚至淹没主体。

背景是指画面中主体背后的景物。背景可包括后景、远景中的人物、建筑、山峦、大地、天空，也可以仅仅是人物、景物的衬底，只是一面墙、一方台面、一块布幔或色底。背景能表现人物和事件所处的时空环境。如用花朵、柳絮、枫叶、冰雪等季节特征来表现主体所处的时间环境；用有鲜明特点的建筑、景物、地域特征来表明主体存在的空间环境。系列电视纪录片《discovery》记录南极狼的一集中，背景就是一望无际的皑皑白雪，这个画面就很好地表现了南极狼艰难的生存环境。

背景能表现主体所处的空间之大小。背景紧靠被摄主体，显得空间小，背景远离主体显得空间大。在电视画面创作中我们常常可以利用这一点来表现被摄主体所处的空间之大小。比如，利用长焦距镜头，把城市街道上的车辆拍得很拥挤，背景上的建筑物离车辆很近，显得城市格外繁华。也可利用短焦距镜头使背景的成像缩小，显得离被摄主体更深远，夸大主体所处的空间。

背景能烘托主体，使它的形状及轮廓显著。我们在观看电视画面的时候，总是希望画面中主要的被摄主体形状鲜明突出，而不喜欢它被湮没在纷杂的背景之中。那么，在拍摄时就要注意把被摄主体与背景区分开来。

背景还能造成各种画面气氛、情调，帮助解释内容。某些背景，或具有一种特定的含义，或富有一定的造型特征，如果把它作为一种画面的构成因素包含在画幅之中，不仅有利于画面的构图，也能对烘托节目的主题起到一定的作用。

背景有动态背景、静态背景；有绘制的、幻灯照明的、搭建的以及由特技合成的各种背景。可归纳为有像背景与无像背景两种。有像背景应注意选择典型环境，确定恰当的景物范围以及影调、色调的处理；无像背景可有影调明暗部位、面积大小以及光影的变化，以烘托气氛，也可作装饰性处理。电视创作中的虚拟演播室就是一种背景。通过背景画面的变化或者背景保持不变而主体不断改变来表现内容。据报道，我国第一部完全使用虚拟演播室拍摄的电视剧《非常童话世界》已由北京电视台推出，并将在国内外发行。《皇帝的新衣》是这部大型新编童话系列剧的第一个故事。该剧调动目前我国电视制作的高科技因素，历经半个月虚拟演播室的拍摄工作和近一个月的后期制作才完成。

在电视画面结构中，主体与背景是"图"与"底"的关系，背景可以衬托主体，表现空间深度。为了保证主体形象鲜明，处理背景时，必须注意主体与背景的影调、色彩、动静、虚实关系，以便相互形成对比，达到突出主体的目的。①影调的深浅。利用被摄体亮暗影调的互相衬托，将被摄主体的形状及轮廓交代清楚。例如，亮主体衬托在暗背景上，暗主体衬托在亮背景上，或者利用中间调的背景分别衬托主体的亮部和暗部。总之，主体与背景的影调要有区别。②色彩的变化。利用被摄主体与背景颜色上的差别，把它们区分开来。如暖调子的主体衬托在冷调子的背景上，鲜艳的主体衬托在晦暗的背景上，甚至同等晦暗的物体因颜色不同而区别开来。③虚实的对比。利用清晰与模糊的差别，将主体与背景区分开来。经常是利用大光圈及长焦距镜头景深小的特点，使背景的影像变模糊和主体区分开来。在拍摄现场难免要遇到背景杂乱不合人意的情况，这时常可利用影调的明暗和使背景变虚去掩盖那些杂乱的背景，使它变得不那么刺目，达到使主体鲜明的目的。如可利用薄雾所形成的亮影调，把远处杂乱的背景掩盖起来，使主体的形状和轮廓鲜明突出。有时也可利用大片的阴影把纷乱的背景掩盖起来，使主体处在亮光下，形成较亮的调子而突出之。④动静变化。动中有静或者静中有动都能使被突出者显现。川流不息的人群中的一个站立不动的人就能吸引住观众的注意力。

还有一个从背景中派生出来的概念——后景。它是指与前景相对应，靠近主体后面的人物或景物。在有前景的条件下，后景可以是主体，也可以是陪体，但多数是环境的组成部分，是构成生活氛围的主要成分。

后景的作用表现为：可以丰富画面形象，揭示内容，交代画面内容的背景性材料，可以使画面产生多层景物的造型效果，增强空间深度感。

画面中的后景与背景相比，后景更贴近于主体和陪体，以俯角拍摄的效果最佳。后景在一定条件下亦称背景。在拍摄过程中，因场面调度与摄影机位的多向变化，后景有时相应转换地位而成为前景。

不过，背景与后景虽然位置接近、功能相似，但电视画面创作者却不能模糊不清、混淆概念。从概念上来看，背景有时可以包括后景，与后景一起构成了"图—底"关系的"底"。但是，从严格意义上说，后景与背景还是有一些区别的。后景位于主体之后，是与前景相对而言的，因为场面调度和摄像机机位的多向变化，后景也有可能相应地转换位置而成为画面中的前景。背景则属于距镜头最远端的"大环境"的组成部分，只能起到主体背后的"衬底"作用。之所以在这里特别指出后景、背景的区别，是为了进一步提醒大家，虽然电视画面是二维的"平面造型艺术"，但是我们必须具有三维的立体造型观念，应该运用各种摄像技巧在画面上表现出三维空间的纵深感和透视感。其中，合理地安排画面中的前景、后景和背景，是表现空间深度、塑造立体空间的有效途径之一。

以上所说的前景、背景、后景统称为环境，在电视画面拍摄中，环境诸因素除了突出主体，还有下述不可忽视的作用：说明事件发生的时代，表明人物活动的季节、时间和地点，有助于刻画人物的性格以及表现一定的气氛。这些作用都是电视画面创作者在实际拍摄中不可忽视的。

总之，要想表现好画面的主体，要想取得满意的构图，非常重要的一个环节是处理好环境因素。既要让环境发挥其补充说明、客观交代和阐释内容等作用，也要注意对进入画面的环境严加选择，对那些与主体无关的"杂乱"景物一概要排除出画面，否则，环境因素所形成的"包围圈"就要淹没主体，最终妨碍了电视画面的内容与节目主题思想的表现。

第六节 电视画面结构的特殊元素

一、空白的结构功能

空白是指画面中没有任何物像的部分，它是处于背景位置、实体对象之间的单一色调的空隙，它在画面中起隐性结构作用。中国画非常讲究审美联想和审美想象，不把所有的物体都画上去，不把想说的话全说出来，要给画面留有空白，要给观众留有审美联想的余地，以使"虚实相生，无画处皆成妙境"。有此"妙境"方能"通幅皆灵"。画中之白，自有其景在，领悟此景，又会丰富对画中之黑的审美感受，可见，画中之白没有确定的美，却正可以使人想见种种美。

空白也是电视画面创作中的一个十分重要而又特殊的元素，在电视画面中，落在清晰范围之外，失去了原有实体形态的天空、大地、水面及一切景物，由于其色调的单一，都可视之为"空白"。空白不是实体元素，没有具体的形象，空白是一条无形的纽带，使画面内各个实体元素之间沟通联系为一个有意义的整体。如果一个画面中没有空白，填满了主体、陪体和环境的线条，那必然使人的视觉应接不暇。这样既杂乱无章，使人感到烦闷窒息，又削弱了画面的表现力量。空白的作用是重要的，一切平面造型作品都有着恰到好处的空白。我国清代画家华琳是这样论述空白的："于通幅之空白处，尤当审慎。有势当宽阔者，窄狭之则气促而拘；有势当窄狭者，宽阔之则气懒而散。务使通体之空白毋迫促，毋散漫，毋过零星，毋过寂寥，毋重复排牙，则通体之空白，亦即通体之龙脉矣。"这段论述，精当地阐明了空白与画面中实体元素的辩证关系及空白运用要点，虽是论画，但对电视画面的构成仍然启发甚大。

在电视画面的构成上，"空白"和别的视觉元素一样，也是一种视觉元素。电视画面中的"空白"，是将"自然空白"转换成"信息空白"。所谓自然白是指人的视觉感知到的那些高亮度的景物，如白墙、白雪、天空和其他的大面积的白色物体等。所谓信息白是指经过摄影师的技术处理和艺术处理后形成的一种视觉形象，使观众感到它的存在，并随之形成一定的情感作用。在一些电视画面的创作过程中，可以利用自然界中的自然现象或用人工手段刻意营造画面中的"空白"。例如自然界中的雾、细雨蒙蒙等都会在画面的远处画面中造成"空白"的效果。也可以利用人工施放白色烟雾，形成白色的雾状效果。如有一个这样的电视画面场景：画面的近处，几个身着黑色衣服的人神色木然地站立在一个墓碑前，他们在悼念逝去的友人，与他们全黑的穿着形成强烈对比的是画面中的环境——被大雪覆盖的白色大地。这里，大面积的白色背景形成了画面中的"空白"，充分表现了他们当时的悲苦、哀悼的心情，引发了观众情感上的共鸣，画面所要表达的意蕴呼之欲出，观众可以根据自己的经历、体验去进行联想和填充。具体来说，空白在电视画面的构图中主要有下列结构功能：

（一）空白是画面堂间分配的重要手段

在画面构图时，我们一般讲究疏密有致，即"疏能走马，密可透风"。实体要素往往是画面中的密，空白则一般构成画面中的疏。过密，会使画面过于集中而有堵塞感，并会影响主体的表现以及画面合理结构，被挤成一团；过疏，则会使画面过于松散、不集中，而有凌乱之感。画面中空白元素的合理配置，就会使画面精炼，不会有堵塞之感，突出画面所要表现的主体，让观众有更多的想象余地，取得画面构图的和谐和统一。

（二）空白是构成感面影调、色调的重要元素

一般来说，空白处于电视画面中的背景位置上，空白部分的光线、颜色构成和分布在很大程度上决定了整个画面的影调和色调。在表现恐怖、凝重、罪恶、紧张等气氛时，空白部分构成一般会选择较暗的光线和色彩；而在表现欢快、轻松等情绪时，空白部分一般都会选择亮的影调和明快的色彩。如在《角斗士》中，角斗士在密谋策划造反时的整个画面的影调是暗调，就是通过空白部分的黑色光线处理完成的。通过在画面中运用空白元素，使之与主体等实体元素构成或对比，或和谐的关系，共同构成画面的影调和色调。

（三）空白使画面简练

电视画面构成中空白元素的运用，能使画面看起来显得简洁、流畅。这是因为实体元素的减少，就会使画面一目了然，而有空灵之气。空白的这种功能在处理电视画面的转场时也非常有价值。如在电视连续剧《寻秦记》第十二集中有一段戏就很好地利用了空白元素。在项少龙和连晋将要举行比武大赛的前一天，项少龙为了要战胜连晋寻了一个地方练剑。这是人物出现的比较集中、剧情矛盾冲突比较激烈的一场戏。乌家大小姐来到项少龙练剑的地方，把自己自小随身携带的玉佩送给项少龙，希望这块玉佩能给他在明天的比武中带来好运；芳儿也来到他练剑的地方，把连晋的剑法演练出来给项少龙喂招，使他在明天的比武中有所适应，并在演练中偶然地发现了藏在墨子令中的墨子剑法。还有她们分别给项少龙送来烧鸡，两个女人四次出场。为了处理好这么多人物的关系，导演巧妙地运用逆光拍摄，使画面的背景呈现出阳光照耀下所形成的一片白斑，画面中所能看到的实体元素就只剩下项少龙等人物。这样，人物入场的话，只要跨一步就可以走到项少龙的身边；人物出场的话，也只要跨一步就可以离开主要人物项少龙。这里，逆光拍摄所形成的空白就屏蔽了画面中的一些无关紧要的背景环境，使它们从画面中消失，突出了画面中的主体构图元素。

（四）空白可以营造意境

电视画面中空白与实体景物的面积比例关系，是画面布局的一种重要方式。一般来说，如果画面中实体对象面积大、空白面积小，画面就趋于写实；如果画面中空白面积大、实体对象面积小，画面就趋于抒情写意。画面中的空白当然不是真空和死白，而是意蕴生发的空间。所谓"画留三分白，生气随之发"讲的就是这个道理。茫茫江水中的一叶扁舟、无垠沙漠中的骆驼队、蔚蓝天空上的一行大雁等都能达到这样的效果。其原因就是在画面构成中，保留了大量的空白，给观众留下了能够自由飞翔的想象空间，意境深远，耐人寻味。

（五）空白给物体带来动向、动势，使画面充满可感的情绪

当表现欢乐场面时，就应该有足够的空白让感情升华、发展。例如篝火上方需要大片的上升空间，奔跑需要开阔的前进方向；而当要表现主体人物愁苦沉默时，就应尽量缩小画面空白，最大限度地制造压抑不堪的情绪效果。我们知道，电视画面与其他类型的画面，如绘画、摄影照片等相比，一个很大的区别就是它的运动性。画面中的空白可以为画面中主体人物的运动预留

空间。一般来说，画面中人物开始运动的位置应该是画面的三分之一处，否则的话，人物在运动时就会碰壁。在电视体育新闻报道中，特别是长跑、短跑等运动强度比较大的体育项目中，如果不给选手运动的前方预留出一段空间，就难以表现出运动的动势。也就是说，我们要注意"人有向背、物有朝揖"，现实生活中，事物往往都是有方位和朝向的，所以在处理有方向性的物体时，一般情况下在其前方应留出较多的空白。如在人的视线前方留较多的空白；同一物体，往往在入射光线的方向留较多的空白；在画面构图时，要注意事物的方位与朝向，注意空白位置、面积的处理，以避免"闭门思过"式的构图失误。

二、空白的人文魅力

生活被搬进艺术作品时，有各种各样的方式和途径，艺术美的显形形态也就多种多样。在各类艺术创造中，有的表现在艺术作品所塑造的典型形象或离奇紧张的情节上；有的表现在细节的精心设计上；有的表现在入眼的色彩、线条、动作等形式上。但艺术美的表现形态不仅是这些，有时候单凭视觉在表象上是捕捉不到的，真正的美看不见形式。准确地说，表象所表现的美不是真正的美，真正的美是艺术上的空白。美的极致常常在此得到真正的体现。

美与空白的关系的理论在先秦时代已露端倪。孟子曾认为"充实之谓美"，孔子认为美在于"文质彬彬"。然而儒家并不把"文质彬彬"和"充实"看作至美，他们认为至美在于"文质彬彬"和"充实"之外："充实而有光辉之谓大，大而化之之谓圣，圣而不可知之之谓神。"道家阐述得更加透彻。其创始人老庄并没有论述美与空白的问题，只是创造了一个哲学上的范畴——"道"。老庄并没有明确其确切的定义，只说"道可道，非常道"。但却描述了"道"的表现形态："惚兮恍兮""惟恍惟惚"，似有形象又没有什么具体形象，"无形无象"，表面上空无一物。"道"是"无"，是"空"，是"虚"，"视之不见""听之不闻"，但老庄认为空、无、虚的美比所有的境界更美，因为它是万事万物生发的本源，"天下万物生于有，有生于无"，可见他们把"道"的境界看作是至善至美的境界。这种美无形式，它可存在于任何地方。无疑艺术创造也是如此。按照老庄的观点，空白能创造大美。故老子在论艺术时提出了"大音希声"的命题。"大音"，是最美的声音，也是听不到的声音，是一个空白，而没有声响的音是最美的境界。所以"道"的无、虚、空进入到美学层面便演化为艺术空白。艺术美的极致与"道"同一，也不存在于外在的形式或表象，真正合乎"道"的美的创造又无造美之痕，体现了完美。

庄子的"至乐无乐"的美学思想也与老子的这种思想一脉相承。因此美的显形形态也是空、虚、无,即空白。

老庄这种美学思想对后世的艺术创造起到了积极作用,促进了艺术的发展。从汉代《淮南子》提出的"君形"说到东晋顾恺之"以形写神"论的形成,在创造上完全摆脱了对客观事物做简单静止的描摹的方法,标志着艺术空白创造在实践上达到了成熟。以后皎然讲究创作上的取境,司空图强调含蓄,严羽的"无迹可求"使艺术上的空白更加突出。这些美学理论表明艺术创造并非只对客观对象进行全方位的摄入,而要以无显示有,越隐越美,其方式就是创造空白,这也是艺术创造的一条规律。这一思想深刻地反映了艺术的审美特征。

艺术上的许多道理是相通的。音乐中的歇拍、戏剧中的静场、影视中的空镜头等,都是一种空白艺术。

在中国绘画艺术中,空白是一个非常重要的术语,它是指中国画构图中的无画处。表现为绘画时,不论是画人物、花卉或山水,不是将画面全部涂满,也不是堆砌得越多越好,而是要在画面上留出一定的空间,让观众去联想、去填补。这留出来的无画处,谓之"空白"。中国画把空白称为"计白",素有"计白当黑"之说,显然,空白也是画,而不是普通的白纸。空白不是无意间造成的疏漏,而是画家有意为之的。评价一幅画之优劣,空白留得适当与否是一个重要因素。因为,空白可使画面虚实相生,取得"无画处皆成妙境"的艺术效果,清人方薰在《山静居论画》中说:"王翁《风雨归舟图》笔法荒率,作迎风堤柳数条,远沙一抹,孤舟蓑笠,宛在中流。或指曰:'雨在何处?'仆曰:'雨在画处,又在无画处。'"对于画中的"风雨",因为已于迎风堤柳、孤舟蓑笠中曲折透出,所以谓之"雨在画处",然而,雨丝风行在匾上确无形可见,所以又谓之"在无画处"。

据传,古代有一个画师以"深山藏古寺"为题选徒,应试者三人。一人画了群山环抱的一精雕细刻的古寺,惟妙惟肖;一人画了只是在峰峦迭起的群山中留一塔尖;最后一人画得非常巧,只见嶙峋的怪石,飞流直下的瀑布,下方一小和尚正弯腰提水。结果第三者入选。第三者的高明之处在于没有直接画出古寺,留下了形象的空白,但却给欣赏者创造了一个更奇妙、更幽美、更神秘的古寺形象。空白最真实,因为怪石、瀑布只有深山有,和尚只有寺院有,至于古寺什么样,必须借助欣赏者的想象和联想,想象有多美就有多美。这真是一幅神韵绝伦的画作。所以对画家来说,在创作时,"全裸是不好,半裸也未必好,含而不露,暗藏枢机"最好,因此,艺术创造有必要创造空白。

齐白石笔下的虾荟萃了最高的空白美。他笔下的虾活泼可爱,玲珑剔透,充满生机，给人以无穷的审美享受。可是他画的虾有的只有五只脚，有的竟有三只脚！人所共知，虾有十只脚，齐白石积几十年的工夫，却将虾的脚越画越少，可他的画却越画越美！再仔细看，虾的头部是浓浓的重墨，虾的背部晶莹透明，周围轻轻拉墨，背部中间无丝毫点墨，形成一块空白，正因为无墨之处，使虾顿时有了跃动的生命，虾的神态才跃然纸上。那种玲珑剔透劲儿，使虾美到了极致！如果缺少了这块空白，虾便失掉了这种特殊的审美效果。

空白艺术在文学中的运用，也是十分广泛的，尤其在文艺作品的写作中。白居易的《琵琶行》里有"凝绝不通声暂歇"，可以看成是这首琵琶曲的"歇拍"；话剧《丹心谱》里，写老中医方凌轩夫妇在冬夜里，在逆境中，突然接到周总理从医院打来的电话，询问他们新药的研制，关心他们的情况，此时此刻，这对老夫妇心潮澎湃，热泪盈眶，默然相对，无语凝噎，剧中出现了长时间的静场；契诃夫的著名小说《变色龙》中的席加洛夫将军，则是从头到尾都没在作品中出场；都德的名篇《最后一课》结尾时，韩麦尔先生本来是有许多话要说的，可是作者写他"脸色惨白"，硬噎得说不出话来，只用一个手势动作，就戛然而止了……这些，都是作者在作品中留下的空白。这些空白处不但不是作品的缺陷，反而为作品增加了艺术表现的时空，使物象更具空灵飞动之美，给读者（观众）留下了回味、思索和联想的广阔天地，取得了"此时无声胜有声"的艺术效果。

文学中形象的空白有时表现为人物主体行为的省略，以形象本身的表象显示空白的存在，调动欣赏者的想象能力，造成心理上的审美感受。鲁迅在《祝福》中几次描写祥林嫂的外部形象：先是"脸色青黄，但两颊却还是红的"；再是"脸色青黄，只是两颊已经消失了血色"；最后是"两眼上便围着大黑圈"，暂时省略了对祥林嫂被婆家卖到山里后又回到鲁镇这一段经历的描写，留下了一段身世的空白。可是这段空白的审美内容并非完全虚空，它是在对祥林嫂走前和回来后的外貌的变化中显现出来。祥林嫂脸色前后的变化说明她的磨难，至于磨难到什么程度，到底发生了什么，作品到这里并没有交代，作者把它留给了读者，鉴赏者的注意力由此加强，美就于此显现。艺术美的最高境界常在表象之外显现。柳宗元在《小石潭记》中有一段对游鱼的描写："潭中鱼可百许头，皆若空游无所依。日光下澈，影布石上，怡然不动，俶尔远逝，往来翕忽，似与游人相乐。"给欣赏者留下一幅清新秀美的画面：清澈透明的水中，上百条鱼自由自在地来回游动，岸上的景物的影子倒映在水下石头上。空明碧透的潭水简直沁人肺腑，越发显得美，给人感受不尽、言语难表的审美享受。可是柳宗元整段没有用一字来形容水如何清、如何美，却处处让人感到水的存在，真是"不着一字，尽得风流"，达到了无迹可求的境界。这种空白在文学创作中有很多，在叙事类文学创作中，有时不安排人物出场，这反而能推动剧情向前发展，造成一种神秘美感，促使欣赏主体形成追求欲望而产生审美愉快。如《钦差大臣》中的钦差大臣不出场，《药》中的丁举人不出场，成为加强悬念和推动情节发展的潜在因素，使欣赏者始终感到他们的存在，起到了愈隐愈显的审美效果。未出场之人与出场之人形成鲜明对比，突出了主人公的命运及形成悲剧的根源，从而显示了审美价值。所以艺术美在于不取之美、无像之美。空白的人文魅力就在于它是审美感性生成的中介。可以说，空白是艺术达成审美交流的中介机制，它深刻地展示了艺术的创作过程与接受过程的视野融合，引发了艺术本文与艺术接受者的审美交流活动，具有多层次、多维面的蕴涵。从艺术美学的本文结构上看，它是艺术形式自身历史发展的必然结果，是含蓄的笔法、隐喻的技巧，是一种无法之法的暗示，是一种无表达的表达；从人类学美学的感觉机制来看，它是人类审美感觉历史的生成和发展的巨大成果，具有心理学的充分依据，并在审美感觉的活动中显示了主体的召唤与调节功能；从艺术美学与人类学美学的交融，从本文与接受者的动态的交流活动层次上看，空白作为艺术潜在的最高审美本质之所在，其实现有待于在艺术本文与艺术接受者的双向交互作用的建构活动中全面地生成审美意味世界。

从审美心理学的角度来看，接受者对于空白的填补具有心理追求的内在要求，有相应的心理学依据。格式塔心理学对空白造成的心理效果的解释充分揭示了这一心理学依据。格式塔心理学认为，当不完全的形（例如一个未画出顶角的三角形，一个缺了一边的正方形，或是一个有缺口的圆），呈现于人们眼前时，便会引起人们视觉中的一种强烈追求完整、和谐和简洁的趋向。换句话说，会激起一种填补空白、消除未定、追求一种"完整"状态的冲动力，从而使知觉的兴奋程度大大提高。但是，将它们恢复到完整形态的活动是相当复杂的，它起码要涉及一种相互间的协调活动——想象中的这一图形的完整形式同现存的残缺不全的部分所暗示的可能图形之间的协调或和谐。拿一个缺少顶角的三角形为例，它既可以在知觉中被恢复为一个三角形，一般来说，这是最简单最直接的方式，因而可以使知觉的"完形需要"立即得到满足。但是对于那些知觉能力更为发达或更追求知觉创新的人来说，他们又能将它恢复成复杂的图形。例如，可以将其底线一分为二；还可以在原来的图形上加一个与之形成上下对称的同样的图形。这样的图形就复杂了一些，不仅有了多样统一性，而且有了重复、对称、平衡等特征。从理论上讲，这种空缺的填补或补充是无限多样的。随着填补结果的不同，与之伴随的感觉也与先前对三角形的感觉不同。一个三角形，只能激起一种稳定的单调的感受，而后面的图形由于有更多的起伏和变化则愈益增加了感受的难度，从而更富于刺激力。对于它的补充一方面表现了更高层次的审美能力，另一方面也获得了更高的心理满足。特别是如将填补后的各种图形与现实生活和艺术创造中的各种形象联系起来，则更将获得无可比拟的生动性和丰富性。

格式塔心理学认为，每一个形，都是紧张力的呈现，都存在于某种特定的"力"场之中。格式塔心理学的实验证明，在大多数人的心理知觉中，这种力的变幻是能够被感觉到的。如在绘画中，人们常常感到某种形是"稳定的"、某种形处于危险的平衡之中等等。任何创新的艺术形式，都是对常规形式的破坏或偏离，因此必然引起再平衡的紧张活动。空白本身作为一种创造性活动打破了接受者原先的心理平衡，因而必然造成巨大的心理振荡，形成心理中的某种能力。而人类消除张力的本能愿望又唤起了填补空白，解除未定状态的创造性活动。按照格式塔心理学，由空白引起的"形"，本质上都是心理的"紧张力的式样"。这种紧张来自于一个想象中的或暗示的"最优格式塔"与一个未定的非定形之间的对比和变化。这种对比和变化激起大脑力场的相应的对比和变化，由此展示出一种鲜活的生命的运动和创造的活力。格式塔心理学家鲁道夫·阿恩海姆从视觉的认识功能出发，论证了"在很多情况下，即使是事物的缺席或隐匿的部分，也会成为知觉对象的一个积极的或肯定的成分"。因为记忆形象可用于对知觉对象的空白部分的补充，人们总是借助于自己的记忆仓库来创造更为完满的知觉形象。这是一种"知觉补足"。看到"空白"，这意味着他在知觉对象中补充了一件本应该在而不在的东西，而且把这种"不在"——即空白视为眼前所见物象的一个"特征"。阿恩海姆认为这种类似的经验经常发生，这就是知觉中的"中断部分"的可见性。它是通过从记忆库中提取"过去的经验"，参与到目前的视知觉中实现的。这种参与并不真正改变眼前的刺激材料，而是尽量利用材料所提供的空缺而已。因此，艺术本文中的空白，本身就是一种刺激式样，是产生审美式样的基底。从某种意义上说，它是更强烈、更突出的刺激式样，因而达到的效应也更显著。

从艺术形式的角度来看，艺术作品作为参与交流、建构意义的一方是直接指向接受主体的。意义的最终获得必然依赖接受者的生成和建构，所以艺术作品必得以其充满空白的空框结构来召唤另一方，激起主体相应的艺术感觉。这里艺术本文从两个层次上展开这种空白。一方面艺术本文作为作者创作的制成品，包含了作者设计的全部空白，充分表现了作者的召唤。

它是以"不全"向"全"做出的心理诱导，是通过"未到顶点"唤起感受者对顶点的期待与丰富的想象，是通过悬念、象征、暗示，引导感受者在运动中实现对最复杂意境的体验。另一方面艺术本文作为一种语言形式本身便存在着语言本体上的空白。我们说本文尚不是作品，是说本文在被阅读被理解之前，意义始终处于形成途中。作品的意义始终是未定的，它具有向一切时代一切接受者开放的性质。在时空距离中，语言必然会产生不同的意义的变化，而处于历史中的一代代读者则须用这种处在不断变化中的语言来解读作品。这种语言本身的历史性造成的空白更深刻也更具本质性。显然，正是由于艺术形式本身在漫长历史中发展起来的空白引导和召唤审美感觉的参与，创造和深化着审美感觉的全部丰富性。

任何艺术形式欲实现其意义，又必得有相应程度的艺术感觉能力，一定程度的艺术形式及其空白，既不可能历史地发展起来，也不可能在审美实践中获得实现或填充。马克思指出："从主体方面来看，只有音乐才能激起人的音乐感，对于没有音乐感的耳朵来说，最美的音乐也毫无意义，不是对象，因为我的对象只能是我的一种本质力量的确证，也就是说，它只能像我的本质力量作为一种主体能力而自为地存在那样对我存着，因为任何一个对象对我的意义都以我的感觉所及的程度为限。"这段话告诉我们，艺术形式与审美感觉二者首先是互以对方的存在为前提，互以对方所达到的历史程度为程度，互以对方为作用的目标。其次，在这双向的相互作用中，感受者也必定要将自身的全部审美理想、审美意志、审美期待以至全部审美能力作为一种本质力量对象化，创造性地参与建构艺术作品的意义。在这种对象化中，审美感觉以其高翔远举、精妙深邃的想象，创造性地展开或填补艺术本文的空白的广阔天地，不断丰富着艺术作品的意义。

理论和实践证明，艺术创造与空白的关系十分密切，它恰恰是美的创造的奥妙所在，这是艺术本身的特性决定的，也是欣赏者的审美需求决定的。艺术正因为有了空白才更加美，更增强了美感的层次和深度，更能体现艺术的价值。

第三章　电视摄影剪辑与图像摄取

第一节　关于电视摄影

在成为一名出色的电视摄影师之前，我们往往要学习许多有关电视摄影的技术，做到能够娴熟地掌握并运用它们。对于摄影技术，我们应该有过这样的经验：任何人，甚至只是表面懂得一点摄录知识的人，都可以拍到一些能够用来放映的影像，甚至还可能是一些不错的影像；此外，我们中的一些人也许已经使用家庭摄录机拍摄过诸如婚礼场面、旅游景点等录影带，表面上看，掌握一点电视摄影技术似乎并不是件太难的事。

然而，对这些影像的摄录效果，我们会说"不好，没有一点专业水准！"或"嗯，还不错，够专业！"，以此来作为其好与坏的评价标准。我们都很清楚，摄影技术有专业和业余之分，我们会原谅美国电视"笑笑小电影"节目提供的家庭录影带中糟糕无比的摄影画面，我们都知道它们不过是录下了被拍摄者滑稽好笑的样子，而决不会真的把它们当成小电影或电视片。

因此，并非每个使用摄像机的人都可以被称为是摄影师的，作为一名电视摄影师，他所掌握的摄影技术必须是专业的、技巧的、具备能够解决电视摄像种种问题方法的。

摄影师应当娴熟地掌握自己的技巧，但这些技巧是什么？

怎样才算娴熟掌握？在学习了很长一段时间摄影术之后，我们还是会遇到这样的问题。我们已经完全掌握了摄像机的构造及性能特点；我们也懂得了许多拍摄方法；我们知道如何构图和造型，摄像机仿佛就在掌控之中。但是，拍完片子后我们要面对的现实却常常是：凭借着熟练的技术，也许可以成功拍到完美的电视影像，但却不一定能够保证我们拍到电视节目所需要的影像。这就是为什么我们观看某些电视片，有时除了美丽的画面外什么也没看到，而不得不需要依靠画外音或解说才能明白摄影师想告诉我们一些什么，当然，如果连画面都不美丽那就更糟糕了。

电视摄影的确很容易被误解为仅仅是操控摄像机进行摄录工作的一种技术，由于电视影像是靠摄像机这种机械工具，依照一整套光学系统及其原理摄录而成，整个拍摄过程看起来仿佛是对摄像机的技术操作过程，很自然的，电视摄影的技术手段就被认为是摄制影像的决定性因素。因此，有些摄影师会卖弄摄影技术，以为用一些能够产生特别效果的摄影术就可以博取观众的赞赏。他们一刻不停地摆弄着摄像机，不断地推拉摇移，或仰或俯，沉迷在镜头画面无休的变化当中，仿佛害怕机器静下来；仿佛静止的画面和镜头一定会被指责为没有技术、缺少水平，就这样，他们停留在技术的表面上，成了摄影技术的俘虏。然而，摄影实践表明，电视摄影的真正技巧，不仅仅决定于摄影的技术知识，哪怕那是些最出色的技术知识。每一个电视摄影师在其技巧形成过程中都应该有三个必经阶段：第一阶段，对摄像机进行充分研究，了解其构造、性能、特点、基本原理，掌握操控器械的方法；第二阶段，学习构图方式和造型手段，了解光线、色彩、影调、线条的描绘能力，懂得以正确的方式摄录具有美感的影像；第三阶段，也即摄影技巧的最高阶段，就是理解每个镜头画面作为电视语言的概念，掌握每一类镜头语言的表达特点与表现能力；熟练地运用各种摄影术和镜头语言传递思想或信息、表达电视节目的内容和主题。

电视摄影技巧是历经三个阶段学习的综合成果，对其在真正意义上的掌握需要摄影师经过这些阶段的全面学习，其中，第三阶段是决定一个具备电视摄影技术的人可能成为一名摄录工匠还是能够成为一名电视摄影师的关键。许多从事电视摄影工作的人陷于技巧形成的第二阶段不能自拔，使其技巧与能力无法提高和上升，这是我们在学习成为一名电视摄影师的过程中需要特别警惕的。

在电视已经成为一种大众传播媒介的今天，科技进步，社会变化，人的思想情感日益丰富和发展，一切都要求电视摄影的表现能力、表达手段不断出现新的形式，电视摄影技巧早已不仅仅是摄录技术的问题，它要求以摄录技术为基础和手段，借助技术创做出摄影图像，并使其形式和内容具有由记录、纪实到展示、表现，继而表达、想象再到抽象和象征的意义与意味，使电视图像成为电视传媒的形象语言。

成功的电视片并不是取决于摄影师运用了哪些和怎样的技术手段，而在于他是如何利用这些技术手段的。当摄影技巧不再为图像表达与传递所必须时，也就失去了它的价值与意义。本书正是立足于这一观点对电视摄影技巧进行讲解和论述。

第二节　电视摄影的分类问题

一个经验不太丰富的摄影师会发现，在每次拍摄任务中，他都会遇到新的摄影问题需要解决，而上次拍摄时帮助他很好地完成摄录工作的一些技巧在这次却一点也用不上，或是反而使图像效果不好，产生这种情形的原因之一是因为不同类型的电视片对图像语言的叙述特点有不同要求。

作为大众传播媒介，电视是一个涉及广泛、综合性很强的媒体，有较为完整的节目体系，既存在纪实类的资讯节目，又有非纪实类的电视剧、综艺节目等不同性质的栏目，栏目性质与节目类型的巨大差异，都对电视摄影工作提出了不同的要求，并使摄影师的工作方式以及电视图像语言的叙述特点和摄影的技巧性运用产生差别，我们有必要对它们进行分类区别。

以下分类方法虽不尽科学，却有助于我们对电视摄影技巧的学习。

一、电视摄影的三种应用门类

电视的综合性决定了电视摄影工作需要被应用于广泛的领域，从这个角度，我们可以将电视摄影划分成三种不同门类：实用性电视摄影、纪实性电视摄影和假定性电视摄影。

（一）实用性电视摄影

电视摄影的实用性应用领域较典型的例子有科技摄影、工业摄影、医用摄影、商业摄影、军事摄影、教学摄影等，是电视摄影中更多要求摄影专门技术而较少要求技巧的应用领域。

从事实用性电视摄影不要求摄影师发挥太多的想象力和创造性，拍摄时只需要摄影师具备高度的技术独创性，能够充分挖掘摄像机的性能，以便解决在拍摄过程中遇到的种种问题和技术难题。通常情况下，往往是具有专业知识的人如实验室人员、科学家、军人、教师、工人、医生等，能拍摄出比电视摄影师更好的图像。他们将电视摄影作为一种专业信息的记录方式，拍摄只是出于一种实用的目的。对于他们来说，电视摄影提供的是一种运动而精确的记录，其价值是精确、清晰和客观。

因此，在这个应用领域中，摄影只是作为某一行业的辅助手段，注重的是专业内容，类似一种专业性概念图解，其用途在于记录和说明，图像特点是客观、真实、明晰、合乎逻辑，是一种机械性真实。最为理想的图像标准是对拍摄对象进行无比精确地再现，对其抽象与象征特点反而不做要求且尽量避讳，图像再现的客观、具体和准确与否决定了摄影图像是否有用。图像效果的好坏，是否具有行业语言描述性，取决于摄影师对拍摄对象及内容的行业性熟悉程度。

拍摄时，如果没有分镜头脚本，摄影师就需要处理好图像的目的性及关联性。每一个拍摄下来的图像都必须意义明确，使观众能够看清楚，看明白；同时，要求摄影师能够将两个概念之间以及一个过程中的两个步骤间的关系通过图像与图像间的关系表达清晰，保证图像最后的连贯和流畅。而在有分镜头脚本时，摄影师依照脚本拍摄，图像越标准化、摄影越自动化，效果就越好。

（二）纪实性电视摄影

纪实性电视摄影主要用于新闻类、知识类节目，我们有时也将这些节目统称为纪实类节目。纪实性根据词典是指："以艺术的形式对某一事件或某一文化现象所做的真实的描绘。"在这个定义里，有两个词十分突出：真实的与艺术的，它们概括了纪实性电视摄影的基本特征。

纪实类摄影的拍摄对象是出现在人们生活中的具体而真实的人、事、物，目的是向人们提供富于知识性、教育性的记录，意在阐述某个主题。由于相对缺乏一定的情节性，如果图像过于标准化，太单调，太平淡，就难以达到它的传播目标，因此，新颖、具有吸引力的摄影表现手法在拍摄时就显得尤为重要。单调乏味的图像与生动引人的图像区别并不在于被摄体的类型，而在摄影师对于被摄体的图像在摄录时方法性、技巧性的处理，摄影师在从事这类摄影的过程中，应该有意识地将客观记录与创造性表现结合起来，使图像以迷人的、甚至激动人心的形式显现出来，做到以艺术的方式创造生动而富有表现力的图像，再现事物本来而真实的面貌。

相对于实用性摄影，这一应用领域对于摄影的技巧运用要求更高，摄影师应首先对拍摄对象及内容有充分理解，只有这样，在拍摄过程中才能在理解素材内在含义的基础上，对拍摄对象进行正确分析，找到正确处理图像的方法，并敏锐地捕捉到具有表现力的影像，从而为后期剪辑提供必不可少的、能够将客观记录与艺术表现相结合的图像素材。

（三）假定性电视摄影

如果说纪实性电视摄影基本上是以图像在进行真实描述，图像处理的对象是具体的人物、事件或事实，相比之下，假定性摄影更多的则是对人们认识的表现、隐喻和象征，其目的是传达人们心中的思想、感受与观念。

在假定性电视摄影中，摄影师所拍摄的图像只是一个载体，是电视需要讲述的故事、情感、观念的表达中介。如同 MTV 的摄影，图像本身和音乐词曲之间并没有表面的、必然的、逻辑上的联系，图像只是演绎歌曲内涵的一个视觉表达载体。

在假定性摄影中，摄影师的主要任务是使图像显现出具有戏剧性的效果。拍摄时，需要摄影师更多思考的是图像如何才能达到提示多于讲解的效果；怎样避免观众在图像中看到的只是简单而明显的内容；如何做到以画面的暗示替代许多真实的东西。在这类电视的拍摄当中，摄影技巧成为使电视图像显示戏剧性的方法和手段。摄影师需要将各类技巧发挥到极致，凭借着摄影技巧参与电视对现实的重新设计。

不同门类电视摄影的应用领域形成电视图像不同的叙述特点，图像语言是为了客观再现、艺术再现还是富于想象力的创作，需要摄影师对其技术与技巧做出有区别性的运用，摄影师应根据摄影的应用领域来确定技巧的运用方式。

二、电视摄影的客体角度分类

具体摄影对象的表现差异要求电视图像在叙述组织上有所区别，对摄影师提供的图像内容与形式要求也不同，以此为依据，我们又可将电视摄影划分为情节性电视摄影、非情节性电视摄影以及实况记录性电视摄影和非实况记录性电视摄影。我们知道电视具有一定的时间限制性。作为一种声画兼具的传播媒介，无论何种类型的电视片，总是在以图像和声音向我们讲述着什么，而相同时间内，声音能够比图像传递更多的内容，图像提供给观众的永远是具体而形象的影像，这些影像的运动变化，事物的发生发展，以及它们之间的相互关系若是仅仅依靠图像来讲述，则需要漫长的记录和解释过程，这是电视时间不能够完全允许的。但是作为电视传媒的可视特色，图像总是承担着不同程度的叙述任务，这样，图像叙述与电视的时限性就会出现矛盾，是否需要电视图像的叙述在情节上保持连贯与完整；图像与拍摄对象的时空关系以及拍摄内容自身的组织化程度都决定着电视片所需时间的长短，也影响着摄影师对图像的选取。

（一）情节性电视摄影与非情节性电视摄影

电视片中很大一部分是在讲述故事，根据叙述学理论，"故事"由一系列事件构成，事件是故事"从某一状态向另一状态的转化"，而情节是这种转化过程中的具体状况，在此，"转化"强调了事件必须是一个过程，一种变化，而这种转化和变动具有可视性，能够通过具体视觉形象传达给观众，也就是说，"故事"可以通过图像来讲述，其图像具有叙事特点。

情节性与非情节性电视摄影的划分正是依据所要拍摄的客体对象是否具有情节性特征，是否要求电视图像具有叙事特点来进行的。较典型的情节性摄影有电视剧、电视广告、艺术类电视片等。

情节性电视摄影的图像能够通过对拍摄对象可视形象的一系列记录，组合成一种连续的符合人们语言符号逻辑表达习惯的叙事结构，以使电视图像成为叙事的主线。在需要以图像叙述情节的电视摄影中，摄影师在拍摄时应当保证图像实况与情节实况的一致性，对一个情节的图像叙述应做到完整，在时间上不能够间断，情节中出现的任何时间变化都在要图像中有所表现，以使图像做到对情节的完整重复。

举例说明，一个反映主角病逝过程的电视剧片段，其中，电视图像需要叙述四个内容：A、主角病了；B、主角去世；C、主角没有亲人；D、只有一个人为主角送葬。在这四个叙述内容中，A，B，D 属于事件，它们展现了一个行动或一个过程，构成了叙事时间序列中的一个环节。A，B，D 又可以通过一系列情节构成，例如 A 可以包含以下情节：1. 主角晕倒在街头；2. 主角在病榻上辗转反侧；3. 主角在痛苦呻吟。

B 可以由以下情节构成：1. 主角在病榻上喃喃叨念自己最后的心愿；2. 主角抱憾而终。D 包含的情节可以有：1. 在寒风瑟瑟中只有一个人在往主角的棺木上抛撒泥土；2. 临近的葬礼在热闹而庄重地举行，送葬的人很多。通过一组组图像，这些情节能够被视觉化，进而组成一个连续的符合人们语言表达逻辑习惯的叙事结构。典型的情节性电视摄影图像可以不需要其他语言符号来补充对于整个故事的叙述，就能表达一个较为完整且让人易于理解的叙事情境。

而非情节性电视摄影的图像叙述则是对事物状态与抽象概念的描述，其图像不是用来叙事，更多作用是对语言叙述的印证、补充、渲染或铺垫，这类摄影较多用于纪实类电视资讯节目如电视新闻，此时摄影图像所反映的事物状态及抽象概念不具备"可视性"特点，往往需要通过联想或转移的方式将与这种事物状态及抽象概念相关的影像作为拍摄对象，所形成的电视图像只能是叙事的辅线。非情节性电视摄影的图像不能够组合成为连续的、符合人们语言表达逻辑习惯的叙事结构；其图像叙述特点，黄匡宇先生曾就电视新闻画面的情节不完整性在其《理论电视新闻学》专著中做过详细论证和说明，他说："画面在新闻节目里呈现不连贯状态，不具备叙述事情的变化和经过的能力。"对此，我们不妨借他就电视新闻的解析例证来进行了解。

情节性与非情节性两种摄影的划分并不是绝对的，情节性电视摄影中不能完全排除非情节性摄影，在上述电视片段中的 C 就是一个例子，它既不属于故事叙述时间链条中的一环，也没有展现主角或其他人的任何行动，仅仅是用来提示主角的某种性质、状态或属性，因而只能以非情节性摄影形式进行拍摄。这时，C 的图像叙述是通过画外音或具有暗示性、能够让人产生类似联想的图像例如一些低调的空镜头来进行反映，但它无法参与故事情节建构，图像不再是叙述故事，其主要作用是为了烘托气氛，给观众准备恰当的接受环境与心态。同样，从整体上说，非情节性电视图像更多传递的是抽象概念与信息，但也并不因此绝对排除情节性拍摄方式，例如某些新闻本身具有非常好的故事性和可视性，这时电视图像的拍摄就应该采用情节性摄影方式。

（二）实况性电视摄影与非实况性电视摄影

实况性电视摄影指前期摄影与后期剪接合二为一的现场实况录像或现场直播等电视制作方式中的拍摄工作，主要运用在体育比赛、综艺节目、谈话节目、电视新闻中的直播部分等摄影场合，它是对电视节目对象相对集中和高度组织化的全过程记录，比较强调电视摄影图像的复原性记录。

实况性摄影的叙述逻辑几乎完全按照它所反映的事物本身发生、发展、变化的逻辑顺序，摄影图像所叙述的时间、空间就是此时此地，基本上不存在过去与未来，不涉及其他的地方，即便有，也是数量极少的资料片断。正因为它是所反映事物的同时空的记录，因此不需要对拍摄的时间、空间进行人为安排，这也意味着摄影图像选择性与重新进行组织的程度相对降低。

实况性摄影的时空同步性及电视的时限性要求这类摄影必须具备一个前提条件，就是被摄体本身的发生、变化、发展过程要相对集中，并且内容具有高度的组织化。这类摄影的最大特点在于，被摄体过程本身具有很强的可看性，能够对观众形成强烈吸引，并且，在一定时间内是完整的，只有在这种前提条件的保证下，电视图像才有可能在一定时间限制内通过摄影对象自身的连贯与完整使观众理解并接受图像所传达的内容。

实况性电视摄影的组织工作，体现在摄像机机位的安排与调度、现场镜头的切换与调度等，这主要是电视导播的工作，摄影师的任务是执行导播的命令，听从现场导播指挥，摄取并捕捉到有效而精彩的镜头提供给导播选择。此刻摄影师需要的，是对电视的各类图像语言有很好的了解与把握，在理解导播的意图后，能够准确迅速地提供他所需要的摄影图像。非实况性电视摄影是指在电视制作中前期摄影与后期剪辑分开的摄影工作。非实况性摄影图像不具备时空同步特点，摄影师能够参与图像内容与形式的选择与判定，同时，摄影师在拍摄下经其选择的图像素材后，还需要剪辑师对这些摄影素材进行重新编辑组合，才能制做出所需要的电视片。

因此，非实况性摄影对于图像画面与声音记录的选择和组合机会较多，其间，摄影师可以任意发挥自身个性，创造性地运用各种拍摄技能与技巧，摄影师能够从自己的理解角度去揭示、表现其眼中、心中的事物，改变事物的时间顺序，创造影像的空间关系，对图像进行自由选择与组合，制做出内涵更加丰富和深刻的电视图像。因而，非实况性摄影所拍摄的图像可以带有更强的主观色彩。

如果说实况性摄影图像是摄影对象的复原记录性图像，那么，非实况摄影图像更多是对所反映的内容对象做选择性记录与揭示。记录不一定需要揭示，而揭示总是包括记录在内，揭示性图像更强调主观对客观世界中表面之下或现象之下较为隐秘东西的发现，这就使摄影师要对事物发生、变化、发展过程的各环节进行选择拍摄，需要哪些图像，不需要哪些图像，怎样的图像更具概括力和典型性，都要求摄影师能够做出判断，非实况电视摄影是一种更具自主性与创造力的摄影。

电视摄影是利用图像尽可能使观众看到、知道、理解到或感受到电视片想要讲述的内容，在不同类型的电视摄影中，图像所起的作用及其显现形式是不同的，上面四种不同的电视摄影类别，要求摄影师应首先对图像的选择与组合特点进行了解，并能在拍摄中以此为摄制图像的指导。

三、两种不同工作状态的电视摄影

作为一名电视摄影师，需要面对两种完成工作任务的状态，一种是有分镜头脚本的电视摄影工作，一种是无分镜头脚本的电视摄影工作。

（一）有分镜头脚本的电视摄影

电视的分镜头脚本由电影的分镜头剧本发展而来，电影拍摄是严格依照分镜头剧本进行的，甚至一些镜头的角度与景别大小在电影的分镜头剧本中都有详细规定，摄影师的任务主要是通过熟练的摄影技巧，将每一个分镜头摄制得更加完美，例如如何通过曝光对画面的色彩与影调进行控制、如何通过景深达到画面的虚实效果以及如何通过镜头运动控制画面的节奏等。电视将拍摄前为每一个分镜头写好脚本的做法从电影中移植过来，并将这种做法广泛运用于电视剧、艺术类文艺专题片、综艺类等电视节目的拍摄工作。这种摄影方式，极大提高了摄影师的工作效率。

这类电视摄影中，分镜头脚本是整个节目准备和组织工作的一部分，它已将整个节目的摄制任务具体化、明确化，并对图像的内容及效果做出了规定。摄影师在正式进入拍摄工作之前已经有了详细的工作计划，他们可以在拍摄前就做好各种准备，并在拍摄每一个镜头前很清楚自己的任务，知道每个镜头所要传递的信息，了解每个镜头在片段中的位置与作用。在这种情形下，无须摄影师对整个拍摄工作做太多宏观的考虑与计划，他们可以专心于每一个摄影镜头的技术上。

当然，再详细的分镜头脚本，都不可能也没有必要对于每个镜头的摄录技巧做过多规定，摄影师仍然有许多可以发挥自己创造性的机会。一个镜头的实际拍摄，很多判断和决定依旧需要摄影师来做，例如图像的色调、影调、节奏、构图、虚实等，这些因素都是分镜头脚本中无法规定的，而它们却直接影响电视图像的观看效果。

有分镜头脚本的电视摄影，摄影师要解决的是怎么拍的问题，而不需要考虑拍些什么，是一个既有明确任务又有相对技术创作空间的摄影任务。摄影师在其中的角色是凭借自己的技能、技巧和艺术感悟力，对分镜头脚本所规定的明确任务进行二度图像再创造，拍摄出符合分镜头脚本要求，又有自己独特个性的图像。

（二）无分镜头脚本的电视摄影

随着电视技术的发展，ENG 方式越来越多地运用到电视摄影中，使得电视得以更多、更快地反映现实生活，而时刻变化发展的人情世故，社会生活让目前许多电视节目越来越无法做到在拍摄前的详细计划和准备，也使得越来越多的电视节目必须采取无分镜头脚本的电视摄影；并且，电视拍摄的成本相对于电影来说是较为便宜，无论从技术、内容、经济的角度，都为无分镜头摄影成为电视摄影中的主流方式提供了条件。

从表面上看，摄影师无论有无分镜头脚本，都是拿着摄像机进行摄录工作，但在这两种不同的拍摄方式中，他们的角色有着很大区别。有分镜头脚本的拍摄工作，摄影师担当摄录图像的单纯角色，能够将主要精力放在拍摄的技术发挥方面，专注于拍摄本身。而无分镜头脚本的拍摄工作，摄影师却集导演、摄影人员、编辑人员于一体，要求具备宏观的节目组织与协调能力。

由于没有分镜头脚本对每一个镜头的规定，拍摄现场也没有导演和场记的引导，因此，摄影师不但需要知道整个节目所要反映的主题，而且还要在头脑中对所要拍摄的节目内容进行事先构思，考虑拍摄什么样的素材去实现这一主题，甚至要考虑在完成拍摄任务后如何去编辑这个节目。也就是说，无分镜头脚本的摄影师需要自己将所要拍摄的内容结构化，在拍摄时不但要解决怎么拍的问题，还要解决拍什么的问题，摄影师不仅仅是传统摄影师的角色，同时还要承担一部分编剧与导演的工作。

不同工作状态直接影响着摄影师的图像摄取工作，在有分镜头脚本的电视摄影中，拍摄内容已经结构化、拍摄任务已被规定好，摄影师对图像的自主选择性较小，主要工作是达到并完成脚本要求的图像效果；在进行无分镜头脚本拍摄时，摄影师拥有的图像选取自由度较大，拍摄工作也相应复杂，需要同时担负图像内容构思与显现两种任务。

第三节　电视图像的视觉表意结构

电视上任何一个有意义的形象都是由线条、形状、影调、色调等多种元素构成，摄影师在建构图像时首先要面对的就是这些视觉元素。视觉元素指构造电视图像单一形象的各种元素，它们是电视图像最小的视觉表意单位，以视觉元素为基础，电视图像形成四层视觉表意结构单位：影像、画面、镜头和镜头片段。

影像是电视中例如人物、家具、房屋、山河、草木、光线、阴影等画面形象，影像的特征与现实生活中的相应事物在外观上十分相似。一个影像总是同其他影像共同出现在一个电视画面之中，它的较完整意义不在其形象本身而在包含它的画面中，例如一片阴影只能让我们看到它自身，并不能让我们知道摄影师拍摄它的目的是为了表达什么，但出现在色调明媚的画面中它就可以表现凉爽与愉悦，而出现在色调暗淡的画面中则代表挫折、危难或哀愁，因此影像并不单独表意，只有构成画面，在与画面其他影像的关系中表达它所传递的信息和意义。

画面是电视视觉流程中的瞬间静态，形式上，电视图像由无数的固定画面组成，它们连续排列，以一定速度移动成为流动的镜头。画面在镜头内被排列在许多其他画面的序列之间置于时空关系的动态过程中，在播放时参与电视时间运动。画面是影像意义及其关系的组织形式，和影像一样，只有在更大的表意单位——镜头中才能起传达意义的作用，镜头的性质决定画面的性质。

镜头指一次开机和关机间由若干静态画面组成的动态单位，镜头的长短不定，一个镜头可以包括的画面数目也不固定。严格来说，电视真正的表意单位是镜头，若干镜头组成更大表意单位——镜头片段，镜头片段形成电视的意义段落，电视的整体意义最终是通过这些镜头片段的组合来表达的。图像以这样的视觉结构形式呈现在电视中。表面上，摄影师只是忙于不停协调电视各个视觉元素并将其结构成取景与构图完美的电视画面，然而，镜头画面的各个视觉元素只有在形成影像和更复杂的表意片段时才能起传达意义的作用，电视图像这种紧密相连，环环相扣的视觉结构形式，要求摄影师在拍摄时要处理的，不但是运用摄影技巧将视觉元素组合成意义独立或非独立的画面，同时，在选取与结构镜头画面时还应照顾好各镜头间的关系；运用各种技巧使各种画面元素和表意单位能够以特定的方式进行组合，从而表达和传递内涵复杂的电视意念。

第四节　图像组接与图像的意义段落

用于剪辑的最小表意单位是镜头，镜头能够单独或与其他镜头和镜头片段相组合来表达完整的意义。因此，电视中一段意义完整的图像有两种表现形式：一种是一个主要镜头；另一种是镜头或镜头片段以一定方式相组合。而单义的图像往往只能表现它自身所描绘的现实细节，为了使众多个别的细节能够形成一个超越具体图像价值的意义，以表达更丰富的内涵，必须将图像进一步组合，一部电视片的图像正是这样组接而成。

独立镜头能够用来表现单独的内容，它可以是摄像机一气呵成所拍摄的意义完整的主要镜头，也可以是镜头组合中用于插入或切出的镜头或镜头片段。插入镜头指插在主要镜头中用于突出和强调需要引起观众注意的视觉部分的镜头；切出镜头指将观众注意力从主要镜头中转移开来的镜头，插入与切出镜头常由特写镜头担当，它们的意义只能通过所在镜头被插入或切出的前后关系得以显现，需要摄影师依照其作用来选择图像的表现形式和内容。

非独立镜头指需要通过组合才能表达完整意义的图像，情节性组合与非情节性组合是它的两种组合方式，非情节性组合的镜头不具有叙事连贯性，图像叙述没有时序上的连接，镜头相连的依据是画面内容与意义的相互关系，具有相同性质的图像以横向排列，组合的目的在于强调和突出这种性质，而纵向组合的图像间没有必然的现实联系，组合只是为将两个图像的内容聚拢。非情节性镜头组合意在对声音叙述的配合或是各镜头作用的累积效果，摄影师在进行这类图像的摄取时，要充分配合画外音的表达要求。

情节性镜头组合是依照图像的叙事时序与因果关系对镜头顺序的安排，又可具体分为描述性组合与叙事性组合。描述性组合是对叙事性组合的配合，本身并不叙事，但参与对图像叙事的建构，主要起描绘、介绍的作用，是具有叙述在时间顺序上连贯的图像组合；叙事性组合则是图像对故事的复原表现，镜头的组合次序需要按照故事本身发生、发展的过程来安排，分为交替式与直线式两种，在剪辑中，体现为交替式与串联式两种剪辑方法，我们会在后面的讲述中对此再作详细讲解。如同雨过天晴能够让我们愉快，而晴天落雨会使我们感到沮丧一样，不同的图像组接方式以及镜头与镜头片段的不同结构关系会产生同样的心理作用，传递内涵迥异的信息。通过对电视图像组合结构的分析，我们看到，图像组接与意义段落解决的是图像间的次序与相互关系，摄影师拍摄的图像，只有成为电视整体表意体系中的一个单位才能获得价值与意义。因此，摄影师应根据后期剪辑对图像顺序的安排，按图像特点和类型的需求进行拍摄，例如，线性组合中相连接的镜头应具有时间或情节的连贯；交替式组合要求镜头中携带的信息能够相辅相成，相互映衬……电视图像的效果与产生这些效果的剪辑方式紧密相连，因此，摄影工作作为电视制作程序中的环节，无论是技术或技巧的发挥，都必须具有宏观和整体观念。

第五节 图像的摄取与剪辑

剪辑工作是为了确定图像叙述的最终次序，从一个镜头剪接到另一个镜头的过程和我们在日常生活中注意力的改变相类似，然而在电视中，图像叙述重点的变化很容易就能够被观众发现，因此，需要声音或另一些图像配合，交代缘由，给予解释。摄影师在实际工作中经常会遇到类似的或是其他的图像选择与搭配问题，需要摄影师依据不同剪辑方式的要求做出判断。有经验的摄影师能够在拍摄前，根据剪辑规律预先知道图像的效果和要求，从而保证图像叙述的价值和吸引力。下面我们就试图解释一些电视剪辑方式，帮助摄影师了解这些知识，并在此基础上着重讲解具体片段拍摄中摄影师需要注意的剪辑问题。

一、交替式剪辑

交替式剪辑使两种或两种以上的兴趣中心和事件交替出现在电视图像中，以这样的模式构造成一种链性叙述，是电视中最常用的镜头组合方式。进行交替剪辑的依据是：①发生在同一时空内，相互作用的两条叙述线索纠缠在一起；②不同时间或空间内，互为作用的叙述线索相分离，共同的叙述动机使其相互关联，图像的两条叙述线相互联系，相互依存，形成图像特有的时空关系，使观众总是出于对后来图像的期待中。交替式剪辑通常要求有若干内容单一的短镜头或是若干图像叙述已经构成完整片段的长镜头相互配合组接。在以几个单一短镜头进行组接的交替剪辑中，需要摄影师对被摄体的不同阶段在几个机位进行拍摄，从一个镜头到另一个镜头交替改变摄影角度，使它们相互关联，形成互相配合的图像，通过这些图像的拼合反映电视的整体内容。而以叙述完整的长镜头进行交替组接时，要求摄影师将电视的不同意义段用几个从开始拍到结束的镜头来展现，所拍摄的图像均是从一个位置上对被摄体的完整记录。摄影师也可以将一个意义段从几个机位拍摄多个长镜头提供给剪辑人员，再由他们从中挑选最精彩、最有意义的部分按照短镜头的组接方式重新编排，这样的图像会比一个长镜头更富有表现力和吸引力。

通常，采取交替式剪辑是为了：①提高观众的兴趣，让观众在图像来回交切中看到不同事件，从而激发出他们对事态发展趋势的关注，要求交替出现的图像能够平行描述各自独立的动作与情节。②为冲突埋下伏笔，把两个就要因会合而形成强烈高潮场面的图像编织在一起，作为冲突产生的准备，例如两列军队，敌对双方以一系列越走越近并逐渐加快节奏的镜头画面，交替显现向对方推进的过程，最终导致冲突发生。③增强情节的紧张度，把两件相互有直接因果关联的画面交替编在一起，以加强图像显现的紧张程度，如镜头上交替出现刺客在精心准备以及刺杀对象毫不知情的状态，又如，警方正在寻找炸弹的电视画面中，不时出现炸弹的特写图像，都会让观众在对下一个画面的期待中感到不安和紧张。④增强悬念，当一个情节即将完全揭晓时，插入另一叙述线索，用来回交替的镜头使进入高潮的时间拖长，增加观众对结果的期待和揣测。⑤提供比较，将两种类似事物的图像从不同方面加以交替的描述，观众就会自觉对图像做出比较，从而提供联想，做出暗示，使图像产生应有的效果。

用在交替剪辑中的镜头，多为一些相类似或相对比的镜头，摄影师在拍摄时，就要注意，无论从景别、节奏、角度、色彩或镜头的时间长度上，两组不同的镜头要么很相似，形成一种类似于排比的效果；要么尽量形成区别，制造出图像对比的效果。在拍摄时，摄影师需要以这种两组图像的搭配模式来决定摄像机的位置、拍摄方向和拍摄的内容对象；充分考虑将要进行交替剪辑的图像间如何相互交替达到配合的关系。从两个镜头的结合，到两个或更多镜头组合段落的并列，以至更进一步延伸到整个电视叙述的结构，两组图像的搭配组合总是交替式剪辑中最基本的图像叙述模式，例如，一个表现某人正在观看动作的镜头应该有一个表现他所看到内容的镜头与之配合；猎人开枪，与之相配合的图像就该是猎物的反应；演播室中记者提问的镜头后配合的是被访者的反应镜头，只有这样，观众才能够通过图像的交代，清楚明白地理解图像所做的讲述。可以说，摄取相互关联并使之形成交替配合关系的图像是摄影师为这类剪辑方式进行摄影时最需要做到的。

一系列用于交替剪辑的镜头中，最初两个镜头应当作为设定的镜头，好让观众作为一个参考架构，拿来跟其他的镜头相比，摄影师在拍摄时应让它比其他交替镜头稍延长一点时间。而用作介绍性的交替镜头，除非有意把观众对图像的不解与困惑作为叙述的重要因素，多数情况下，镜头应该让观众立即知道发生了什么事情，谁牵涉在内，以及交替镜头中的事件发生在什么地方。

交替式剪辑无论在剧情片还是在纪实片中都经常运用。在纪实片中，特别是有两种或两种以上事件需要连接，对比、或比较的地方，有很大用处，纪录片中的若干交替剪辑方式呈现的图像，很容易能够让观众获得形象性的联想。

二、串联式剪辑

串联式剪辑是使图像呈直线叙述的剪辑方式，分为续接和插接两种。

续接是使电视图像始终保持线形连续性的剪辑方式。以续接方式进行剪辑要求图像中的影像动态从一个镜头连续不断地流动到另一个镜头，无论何时，一个镜头中的影像如果包括前一镜头的部分时，两个镜头中影像间的位置关系，运动或人物视线应尽可能接近。

剪辑用于续接的若干长镜头或意义单一的短镜头，镜头类型不要求类似或相同，摄影师可以从不同角度进行拍摄。在拍摄当中，摄影师只需注意保持画面中影像运动的连续性，保证各类需要剪接在一起的镜头间影像能够连续一致的配合，例如从远景接到中景的镜头，在远景中举起的手臂，到后面中景镜头中就不应该是放下的，否则，摄影师还应拍摄表现这种变化的镜头。

两个镜头中影像运动的连续性被破坏会产生电视图像中影像不连续的情形，例如，当摄影师从一个远景或中景向较近的对象迎面拍摄时，对象头部位置稍微地变动，都会造成影像的突然跳动，跳动不连续的图像会让观众感到诧异和困惑不解，如果摄影师将机器换个稍微不同的角度，较近镜头的不连续就不会被发现，此刻，摄影师不应迎面连续拍摄，而可以把摄像机移到对象的一侧再拍。同样，当摄像机从一个较近镜头往后移动或接回到一个较远镜头时，图像中影像的运动也需要与前一镜头中的运动相配合，否则，远景中的许多影像是在近镜头画面之外的，图像表达的不连贯也会让突然出现的影像造成对观众的困扰。这时候，摄影师可以拍摄一个特写或一些能够用来分散观众的注意力的图像提供给剪辑师用于转接，前后图像中影像的变化就能够被观众所接受。

插接是在一个意义表达完整的主要镜头中插入其他镜头的剪辑方式，用于插接的图像的运动并不是前一镜头中的部分，不需要与前一镜头在运动上相连贯。这种剪辑方式要求摄影师在拍摄反映重要信息的图像时，还应拍摄一些用来插入的次要信息镜头，在剪辑时用以作为对主要信息的反应配合，或是作为对主要信息的说明和转移。

拍摄剪辑时用做反应的镜头需要摄影师在开始拍摄主要镜头前，先拍摄一个对主要信息及其反应进行关系设定的镜头，例如，对话场面中，说话者图像是主要信息的发布者，倾听者图像是对其的反应配合镜头，在此之前，应有一个对他们关系进行设定的两个人物的全景镜头。

但拍摄用做说明或转移注意力的镜头则无须在事先对它们进行设定，摄影师可以拍摄能够起到这样作用的任何镜头，而不必关照镜头中影像的运动是否连贯。例如一个用来插接的特写是为了在必要时岔开观众的注意力，以便为一个还要继续的运动转向或是为一种时间的经过、一个镜头变化做掩护，这些图像都无须影像间连续的配合，也无须特别用人物视向来表示，它们都是些局外的镜头，并不包括在之前的场景内，因而不需要摄影师另外拍摄作为交代或解释的镜头。一个人掉转头的特写可以用来插在一辆车向着相反方向移动的两个镜头中间；一段冗长的操作，例如一架工作中的挖土机，如果摄影师希望把它的操作过程在电视时间上缩短，就不需要记录全部过程，图像删除的部分插入旁边一个监工正在注视的特写镜头即可做到对图像时间的节省。摄影师拍摄一些用做插接的镜头还可以挽救摄影上无法弥补的错误，拍摄时一个不小心的跳接，或因剪掉多余镜头所造成的跳接，都可以用一个旁观者或一个局外人的图像插接来做掩饰。

三、编辑式剪辑

编辑式剪辑是将在视觉上不要求彼此关联的图像剪接在一起的图像组接方式。以这类方式剪辑的图像，远景可以与远景组接；特写能够在与说明性镜头不发生任何关系的情况下突然插入；时间、空间不相联系的图像也能够组接到一起。有关考察、报告、分析、记录、历史或旅游一类的新闻或纪录片中，摄影图像多属于视觉上的生动快照性质，很少具有连贯完整的叙述，对它们的剪辑是为了配合声音叙述的连续性，作用大多是对于声音叙述的图解、细化或补充说明，因此，这类电视片通常会采用编辑方式剪接图像。

电视新闻的报道中，我们有时会发现一个镜头被反复用几次的情况，是因为摄影师未能提供充足有效的图像。剪辑无法表达需要图像本身叙述的内容，编辑式剪辑要求摄影师避免带回错误的，或是不适当的图像素材，以保证对声音叙述内容进行理解与配合的图像数量。

串联式与编辑式剪辑在电视图像的组接中可以并用，利用串联式剪辑的图像中可以插入编辑式剪辑的图像，例如编辑在一起的能够起介绍作用的一系列远景、将时空浓缩的一大段蒙太奇、一些不相关联的表现印象的镜头，都会在串联式剪辑的图像中合理地出现，同时，在编辑式剪辑的图像中，影像运动有连贯性，需要配合时，相连接的两个或两个以上镜头则要求采取串联式编辑方式。因此，以这种并用方式进行剪辑的电视图像，要求摄影师对图像的不同搭配需求有充分了解。

四、动作段落

我们可以看到很多电视片中的镜头是在动作中剪接在一起的，这样可以使影像的节奏富于变化。动作若由两个静态镜头连接，看起来会很显眼，而运动中的剪接能够掩饰把两个镜头实际转换的地方。例如正在关一扇门、喝着一杯咖啡、坐在一张椅子上、在楼梯上走上或走下、拿起一本书，或单纯地走到另一处，在这些动作中，剪辑师都可能凭他的判断在动作中作剪接，他可以让这些动作在一个镜头中完成，也可以通过几个镜头的组合来完成。

有些摄影师认为，凭借自己高超的摄影技术，加之对于动作的剪接早已心中有数，在拍摄这些动作时，他完全能够做到在拍摄中进行剪接，这样做很可能会给图像后期剪辑带来不应有的困难。作为摄影师一定要记住，这种剪接的权利应该留给剪辑师来决定，摄影师绝不应在任何重要动作的拍摄中对其自行切断，对于正在运动中的动作，他都应拍摄到动作完成为止。

不仅如此，在拍摄动作开头和结尾的时候，要留有余量，也就是在动作开始之前和在动作结束之后，应该让摄像机多拍几秒钟的镜头，以便于该镜头与其他运动镜头的连接，同时这也使剪辑师能够比较容易决定镜头的剪接点。

此外，动作段落中插入特写镜头，能够使图像产生一些特别效果，图像剪接时，剪辑人员会利用较近镜头的插入将远景或中景缩短，并按需要将动作图像酌量减少。必要时也可使用较近镜头对动作的一部分进行复述，在不引起观众注意的情况下，用来延长较远的镜头。拍摄人物运动时，通常的办法是把人物移入特写或移出特写用来作为对动作的剪接，此时，摄像机应该在人物进入取景框之前就开始拍摄，停机也应该在人物离开取景框后，这样的图像才能够剪辑出入镜和出镜显得干净利索。

五、转接镜头

剪接与连续性是密切相关的，摄影师拍下来的一系列镜头在视觉上和技术上是否能够配合，镜头是否具有连续性，都会对剪辑工作造成影响。在直接相连的镜头中，影像运动一定要显示出连续性。镜头与镜头间，曝光、灯光、色彩以及其他技术上的问题也要同时进行配合，以保持图像在风格上的一致。

一个动态或静态镜头中，运动方向的连续性不配合时，有经验的剪辑师就会插入一些分散观众注意力的镜头，或者是用其他方法进行补救。但是，对于由摄影师的技术错误造成的视觉上或听觉上的不相连，剪辑人员对图像连续性所能做到的修正是很有限的。摄影师在拍摄时，对于涉及所有剪辑的因素都应予以考虑，只有这样，才是解决图像剪接问题的最佳办法。

在有分镜头脚本的拍摄时，摄影师有导演和场记协助做到镜头与镜头间动作的协调，但在无分镜头脚本的摄影中，摄影师要做到图像间的配合就会存在许多困难，此时，摄影师就要特别注意考虑，什么地方需要改换新角度；哪个时候会出现怎样的运动等。涉及动作之间的连接，他还要弄清楚这个动作在下一个镜头开始的时候，是需要重复叙述还是不需要，以避免运动图像的跳接。对于不同形态的运动或对话镜头，或是无法进行重拍和补拍的镜头，摄影师就应考虑采用多机同时拍摄的方式。

在运动的连续性或技术手段发生变化的情况下，变化的间隔地方如果缺少用以进行明白说明的镜头，就会让观众感到惊讶，导致其注意力分散，从而破坏图像的收视效果，因此，摄影师应尽可能拍些插入、切出的镜头，剪接时，发现任何图像的跳接现象，这些镜头就可以派上用场。在一些不能控制、复杂的或难以重复的动作镜头里，如一场打斗，一个插入的大特写比其他镜头更容易转移观众对跳接的注意。这种作用的镜头，对影像位置或运动的正确配合要求不高，摄影师只需要注意镜头中人物正确的视向，如果他不能够明确知道何种视向是正确的，可以拍摄两个相反的视向以作备用。

六、特写镜头

特写镜头是电视镜头语言中最具视觉表现力的图像，同时，也是剪辑作用最丰富的图像，因此，我们将其单独列出进行讲解。

我们知道，任何事物都是由各个细小的环节相互关联、相互作用形成的，而电视摄影展现的是时间与空间的动态过程，缺乏细节就容易成为空洞的概述。一个事物的细部往往是具有象征性或特殊意义的部分，特写能够在视觉方面对其进行突出，使这一部分脱离它的背景，同时使被放大细节中所强调的信息能够揭示出事物的本质性特征，而表达细节最好的方式就是特写镜头。

（一）特写的大小与镜头面积

在此处，需要摄影师将特写概念理解为一个广义的概念，被特别写照的影像应该在画面中占据多大面积往往没有具体规定，对于同一对象，特写镜头可能是该对象整体中的某一个部分，也可以是其中某几个部分，还可能是某个部分中更细微的局部，只要与拍摄对象的相对关系是该对象的某个细节被画面镜头作了突出强调，目的是引发观众对该细节本身含有的信息更加关注，这个画面镜头就可以称为特写。

因此，最终出现在电视屏幕上的特写形象，影像大小会存在很大差别。对于人物来说，从胸部到头上、肩部到头上、头部、眼上到唇下的镜头都可以相对于前后镜头的整体被称为特写，摄影师应该根据拍摄时的整体需要分别做不同特写镜头的选择。

越肩特写是画面以一个人物的背影作为前景，镜头越过前景人物的肩头来拍摄另一个人物的特写镜头，例如电视访谈节目或两个面对面交谈的人物，在一个人物的特写画面中有另一个人物的头部或肩部影像作为前景，这种特写就被称为越肩特写。拍摄越肩特写时要注意，连在一起使用的一系列越肩特写，在拍摄时无论是摄影距离、角度都应该保持一致，并且确保影像大小完全一样。此外，作前景的人物只能是一个隐约的影像，或是部分肩部和头部，或者只是头部，甚至部分头部，不但影像面积要小，而且画面中不应看到他的表情。这样处理的特写镜头，特写人物不直接面对观众，观众看到的只是前景人物所观察到的，镜头画面显得与观众很近，同时观众又不会觉得与镜头中的人物有很多关联，观看时能够保持客观心态。

而大特写镜头则是把整体形象中的细小部分做放大性拍摄，将这些细小的部分拍得极大并塞满整个画面，从而将对象的整体性以及部分与整体的从属关系完全破坏，例如人物只拍他的眼睛或嘴唇；昆虫只拍它的触须；机器只拍摄一个零件等。大特写引导观众关注肉眼不常见到的影像，以一种奇特的视觉效果达到印象深刻的目的。

（二）特写的类型与作用

插入特写和切出特写是两种主要的摄影特写镜头。

插入特写是将较远景别中较小的影像作近距离拍摄，将观众已经看到但又看不清楚；或看得清却又看不真切的细节放大给观众。

插入特写的镜头影像一定要是原景别中的一部分，否则，观众就无从了解特写的背景以及它所强调的部分和整体间的关系。例如，一个热烈握手的两只手部的特写，作为插入镜头时，该镜头之前或之后紧接着的镜头应该让观众知道，这两只手是分属于哪两个人的，也就是要让观众知道是谁在热烈握手，否则就会让人感觉莫名其妙。因此，使用插入特写镜头时，应该对该特写影像的位置以及它与其他影像的关系有所交代，使观众了解明白。

这类镜头主要用于几个方面的作用：

1. 突出较远景别中的精彩部分

如一个具有感染力的表情；一个有力量的动作；富有戏剧性或传递强烈信息的细节等，当镜头画面的某一部分可能会引起观众更大的兴趣和特别留意时，就应当以插入特写拉近该部分与观众的距离。

2. 突出较远景别中重要的部分

当原镜头画面中有某些具备特殊意义的部分需要强调时，插入特写往往能够去除不重要的部分，把那些重要的内容从原来的画面中孤立出来，使观众把注意力集中在需要关注的地方，例如一个慌乱的表情特写更能够让观众看清画面上故作镇静者的紧张和不安。

3. 将细微的物体或动作进行放大

在观看较远景别的画面时，观众的视线可能会忽略的一些幅度很小的动作，或是因为动作的距离太远让他们看不清而失去兴趣，插入特写镜头可以放大这些动作，使观众看清并引起他们进一步探究的兴趣。

小型物体的插入特写镜头同样能够起到这样的作用。

插入特写还有助于摄影的时空的转换，掩护镜头的跳接。

此外，一个表现过程的冗长镜头可以用插入特写来打断，观众不会认为他们看到的过程不完整。例如，一个时间太长的会议，在介绍会议开始的全景镜头后插入发言者的特写，再插入与会者聆听的特写，就可以用结束镜头了，这样，整个会议过程的时间会大大缩短、省略，观众不必看完会议的全程，而在印象中，会议是完整的。

插入特写还有一个作用就是可以用来代替摄像机没有拍到或无法拍摄到的镜头，如陶瓷在烧制的过程可以用熊熊炉火的特写代替；一个人走进屋内后，留在室内的过程可以用鞋子的特写代替。

切出特写和插入特写不同，特写中的影像不从属于前一个镜头的任何部分，是完全跳出前一个镜头画面的特写。一个室外的镜头后插入一个室内人物向外眺望的特写，接着的镜头讲述室内的情况，这样，人物特写就成为切出特写。切出特写中的人物并没有出现在前一个镜头中，但与前一个镜头相关，特写中人物向外眺望的动作将前个镜头的影像转换成眺望的客体。

切出特写的应用也有以下几方面的作用：

1. 介绍画面以外的情形，增加和补充在一个镜头中无法充分、完整表达的内容。例如在新闻报道中，不可能以很多时间将方方面面的情况都报道清楚，切出特写可以做到既补充一些必要的信息，又不会破坏新闻报道的主线。比如在重要人物到访的镜头后接入几个有关警务人员的特写，就能够增加保安方面的信息。观看电视的人也许会对画面之外的信息更感兴趣，切出特写就能够满足这方面需求。

2. 引导观众的情绪和反应。对于镜头中的每一个画面，不同的观众都有可能引发不同的感受，一个发生爆炸的场面后如果接入一张惊愕的脸孔，观众也会感到惊愕；如果接上一个痛快表情的特写，观众也会感觉痛快。切出特写能够激发、肯定观众对画面的态度和情绪。

3. 对前一个镜头中的内容进行注释。一个打扮中的妇女后面接上正在梳理羽毛的鸟类特写，说明这是一种自然的行为；焦虑的人们后面接入银行的特写能够解释这种情绪的内容。在一个讲话的人后面接上一连串切出特写同样可以让观众知道，那是他正讲述的内容。

4. 表明一个镜头的开始或结束。电视片中常常包含着很多内容，电视的各个内容是靠镜头互相关联来进行说明的。也许某一段内容会用一个较长的、单独的镜头表现，而另一段内容会用几个较短的、相关联的镜头。在一个镜头结束，另一个镜头开始的转接过程中，并非所有镜头都能很好地相互衔接，需要切出特写来表明镜头开始或结束，给观众以心理准备，对于下一个新内容的镜头不感觉突兀和不习惯。

5. 替代事件的一部分过程。切出特写的这种作用与插入特写相同，如果事件过程会令观众感到过度恐惧和不安时，更多的是用切出特写将过程省略。如血腥暴力的过程；可怕的场面；恐怖事件等，除非需要刻意再现经过，否则，拍摄时不需要展示过程的全部，只以惊恐的表情特写或是后果特写就能够使人想见整个事件。

6. 切出特写比插入特写更能够分散观众的注意力。插入特写使观众将视线集中到信息重点处，忽略对画面其他部分的关注，而切出特写则是将观众的注意引到画面所讲述的范围之外。例如，纪录片中插入记者的特写后，前后内容就允许发生很大的改变。

七、剪辑与镜头影像的空间关系

作为视觉组合元素的影像，在一系列需要在连接上进行配合的镜头里，应保持它们在画面中原有的空间关系。一盏台灯作为背景时位置是在人物的左方，由于镜头发生运动或是重新进行了组接，摄影角度的变化有可能会使台灯出现在人物的右方，这是拍摄当中常会出现的情况，因此，摄影师要在连接的镜头里变换拍摄角度时，一定要小心地处理好影像间的空间关系。必要时，为了使物体空间位置能够在一系列镜头里显得是正确的，应该对它们的位置做稍微地移动。

而上述情形在特写镜头里最有可能出现，由于远景和特写镜头间透镜焦距的大幅度改变，物体在特写中的距离会显得比在远景中更近，在远景中很小的影像到特写镜头中就好像突然变得很大，这会使观众感到不习惯，在视觉心理上不能接受。如果拍摄时将物品移动一下位置，画面效果就会好很多。但是，摄影师若是希望继续拍摄一些其他远景镜头时，就应该记住将物品再放回原位，其道理是和前面一样的。

此外，拍摄时如果是遵照动作轴线的原则来拍，人或物都应该保证他们出现在画面正确的位置上，这一点我们在后面的章节中将会做详细讲解。

八、运动镜头与静止镜头的组接

运动镜头与静止镜头是指摄像机在活动和静止状态所拍摄的镜头，它们在相连剪辑时有特定要求，需要摄影师在拍摄时加以注意。

处于运动拍摄中的摄像机能够产生一系列活动的镜头，通常情况下，如果摄像机保持相同的运动和节奏，所拍摄的一系列运动镜头就可以较容易地从另一个镜头的中间插入。这些镜头可以是摄像机从不同距离和角度拍摄的同一主体或不同主体，例如，活动着的摄像机可以在远景、中景和特写镜头里，从前、后和侧面来拍摄一辆行驶的车辆，或是向前推进一所房子，走下大厅、穿过房间、对准几件相同的物体来作比较。摄像机相同运动的拍摄方法，能够把这些镜头联系在一起，并使它们在剪辑中可以进行直接或间接地互相连接。

运动镜头拍摄的主体如果与静止镜头相同，也会使它们较容易连接，例如，拍摄可以先由一个静止镜头的介绍开始，两个人物在一个静止的远景镜头中从一条街上走下来，之后用不断运动的摄像机继续拍摄表现他们活动的中景镜头，最后连接一个静止的远景镜头来结束这段叙述。同样，这种处理方法也可以反过来用。在一开始，用持续活动的摄像机拍下人物正走下来的中景，接着可以用一个静止的远景镜头，显示他们从街上走下来的情形。需要时，还可以多拍几个活动的镜头，当他们走进房子时，用一个静止的镜头来结束这段叙述。在这个例子里，运动镜头能够做到和静止镜头直接而有效地剪接。摄影师可以从不同距离和角度把运动中的主体拍摄下来，或是让摄像机重复的运动来拍摄处于静态中的主体，产生的一系列相同或不同主体的连续活动镜头同样作为中间插入连接在一起。不过，把摄像机静止拍摄的静态主体做成中间插入与活动的镜头连接在一起是相当困难的。因为活动的镜头通常会被认为是和它前面以及后面作为说明用的镜头有关联的，拍摄对象处于动态的镜头，因为人或物的运动能够连接到静止或活动的镜头上，在剪接上很少会存在困难。而拍摄对象处于静止状态的运动镜头，在和静止镜头相连接时，由于缺乏主体的运动，运动的画面会突然静止而引起视觉上的不习惯。这时，最好的办法是两个镜头都用静止的摄像机来拍摄，或者摇摄到要插入特写的地方，然后，把静止的镜头拍下来，再继续用摇摄。但是，静态主体的一个静止镜头与一个活动主体的运动镜头连接时，如果剪接得当，运动镜头能够作为静止镜头的中间插入镜头而与之相和谐地结合在一起。例如，女主角被捆在铁轨上的一个静止镜头后面，可以紧接着男主角赶去拯救的运动镜头。一个需要放在静止镜头之前或之后的，对于静态主体的摇摄或推拉摄，通常在镜头开始和结束，都应该各拍摄一个静止镜头，这样的图像剪接在一起，就可使夹在两个镜头中间的运动很自然地连接到了静止画面上。否则，一个静态主体的静止镜头直接连到动态的运动镜头，或是一个静态主体的运动拍摄镜头直接接在静止镜头后都会让人在视觉上感到很不舒服。

九、运动镜头的时间

摄影师拍摄的推拉摇移等运动镜头中，其时间长度与摄像机运动拍摄的时间等长（而以静止镜头拍摄运动的时间长度则与拍摄对象的活动时间等长）。拍摄运动镜头时，只要是对象的动作没有停止，摄像机的运动拍摄也就不能停止，运动中途切断的镜头，除非是剪辑要求，否则，图像就失去了其记录和反映运动的价值。

但是，对于一个静止图像，摄影师可以把它修短，或分割成几个镜头，这种做法特别适用于处于静态的拍摄对象或是对象在同一位置稍有动作的图像剪接上。但在对活动物体做运动拍摄的镜头中，比如运动中的车辆或人物，镜头的剪与切就要依据剪辑需要，摄影师是不能够对一个完整动作进行随意剪切的。

一个运动镜头并不比几个静止的直切镜头节省时间，其实结果往往相反。

静止的镜头可以在关键地方直接切断，而对运动的镜头剪切，为了保全镜头的完整性，即使摄像机的走动中包含了许多没有用的画面，有时，我们也不得不用完整个镜头。

许多初学电视摄影的人会认为，运动镜头有助于图像叙述的连贯与流畅。而实际上，由于拖长了到达信息要点的时间，加之电视图像的时间放大性，反而让运动镜头的图像叙述节奏拖沓缓慢。因此，除非摄像机的移动是为了使图像更具戏剧性，否则，拍下几个可以进行直切的静止镜头，比一个冗长的运动镜头要好得多。并且，从后期剪辑的角度来讲，即便是一个好的运动镜头，想要插入到两个静止镜头中，也不是件容易的事。

初学电视摄影的人最为常见的错误就是，拍摄时，将摄像机毫无目的地推拉摇移，认为这就是摄影技术的表现，使最后拍摄回来的图像素材变得很难剪辑。

认真观摩一些经典电视片后，我们就可以看到，大部分的图像叙述都是由静止镜头组接而成，因此，当初学电视摄影的人要去移动摄像机的时候，他应该知道自己这样做的目的，否则，最好能够更多地去拍摄一些静止的镜头。

此外，拍摄运动镜头时，摄影师还要考虑到后期剪辑时，整个片子或相关片断的节奏。许多运动镜头单独看起来很不错，但后期剪辑需要这些镜头能够与其他的镜头进行组合，摄影师拍摄运动镜头时，还要考虑它的速度是否能与其他镜头的速度相配合，以及这些镜头中，运动的方向是否匹配。总之，摄影师在拍摄运动镜头时，遇到的问题可能要比拍摄静止镜头所遇到的更多，所以也必须考虑得更仔细。摄像机的运动一定是要有目的的，否则，就不应该盲目地移动它。

十、散乱镜头

没有固定好的摄像机，在拍摄静止图像时，会出现画面晃动或抖动的现象，这样的镜头就变成了散乱镜头。除非需要有意制造这样的图像效果，否则，摄影师在取好景之后，就应该将摄像机固定好。

散乱的镜头很难做到与其他图像的配合剪辑，出现散乱镜头的原因大多是因为在拍摄过程中急于调整取景或角度，例如新闻或纪录片摄影师，为了应付偶然突发事件，往往来不及固定摄像机。在这种情况下，散乱镜头是可以被观众接受和容忍的，但在大多数时候，它们只能是些无效镜头。

避免散乱镜头的方法是，拍摄前，摄影师尽量了解最佳摄影机位，提前固定好摄像机，另外，在取景或角度不佳的原来位置上，将摄像机作轻微的摇动，稍稍偏离中心的图像，比晃动的散乱图像都要好得多。

十一、后备镜头

后备镜头指额外拍摄以备剪辑用的镜头，它们可以用来掩护拍摄时未能预见的剪接问题，或是用来代替由于摄影技术错误造成的镜头不配合、节奏不匹配，或是运动镜头过于冗长等问题，而靠剪辑技巧无法弥补，无法创造的图像内容。摄影师在拍摄运动镜头如一个摇摄或推拉镜头时，当他无法确定后期剪辑的图像到底需要怎样的运动速度或方向时，摄影师可以从不同角度、以不同速度、从不同方向多拍一些镜头备用。对于静态对象的运动拍摄则应该把对象的几方面都拍摄下来。

对于冗长的摇摄或推拉摄镜头，如果剪辑时必须将它缩短，而又不能在摄像机运动中途将其切断，也需要拍摄运动镜头末尾的两个静止镜头作为后备镜头。

倾斜角度的摄影镜头，可以多拍几个左右不同角度的镜头，以备剪辑时就可以用作相反的图像模式，或作为任何对比性镜头的结合使用。

除了拍摄主要镜头，反应镜头也应该拍摄下来，作为对冗长镜头的插入之用。尤其是一些需要从一个角度进行完整拍摄的长镜头中，摄影师在拍摄时应尽可能多地拍摄一些可以发挥各种用途的反应镜头。这些镜头可以用来插入到图像中任何有需要的地方，对于打破镜头单调、去掉背景等剪辑需要都特别有用。

一些图像中易于重复出现的背景镜头和已将大部分或全部背景去掉的特写都可以作为后备镜头，摄影师应对这类镜头多加留意。

后备镜头中还可以多拍一些空镜头。如房子的远景；工厂、工业区或其他广大的面积的极远景；招牌、匾额、记分表的特写；可作为许多剪辑用途的一般活动；轮子转着，流动的液体插入镜头。事实上，任何可作为介绍、设定或过度分段的特殊或中性性质的图像，摄影师都应该充分考虑它们在剪辑上可能的用途。无意中拍摄的一个镜头，都有可能在剪辑时解决图像出现的很大问题。

第四章 电视中的声音

电视声音就是被记录在一定的储存媒介上，经过电视台的广播，由电视接收机扬声器重新放出的电子音频信号，是电视节目作品中的有声语言，它是电视节目作品中和画面并列的两大基本构成元素之一。

第一节 电视节目中声音的基本元素

语言、音乐、音响效果是电视有声语言创作的基本元素，它们具有各自不同的功能与特点。

一、语言

电视节目中语言，主要是指言语——即索绪尔所说的人们的"语言活动"，它是信息的载体，在以谈话为主要形式的语言类节目中占有十分重要的地位。有学者认为正因为电视是在广播的基础上发展起来的，它具有明显的人际传播的特点，因而在电视节目中除了新闻类节目以外，有很多栏目也通过人们的语言来传递消息。例如，评书是广播节目中大家比较喜欢的节目，它利用生动的语言造型把故事中的人物讲述得栩栩如生，而中央电视台的《曲苑杂谈》节目中的评书演播，就是在保留声音特色的基础上加上了画面，在摄像机机位几乎不动的情况下，将一个节目完整地记录下来。这样观众不仅听到演员的声音，而且能看到演员的形体表演，充分发挥了视听艺术的特点。此外，访谈节目《艺术人生》《鲁豫有约》《名人面对面》等，都是以语言为主的节目。

电视在语言的应用上是全方位的媒体，可以分为普通语言和艺术语言。普通语言是指任何人通过自身的发声系统说出的言语，这种声音没有任何修饰，完全是一种自然的表述（包括方言和外语）。在语言的逻辑上，它也是按照个人的思路而言，普通语言在电视节目的社会新闻采访或专题节目中经常会出现。例如中央电视台的《新闻评论》《实话实说》《艺术人生》《朋友》等栏目都是语言类的谈话节目。在节目是以谈话的方式进行,这类节目的录制,对嘉宾和观众的声音就要格外重视,尤其要注意声音的清晰度。在有条件的情况下一般采用近距离录音,如采访人使用方言和外语的时候,需要用字幕来提示。

另一种语言我们称之为艺术语言,它由受到过专业训练的播音员、主持人或演员来担任,由于他们在语言上经过专业训练,所以在声音的运用上有一定功底。一般来说,他们的发音比较干净,收录起来比较方便。作为专业人士,他们的目的主要是传递电视节目所要表达的内容,出镜的主持人或者记者要根据不同性质的节目特点来把握播出的内容。例如,同样是新闻但是陈鲁豫的新闻播报与中央台的新闻联播的播送方式就不同,语音、语调和语速也有很大差异,在日常生活中,语言是人们进行思想、感情交流的有利工具,人类的语言具有明确的信息,借助它人类才能从事生活学习、工作、生产和一切有意义的交流活动。在艺术创作中,语言是交代情节、揭示思想、展现冲突、刻画人物、感染观众的重要手段。电视节目语言常用的几种表现方式有以下几种:

(一)语言类的节目

语言类节目的构成模式,是指节目组成部分中以有声语言为主,最常见的是口播新闻、访谈节目、知识性节目、教育服务性节目等。此类节目有一些共同的特点。

1. 节目风格一般较为平实、朴素、准确,无须特别加以渲染

在以语言为主的口播新闻中,它的语言简明、通俗,并以完整的表述来保证新闻内容的准确性和客观公正性,没有煽情夸张的成分。新闻评论类节目则需要摆事实、讲道理,不允许有任何掺杂使假的现象。访谈节目是传播者和接受者两者之间平等的交流,探讨关于人生、社会以及各种事物、观念的看法,在话语交锋中取得一致或者不一致的意见。教育节目强调知识和意见的传播,主要也以话语的力量征服受众。总之,这类节目用语言来表述就足够传播相关信息,一般不需要其他视听元素的参与。

2. 节目内容有很强的权威性

新闻有权威性方能使人信服。知识必须要由权威人士加以传播才会使人确信。口头评论更是电视台对事件的意见和看法。要维护权威性,就必须以声音的相对静默,来衬托内容的权威性。《东方时空》中的子栏目《面对面》,就是经常邀请某些专业人士与中央电视台的资深主持人共同讨论的话题节目。

3. 节目往往存在一定的时间限制

新闻节目要求要有一定的语速，并在规定的时间内完成一定的新闻条数，教师要在一定的时间内完成规定的教学任务，访谈节目需要简洁、明确的提问与回答。所以这类节目只能依靠具有强表述力的语言独立完成。

（二）艺术表现力的语言

这类语言经常在娱乐性综艺节目和一些文学性节目中出现。在这些节目中，由于内容的侧重点不同，语言与其他艺术在节目中的地位也不一样。一般说来，在娱乐性节目中有一些是趣味性、休闲性的游戏，像《智力问答》《主持人大赛》《第二起跑线》和《实话实说》等节目中的语言成分就占很大比例。主持人通过现场语言的运用来展示个人的风格，激起外部的形体动作，形成与观众面对面交流的亲切感，从而提高观众对于节目的参与性。这里值得一提的是开创《实话实说》节目的主持人。他语言幽默风趣，与一般经过播音训练的主持人在语言风格上有很大不同，有个人的风格，也有自己对别人的谈话内容完全不同于他人的评论风格，所以这个节目一开办，就受到电视观众的欢迎，成为中央电视台的名牌栏目。

在综艺性节目中，主要内容是音乐、歌曲、舞蹈、小品等文艺节目形式，而观众观赏的也是文艺节目本身。所以在这样的节目中，语言是作为承接、过渡，或者对节目的内容加以阐述、评论、介绍，这些语言的目的是为了突出文艺节目的内容。因而在这里语言的地位是次要的。

在文学性节目中的语言，如电视散文等具有较强的文学性、戏剧性、故事性和可听性的节目，在运用中往往要配有音乐和音响渲染气氛、深化主题，使声音与画面的内容更加贴切。电视新闻类、专题类等节目中的解说也是电视艺术语言常见的一种表现形式。解说指的是从客观的角度，直接用语言来交代、说明或评论的一种画外音表达方式。它在电视艺术作品中被广泛地运用。解说可以节省不必要的画面语言，并且可以丰富和引申画面语言的表现力，还可以增强电视艺术作品的文学性与纪实性。解说直接的交流的对象是电视观众，因而在解说中往往能促进观众对节目的理解与共鸣。

电视节目中的戏剧性语言主要应用在电视剧中。电视剧就是通过声画相结合的方式，揭示人物的内心世界，它的语言起着叙事、交代情节、刻画人物性格等作用，电视剧的语言样式比较多，有独白、旁白、对白等多种样式。

独白：就是角色在电视剧中的独自说话。主要是用来表现自己的情绪活动。这种客观性独白有以下两种形式：一种是角色自我交流性的独白，即生活中的自言自语；另一种是与其他角色做陈述性交流的独白。

对白：又称对话，是影视艺术作品中两个以上角色之间的语言交流。

群声：又称群杂式背景人声。它处在画面次要或背景位置，不是在主体位置的若干群众角色进行交流时发出的各种语言声音，主要是表现情节的环境气氛。

主观语言：是电视作品中的一种常见的有声语言，它主要有内心独白和旁白，主观语言常用来表现电视剧中角色的内心世界，或是在专题纪录片中担任叙事的作用。

内心独白：是视听艺术作品的一种特有的表现形式，常常出现在电视剧中，画面内的角色默不出声（不开口），画外却传来角色的说话声音，这种以第一人称出现的内心独白，又被称为"心声"，旁白：一般以第三人称的议论和评述出现，旁白的作用只是用来叙述和说明事件的发展脉络，如：事件发生的地点、时间和时代背景。另一种是在纪录片、新闻片、专题片、科教片广告片等中的解说、评论或提示声。

二、音乐

音乐是一门古老的艺术，它有自己独立的、完整的科学理论体系和表现形式。音乐是一种通过有组织的乐音所形成的艺术形象来表达感情、反映社会现实的艺术。它通过演唱或演奏被听众所感受，是随时间不断延续的一种动态艺术，也是一种非造型表演艺术。音乐作为声音艺术的精华，它即是一门时间的艺术，又是一门空间的艺术。

音乐能够精确的表达人们内心的感受与情绪，音乐不需要翻译，它是人类的共同语言。电视的音乐具有这样几大功能。

（一）以独立的音乐节目形式存在，用来充实电视的文艺版块

伟大的音乐家肖邦曾经说过"世界上什么都能缺少，就是不能缺少音乐"。音乐具有广泛的群众性，带有演出现场画面内容的电视音乐节目，其声情并茂的形式是赢得观众的最主要的手段之一，同时它也是电视文艺节目中的拳头产品。

（二）作为有效的编辑手段

在电视中出现次数最多的是各种各样的栏目片头音乐和广告音乐，它在节目中起到一个渲染气氛的作用，同时也使节目系统连贯有序，成为最好的间隔方法。其次，是在专题片、电视剧等节目中出现的音乐。这种类型音乐的特点是缺少音乐的独立性，往往受到节目内容和故事情节内容的制约。它是把实现具体节目的风格特色和结构方式作为音乐的出发点，有时要与其他

声音元素共同完成电视节目的创作。

（三）音乐的美感效应能够渲染环境，使电视节目具有极强的艺术表现力

电视文学节目和电视剧中常常配上音乐，创造一种神奇的意境，唤起观众更多的联想，给人以高尚的艺术享受。

（四）音乐传达信息深入，表现能力强

语言是直观地确切地传达社会的信息，音乐则是含蓄地多层次表现潜在的信息。人世间有很多事情，用语言和效果是难以表达的，而音乐在这方面却是绝好的行家里手。音乐的表现力是非凡的，其表现范围和深度都是无与伦比的。此外，音乐也可以表现独立的完整的主题。用音乐也可以结构故事。

除了以音乐演出为主的电视节目外，音乐与画面结合通常有两种方式，一种为音画同步——即用音乐语言来复述、强调画面语言的视觉内容。音乐语言与画面语言情绪，节奏相一致，达到视听的高度统一。另一种为音画对位——即音乐语言与画面语言不相统一的组合方式，音乐可以远离画面，独立地作多角度，多侧面，多层次的生活表现。

音乐的出现方式有两种：一种是有源的，另一种是无源的。

有源音乐是指原始声源出现在画面表现的时间内容之中，使得观众在听到音乐声时也能看到声源的存在。对有源音乐的使用可以增强电视作品的生活真实感。而无源音乐则指从画面上见不到和感受不到原始音乐的存在，它的存在通常和画面的情绪相关。无源音乐不像语言那样语意清晰、直截了当，然而它却有含蓄和煽情的功效。它往往来自电视节目的作者、导演和作曲家对事件内容的内心感受，根据剧作和情节的需要而精心设计出来的。无源音乐的风格、样式、主题、旋律、节奏和时值的变化大部分与画面所表现的情绪有关，它通常对节目主题起着烘托的作用。

音乐语言的种类很多，根据音乐在电视节目中的作用大体分为三类：1.现场性音乐语言，它是事件现实的一个组成部分；2.背景性音乐语言，它主要是作为背景来烘托画面的内容；3.抒情性音乐语言，以无源音乐来表现。

作为电视声音的一种表现形态，音乐又具有其自身的鲜明特征。它所表现的内容，一般以电视节目的思想内容为基础。音乐语言的听觉形象与画面的视觉形象相结合交融为一体，它的具体形态也受画面编辑的制约，孤立于画面外的音乐语言在电视中是不存在的。画面语言可以具体逼真地描写现实生活，音乐则表现了对现实的深沉情感，当两者有机结合起来时，音乐语言能够强化画面的感染力和概括力。

在电视节目中音乐和画面的完美配合有很多成功的例子，《丹麦交响曲》在这方面可谓是天衣无缝。在不到 20 分钟的时间里，该片从自然景物到风土人情，从女王到普通人民，从传统农业、畜牧业到现代工业等等几乎纪录的面面俱到。《丹麦交响曲》是专门为该片谱的曲子，它时而舒缓，时而紧张，时而诙谐时而严肃；在舞蹈性很强的节奏中，人们在"钢制成的地板"上翩翩起舞；它过渡自然，情绪变化顺理成章，而且画面的节奏与音乐的节奏十分吻合。这与制作的程序有着密切的关系。所以在拍摄此类风光片中，我们可以先找到音乐后再进行画面拍摄和编辑。但是并非所有的解释性音乐都要求节奏和情绪的完全一致。在某些场合，音乐只作为一种整体去发挥作用，而不是满足于重复或扩大视觉效果，它只作为"气氛音乐"或是"背景音乐"形式出现，而不要求它具有某种表现性，所以只要在总体格调上与画面保持基本一致，起到修饰性的作用即可。事实上，只有当观众不能明显感受到音乐的存在时，它的使用才是最为成功最有效果的。

三、音响

音响是指除语言、音乐之外的电视声音中其他声音的统称。在现代视听艺术作品中，音响的作用甚至超过了画面的作用，特别是在立体声作品中就更为突出。它利用人们熟悉的声音，经过录音创作人员的认真构思及创造，制造出一个典型的声音环境，并在声音的流动中使受众体验到画面所提供的内容。设想一下，如果视听艺术作品中缺乏音响，它怎么反映真实的生活呢？

电视音响根据其在视听作品中的不同作用，可以分为：自然音响、动作音响、戏剧音响、心理音响。

（一）自然音响

自然音响也称客观音响，是指大自然或周围环境所发出的声响，它主要表现自然环境，生活气氛、时代背景。自然音响在纪实性节目和电视剧中普遍使用，自然音响直接配合剧情，衬托人物情绪，渲染场面气氛，推动情节发展。自然音响可以表现人物活动的环境，人物在不同的环境中活动，环境声自然是不同的，即使是在相当热闹的商场和菜场里，人们通过自己长期的生活经验也能辨别其差异。当把传声器对准主体时，其周围的环境声往往受其指向性的影响而发生变化，加入环境声不但不会破坏纪录片的真实性，反而会增强它的表现力。在拾取环境声时，尽量拾取最有特色的声音—菜场的吆喝声，商场的广播声，田野的鸟鸣及有地域特色和场所特色的声音。例如，电视纪录片《人与自然》就是充分利用自然音响来达到其所要求的艺术效果。

（二）动作音响

动作音响是电视剧中人物在动作中所产生的音响，如门声、脚步声、道具声等。在生活中的音响多是动作音响，动作音响可增强真实感和生活气息。在影视或戏剧里动作音响是与人物动作情绪分不开的，因此，可利用动作音响来刻画人物的性格或内心情绪以及情节的发展，渲染气氛，突出节奏变化。

（三）戏剧音响

戏剧音响也称情节性音响，它直接参加影视或戏剧的构成，通过音响来直接表现主题、刻画人物，赋予声音形象以某种特殊的意义，有些影视作品还以某种音响为线索来开展情节，这种音响声音就具有叙事功能，如《卖种人》是反映美国农民的一部纪录片。影片是从卖种人一天的生活开始叙述：它采用音响作为传递信息的主要手段，画面只用了一个镜头，而且是固定的镜头，拍摄的时间是拂晓，一间农舍，全景，画面很暗。伴随着昆虫和青蛙的叫声，屋内灯亮了，远处传来鸡叫声；过了一会儿传来脚步声，伴随着水声、脚步声、开门声、关门声，随之是，声较重的金属门声；再一会儿传来汽车发动声，下一个镜头是汽车已行驶在乡间的小路上。在这个片段中，镜头只有一个，画面中主人公没有露面；然而，那一连串的音响声却把农夫起床后的日常生活场景表现得淋漓尽致。通过画面，我们看到了凌晨农舍的全貌以及周围的环境。通过音响告诉我们，卖种人起床后一天生活的开始，短短几秒种，观众可以获得很多信息，通过这个例子可以看出自然音响的表现魅力所在。

自然音响还能用来刻画人物的内心情绪。例如，中国人有个习惯，家里最好有一个代表永恒的物品，因此，很多人都选用了挂钟。钟摆声是常常听到的声音，特别是夜深入静的时候就更加突出。它平时的嘀嗒声，到点儿的报时声，使家里充满了生活的气息。在影视作品中，夸张的钟摆声，常用来表示时间的流逝。但是它也可以用来表示人物的内心的情绪。例如，有这样一场戏，在某医院手术室门口，一群人在等待着一个关系到生死的手术的结果。当人们焦急的情绪逐渐稳定时，一个渐起的钟表的摆动声，逐渐替代了人声和环境声，这时的钟摆声不仅代表了时间，更表现了人物的心情。

（四）心理音响

心理音响运用音响来影响观众的心理情绪是影视艺术的重要手段。

为了收到某种心理效果，对现实音响加以夸张，或者创造出现实不存在的音响，例如科幻片、动画中的一些音响。自从有了音响合成器和音响效果器在影视作品中经常利用这些设备创造特殊音响来影响观众的心理。心理音响多半采取声音特写或强烈对比的手法，加强音响对人们心理的刺激。如电影《测谎器》中，片中的四个人物对爱人、情人都不说真话。在他们向对方说假话的时候，就用了一种测谎器的机械声作为背景声。

第二节　电视的声音功能

首先与画面一样声音在电视中也肩负着多种功能。声音在电视中首先是扩大了电视传播的信息量；其次它提炼升华了主题，起到渲染环境气氛、增强节目现场感的作用；同时，电视中的声音还具有结构功能，能顺畅地连接转换画面，具有起承转合的作用。具体说来，电视中的声音有以下的功能。

一、声音能加强传播内容的真实感、亲切感

现实本身是有声有色有形的，画面能再现现实生活的形与色，但没有声音的画面，充其量只能是"伟大的哑巴"，给人一种不完整、不真实、不确切的感觉。视听结合，既看到又听到，受众才能得到符合客观现实的真实印象。所以说，只有还生活以本来面目，充分利用人的视听感觉器官，即将声音加入电视画面，共同承担传播功能，才能给观众以真实感，使观众感到亲切可信。普多夫金在分析文学与戏剧的差别时指出：文学可以广泛地描写现实世界及其一切联系——发展规律，但没有视觉形象和活生生的语言，而戏剧在表现生活的深度和广度方面不如文学，但是有视觉形象和活生生的语言。电视（电影）除了有视觉形象以外，还有活生生的语言——人的话语和全部声音。这种人的声音，包括人们抑扬顿挫的腔调，每个人不同于他人的独特的嗓音，形成每个人不同于他人的声音形象。这种活生生的语言，包括语言的地域特征，如方言，加上个人的嗓音特点，形成了丰富多彩、千差万别的声音形象。这种声音的"色彩"同画面的色彩一样美丽动人。这就是为什么人们愿意看原版不经过翻译的外国影片的原因。同样，一个配音优秀的外国影视作品比一些充满港台口音的千篇一律的声音形象的作品更会吸引观众。这就是声音的魅力之所在。

二、声音叙述的内容具有自由性，能够打破画面的时空局限，使电视传播内容大大扩充

画面传播的仅仅是摄像机所能记录下的彼时彼地，而对事件的前因后果，来龙去脉则难以表达。它擅长于表现看得见、摸得着的东西；对于表达内在思想、抽象哲理，画面则显然力不从心。声音却不受这些局限，它可以在时间的长河里任意遨游，自由讲述过去、现在和将来；又可以在思想和哲理的天空中纵横驰骋，阐述深刻的见解和进行抽象思维活动。因此，声音和画面的结合，能够大大扩充电视传播的容量。摄影镜头所拍摄的画面，是三维的，但是它受镜头的物理特性即视场角的影响。比如按人眼设计的标准镜头只能拍摄前方 $40°\sim60°$ 视角的画面，其余的画面则被取景框卡在画外，使人们眼前的世界只是一个局部的空间。但声音却是四维的，脑后面的声音、头顶上的声音统统可以听得见。这样，声音就担负起表现画面外空间的任务。同时，另一个空间的声音，也可以通过音响合成，融入摄影镜头所表现的空间，从而增加了整个镜头的信息量，换句话说，等于增加了画面内容的信息量。

三、声音能渲染、烘托环境气氛，刻画描写人物的心理

语言是刻画描写人物心理最常用的手段。声音对环境气氛的渲染、烘托，使它具有影响画面基调的作用。比如，在电视连续剧《水浒传》中，每次潘金莲在阁楼上化妆，画面外传来王婆的声音："西门大官人"，声音向看不见西门庆的潘金莲传递一个信息，西门庆来了，要她去王婆家与西门庆约会。这样，观众就明白了潘金莲化妆的含意。同样，不同的画面，甚至相同的画面，由于配以不同的声音，也能产生截然不同的视听感受效果。美国影片《正午》，小镇上的人们默默地等待着，人们毫无表情，但是这些看似很平静的镜头，加上了钟表的嘀嗒声，画面顿生紧张之感，时间在一分一秒地过去，正在逼近正午，因为匪徒要来袭击小镇，到了正午，一声刺耳的火车汽笛声，观众绷紧的心弦仿佛被挣断一般，吓了一大跳。如果同组画面加上另外一种音响或音乐，效果就不是这样。

四、声音能发挥蒙太奇的功能，使画面连接顺畅自然

声音既然能够联结同一场面的不同镜头，也能够连结不同时间、不同空间的镜头，具有很强的组接、结构画面的功能。承担这项功能的声音，可以是孩童的一声啼哭、轮船的几声汽笛，甚至是一个音乐的和弦。用声音连接而成的画面虽然变化多端，却自有其内在的联系。声音凭借几组镜头之间的

内在逻辑，将这些不同时空的画面自然流畅地组合在一起。因此，这种在前一个镜头中用后一个镜头的同期声或效果声，进行时空转场，又被称为声画蒙太奇结构。典型的用法：一种是用语言转场："说曹操，曹操到。"前一个画面提到某个人，下一个画面则是出现某个人在另一个地方的镜头。另一种是音响：比如，大型纪录片《望长城》中，在一个小镇上，听见有人在唱爬山调，画面中却没有唱歌的人。随之，（一个切镜头：）出现了唱歌的卖西瓜的老汉。主持人焦建成走上前，打招呼：老人家，你唱得好啊。老汉说：王向荣唱得好，采访那个。这种处理方法有一个优点，后一个画面的音响提前闯入头一个画面的结尾前，给人们心理上有个提示，接着便出现发出音响的画面。当然，头一个镜头的声音也可以延续到另一个画面之中，如焦建成到陕北榆林县城民间歌剧团寻访王向荣，却听见有个很专业的人在乐队伴奏下唱爬山调，上前一问是一个退了休的老工人，并不是他要寻访的王向荣。焦建成离开院子的时候，走在小巷中，画面中已不见了唱歌的人，可余音绕梁，不绝于耳。如果焦建成走在小巷中，镜头空间环境换了，声音也戛然而止，从同期声角度看，虽是正常的，但效果却大打折扣，观众会感到音响消失得太突然。现在这么处理，反而使观众从听觉角度感觉是慢慢消失，更符合人们的听觉习惯。而画面这时已转入另一个空间之中，尽管这个空间与那个院子可能距离很远，实际上根本就听不见，但这却是合理的。

五、声音能使静止的画面活动起来

声音是运动着的一种符号，它的变化本身就意味着一种运动的发生。例如，世界著名的纪录片《卢浮宫》中，用反映历史事件的木刻、断头台等实物、路易十六被处绞刑的油画等静物画面，配上人喊马叫、枪炮轰鸣的画外音，再现了轰轰烈烈的法国大革命场面。逼真的声音效果，仿佛使这些静态的画面也活动起来。

此外，声音还可以创造独立的形象，造成观众的心理互渗性和心理演绎性。声音并不是只要独立就有形象，它与观众心理上有着感觉形象的互相渗透性，因为声音形象往往促使人们从经验和记忆中去挖掘发音体，从而形成了内心的视觉形象。例如，纪录片《邓小平》的片头中，虽然没有出现邓小平的形象，但是那富有四川特点的语言旁白："我是中国人民的儿子，我深情地爱着我的祖国和人民。"这个熟悉的声音让亿万中国人心潮澎湃，思绪万千，缅怀之情油然而生，邓小平的伟大形象同样历历在目。所以说，听见的是声音，听不见的是人们的想象。想象中的声形，尽管不在眼前，却存留于心中，同样是构成声画世界的一部分。

第三节 电视节目中的声画关系

人们通常把电视节目的各种因素概括为两种元素：即视觉元素和听觉元素。视觉元素是指图像语言，或称画面语言；听觉元素包括音乐、同期音响和解说词等。图像是电视造型语言的重要表现手段，声音也是电视节目中一个不可忽视的主要表现元素。如何处理好声音与画面的关系，相辅相成，相得益彰，是电视节目制作中一个急需探讨的课题。

传统观念认为电视以画面为主，声音为辅。而今在新形式的节目层出不穷，新体裁的节目不断涌现的情况下，又有人认为，电视传播以解说词等声音形式为主，画面为辅。主与辅，实际上反映出视听元素之间的一个重要关系问题。是否能正确认识两者之间关系，对充分挖掘视听元素的潜力，增强电视节目的吸引力和感染力，具有重要的意义。

一、各种电视节目类型中的声画关系

（一）新闻性电视节目的声画关系

在电视节目中，新闻性节目占据了很大的比重。它以真实的现场气氛、各异的观察视角吸引着大量无法亲临第一现场的观众。

新闻最讲究的是记录现场事件，这往往通过画面来实现，有人据此提出那是否意味着声音就不重要呢？正如中国古话所言"眼见为实"，画面是真实事件的记录，电视的画面起着证实的作用。但不论是哪个事件，任何一个摄影记者都无法从各个角度拍到事件的全部信息，因此，要澄清事实必须通过语言来阐述现场情况并加以说明。所以，电视新闻的声画关系是双主体构成，两者在地位上是平等的。它们的差异只是在信息表达上有分工的不同，电视新闻采用的多是声音叙述，以画面证实。在电视新闻的声音中，最重要的是播音语言，"语言是思维的直接现实"。在电视新闻中，播音语言以其简明、通俗、完整的表述，保证了新闻内容的准确传播。一般来说，在单条新闻中，由于时间与画面所限，播音语言承担着陈述全部新闻内容的任务，充分发挥准确传播信息的作用。

电视新闻声音的逻辑表述力，使无序的画面物象形成一个有序的佐证系统；画面的存在又使语言的表现力更加广泛和多样。电视新闻的声画融合，为人们塑造了一个真正完整,可感的物质世界,也使新闻报道的内容更为确凿、翔实。

(二)电视记录片的声画关系

电视纪录片是一种有着独特魅力的节目类型,它的声画关系变化丰富,有的偏重于画面的冲击力,而有的则以声音的感染力取胜。

有些片子没有解说词或者解说简短。以大型纪录片《望长城》为代表的以纪录派理论为宗旨的纪录性节目,很少有解说词,全片就是靠画面造型,靠片中人们交谈歌唱的同期声来丰润、深化主题。而有些片子就是以解说声征服电视观众,比如大型历史文献电视片《邓小平》,在反映邓小平下放到新建后,被派到新建拖拉机厂做钳工,电视片解说词是这样说的:"江西的冬天很冷,邓小平去厂里劳动,走大路,要走近一个小时,既劳累又不安全,工人们就在后墙开了一道小门,专供邓小平夫妇出入。在这条坎坷小道上,邓小平走了三年,思考了三年;有人说,中国后来发生的许多事情,就是从这条小道延伸出来的。

"这里也有一条小道。在江西的日子里,邓小平每天上午去工厂劳动,下午在院内读书或种菜,晚上则沿着院内的小道走上几十圈。那时候,国家的政治经济每况愈下,他沉重的心情是可想而知的。

在这里,解说词发挥了重要的作用,画面上两条小道一前一后,一外一内,解说词却揭示了邓小平"位卑未敢忘忧国","先天下之忧而忧"的崇高精神世界。正因为通过声音道出了身处逆境,仍心系国家的伟人形象,出现在电视画面上的小道就不再是一般意义上的小道,而是一个民族走出灾难,走向光明的大道。这里,解说词深刻地弥补了画面本身无法展示主人公心理活动的不足,使电视报道境界升高。

事实上,无论是画面还是声音,都不可能成为独立的整体,它们各自都有自己的不足和局限,要想用一个绝对的命题来划定声音与画面的地位,无论从理论上还是从实践上都是行不通的。有时以画面为主,解说为其展示抽象的内涵;有时以解说为主,画面为其作形象显示。有时解说为即将出现的画面作必要的铺垫;有时画面为已经出现的解说作必要的补充。明确了声画之间这一辩证关系,就可以避免盲从或偏执己见。

(三)文学性节目的声画关系

文学是以语言文字媒介和手段塑造艺术形象,反映现实生活的艺术方式,它不是简单的记录事实,而是要把日常的生活现象典型化。为此,必须经过艺术概括对生活进行选择,提炼,改造,集中,虚构而得出典型现象,即它来自生活又高于生活。从这个基本意义出发，文学性电视节目，也就是经过电视艺术手段，通过提炼生活、塑造形象反映社会生活的一种艺术形式，它主要包括电视剧和电视小品。与新闻性节目相比，它并非对生活的纪实，尽管它力图与现实生活或历史条件相吻合，但那是通过导演和演员精心设计出来的虚拟真实，并非事实本身。由于电视不受时间的限制，文学性节目的表现方式和表现范围的自由度很大。文学性电视节目近年来出现一种新的形式，即电视散文，这种形式的主体不是画面而是声音，其内容主要是以声情并茂的语言来叙述画面，就语言的内容补充一些形象性的东西，比如说到春天画面就出现百花齐放等，在这里画面起到了证实烘托的作用。也有的画面以写意为主，利用电视制作手段来渲染语言的环境，如根据朱自清的同名散文《春》、冰心的同名散文《笑》改编的电视散文，这类散文以表达作者的内心感受，传达意境为主，因此电视画面也充满了写意风格，没有完整的人物形象，有些地方还用了大量的虚幻的画面和特技处理。电视散文为保持文学的本体，画面成为辅助性的视觉表达。即使是叙事散文，也非常重视保持文学的本体特征，以朗诵和字幕的形式，充分展示原作的文学魅力，这与有些电视剧偏重画面塑造人物形象和讲述故事情节形成明显的区别。

在国内，典型的文学性电视节目比如中央电视台《电视诗歌散文》，该栏目自 1998 年开播六年来，在全国已形成了广泛的社会影响，培养了数以百万计的忠实观众。在这个电视文学节目中，编导采取名诗、名曲相结合和演播室朗诵的方式，让观众在亲切、温馨的氛围中享受了诗的真情和韵律。如《中国古诗词欣赏》系列，以欣赏中国古典诗词为主，选择观众耳熟能详的诗词，采取诗词和国画相结合的方式，充分利用电视高科技制作手段，通过奇妙的三维画面设计，以"诗中有画，画中有诗"的艺术效果给观众营造出一种古朴、淡雅的意境。电视散文、电视诗歌一类的节目，因其结合了文学的特质和电视的功能，在声画关系上体现出自身独特之处，因而也呈现出与一般电视节目不一样的风貌，相对而言，它更为注重声音的表现力和感染力，它将书面的文学语言向声音化、图像化转变，它的文学性在声画的完美组合中得以体现。

（四）其他类型节目的声画关系

教育性节目和综艺性节目的声画关系很难确定，也很难用一个模式来进行鉴别、分类，这首先因为这些节目本身的种类十分丰富，其次各种类型的节目可以由多样的方法进行表达。这就决定了这些类型的节目在声画关系上有多种表现手法。教育性节目有两大类别：一类实证性；一类假定性。实证性的节目强调用声音传播信息，往往也用屏幕文字和画面中具体的操作示范来配合叙述，此类节目较典型的如中国教育电视台的诸多专业讲座和凤凰卫视的世纪大讲堂等。而假定性节目则通过营造一些虚构的情节间接地传播知识，常见于儿童节目和外语教学节目，例如以电视短片来讲解成语故事，或情节剧来教授英语等。

在综艺节目中，最典型的莫过于以音乐为主的 MTV。MTV 的本意是指音乐电视（Music Television），现在随着它的广泛流行，MTV 已经成为一种代名词。当初，音乐配以视频图像的音乐电视的出现，顿时给传统的电视声画结构带来严峻的挑战，甚至有人把它称之为无意义的声画结构。这在以前的电视创作中它的创作模式是违反规则的，甚至是被禁止的。时至今日，MTV 已经完成了自己的进化历程，进入完全商业运作阶段，甚至可以成为电视台的支柱栏目。在大多数 MTV 中，画面是假定性的，其中有些是非常抒情的空镜头。声音是 MTV 的主旨，在声音之下，歌手的靓丽造型和热闹的画面也有很强的吸引力。

综艺节目类型丰富、多种多样。电视中的戏剧节目又是其中一个特殊的类型。因为戏剧主要是看身段、听唱腔，也决定了戏剧电视节目中必须以演员的声音和形象作为主体。自始至终，演员的形象始终充满电视屏幕，相对来说环境就比较写意而虚幻。戏剧演员的演唱更是重中之重，因而声音在这里就占据了主体的地位。

实际上，声画之间的主辅关系只是相对而言的，在实际创作中，二者是互为主辅的，一方的存在都是以另一方的存在为条件的，绝不能以声画的独特功能来确定主辅关系，否则将永无定论。所以，在大多数电视节目中有一个共同的规律，总体上都坚持声、画双主体的构成模式。英国电视理论家格林·阿尔金说："电视不只是一种看的东西，然而也没有必要说音响或图像那个更重要，在制作一个效果好的电视节目时，两者是相辅相成的。如果说两者中任何一个能独立发挥作用的话，那不是它的赞扬，相反，却说明这两者还没很好地发挥出来。"

二、声画关系的具体形式

一般来说，电视声画结合的方式从存在形式上可以划分为声画同步和声画分离两种形式；从相互关系上则可以划分为声画合一和声画对位两种关系。这两种关系既可以以声画同步的形式存在，也可以以声画分离的形式存在。

（一）声画同步

声画同步指画面中的视觉影像与出现的声音处于同步关系中，即声音是由画面中的人或物体、环境所产生的。声音加强画面的真实感，画面为声音提供声源，形象使声音具有可见性，声音使画面具有可闻性，从而创造现实逼真感。画面中的人物及他们说话的同期声及音响是典型的声画同步。大型纪录片《望长城》中"三访王向荣"，主持人焦建成先后访问了三个唱歌的人：卖瓜老汉、种地人和牧羊人，他们与主持人在交谈过程中，主持人请他们唱爬山调。这三个场面，交谈和歌唱，都是采取声画同步的表现形式：谈话者歌者就是画面中的那个人。所以，观众既可观其容，也可闻其声，非常真实可信。

（二）声画分离

声画分离指画面中的声音和形象不同步，相互分离，即声音不是由画面中的人或物所产生的。这个时候，声音是以画外音形式出现的。声画分离意味着声音和画面具有相对的独立性，它们可以通过分离来达成更高层次的统一。比如电视系列片《话说长江》，片中采用了主持人陈锋和虹云的画外解说，他们并未到现场，片中的音乐是《长江之歌》的旋律，也不是画面中的自然音响。但主持人的解说和优美的音乐为画面增加了感人的艺术力量。

（三）声画同一

声画同一指画面和声音无论是采用同步或是分离的方式出现，它们在内容、情绪、节奏等方面是统一的，相辅相成、交相辉映。

声画同一有时它是指电视画面和声音同时指向一个具体形象的结合方式。它的特点是声、画节奏同步发生，发展视听高度统一，使画面和声音具有最高的保真性。声画同一又有两种形式，它可以是画内音响和视觉空间的统一（如同期声），也可以是画面空间与画外音响空间的统一（如《新闻联播》播音员与画面的关系），它们必须是在时间上的同步，也就是说必须指向同一时间内音响与画面的统一对象可称之为"画外声画合一"。电视中利用同期声的节目很多，特别是新闻类节目，通过以同期声与拍摄记录相结合的方式，使人物的声音能充分表述情节内容，并能使新闻节日更显真实可信。

声画同一有时以声画的不同步形式出现。比如在电视新闻中，利用声画分离进行一些深层次的报道，通过报道解释、分析、说明，还有一些实地景象或附近居民的动态；再有一种是新闻评论，画面是一组新闻镜头，而记者在旁叙述。但不论画面还是声音，都是讲述同一个问题。

在研究电视的声画关系的问题上，电视与电影有一个非常重要的区别，那就是电视的本性决定了它是建立在传播的基础上，而语言恰恰是简洁、准确表达信息的一种极好的方式，也就是说，"对话"在电视画面中所发挥的叙述功能已远远大于画面的本身，许多电视剧是靠人物对话来讲故事，而不是以画面的本身来演绎故事。这点与电影有很大差别，这可能也是一些电影导演不愿意拍电视剧的一个重要原因，有人甚至认为电视剧导演在用影像本体塑造形象时有些力不从心，所以过多地偏重使用声音和对话。特别是许多即时性节目（如《焦点访谈》《新闻调查》《实话实说》）更是依靠画面中的谈话形式来传播内容，画面只不过是这些"谈话"的容器。

（四）声画对位

声画对位指电视节目中画面与声音按照各自不同的规律，独自表现不同事物的信息，却又有机地围绕和表现同一内容。在声画对位的声画关系中，声音和画面之间在情绪、内容、艺术形象的表述上是相互独立的对比性关系，它们通过差异来达成和谐，是一种对立统一的辩证关系。

声画对位是在艺术中常用的手段。它主要体现声画的有机关系，是把画面的对列蒙太奇作用运用到声音和画面的关系上来。在电影中声画对位运用得特别多。比如《战争与和平》中，拿破仑在大风雪中逃回巴黎，被他丢下的军队从莫斯科撤退，画面上是一支溃败的军队，可是声音却是拿破仑在念致全军将士的信，声音高亢有力，祝贺法军将士获得期待已久的胜利。画面与声音形成明显的对比既对位关系。在纪录片中，声画对位是一种常见的组合形式。画面的空间性决定了画面与画面的结合只能是历时的，同一空间下只能有一个时间，画面是空间的，声音是时间的，而两者的结合是共时的。活动的画面在声音（时间）里展现，流动的声音在画面（空间）里延续，形成一种声画对位的方式。比如意大利著名导演安东尼奥尼拍摄的纪录片《中国》，其中有一段在一个农村老百姓家，生产队的干部在谈论支援世界革命的问题，可画面却是一个农村的土炕，除了一领席子外，炕上和屋里什么陈设都没有。导演用镜头的画面内容讥讽了谈论"世界革命"的人们，当然这是反映"文革"时期的一种现象。作者的用意我们不去深究，这种声画对位的手法在纪录片中也是可以见到的。

电视散文的画面构思，经常是有意打破情节的连贯性和严密性，代之以跳跃、意识流、错位等形式，追求与文字所构成的意境的对应，而不完全是画面与文字表面上、形式上的简单对应。哲理性电视散文的拍摄就经常使声音与画面分处于不同的时空结构中。它的画面之间逻辑性不是很强，内在逻辑关系的连接和发展主要依靠旁白来解决和表现，时空根据需要任意跳跃，再配上空灵、渺远的音乐和抽象的造型，就能够调动和开阔观众的联想与想象，更好地展示和表现作品的意蕴。例如中央电视台拍摄的《高原随想》就是这类题材中比较优秀的片子。《高原随想》一片反映一位作家在前往西部途中的所看所想所感，旁白充满哲理，发人深思，画面自由、优美，打破了时空限制，并不时穿插一些空镜头，给人以充分的想象空间，使观众也仿佛随同作家前进在西部高原的路上，对作家的所看所想所感产生强烈的共鸣，从中得到了美的享受和有益的启示。

在声画关系中还有一种特殊的组合现象——"静默"，它是指在有声影视作品中，所有声音在画面上突然消失而产生的一种艺术效果。静默所创造的是一种"此时无声胜有声"的美学效果。纪录片《龙父》讲述了美籍华人骆宜慧女士，回到祖国大陆，寻找在1938年对日空战时失踪了的生身父亲的故事。

片子中多次出现了女主人公倚靠在窗边默想或托腮沉思的镜头，有时作者恰到好处地加上几句解说词，但有时就任其"呆站"着。此时，无声胜似有声，这几段听觉上的停顿，就如同中国画里的留白，令人回味，给观众留出了想象的余地，使人们不自觉地陷入作者特意营造的一种回忆思索的环境氛围中。这也像是歌唱中常有的"换气口"——休止符，符合接受美学的心理节奏。值得一提的是，此时的"无声"并未消除背景音响，它的存在为人物的状态提供了一个可信的环境依托。

第五章 电视节目制作

第一节 电视制作概述

电视是采用电子方式，将有图像信息的光信号转换成电信号，然后通过无线电或有线电缆将电子信号传送到接收装置中。

电视的声像系统和传播方式建立在高度发展的光学、电子学等高新科技成果的基础之上，电视的视觉形象由摄录设备的光电手段所形成的光点组成，这些光点称为像素。像素的多少以及排列的密度，直接影响着视觉影像的质量，随着科学技术的发展，其质量还在不断地提高，日益进步的数字电视技术系统，还使电视视觉影像变得更加神奇。

在电视的摄录系统中，摄录机自身的指向性传声器录音系统、无线微型传声器与摄录机同步的微型调音台等，使电视声音与视觉影像同步记录有了可靠的技术保证，使电视画面的形象素材具有视听方面的完整性和全方位的信息。现场的编辑控制设备，连接微波线路和通信卫星传播系统，可以消除现场信息传播的任何延时障碍，使正在发生的事件同时传播到世界各地，这是以往传播媒介不曾有的强大的技术基础，正是这样的技术基础，赋予了电视具有创造新的视听方式的巨大潜能。

一、电视制作

电视制作（Television Production）这个概念是从国外引进的，是指制成一个电视节目的一切过程。

电视制作包括电视节目生产过程中的艺术制作和技术处理两个部分。前者习惯地被称作"软件"，后者则被称作"硬件"。在制作的实践过程中，软件和硬件同属于一个完整的节目生产系统的不同部分，互相依存，互相渗透。

由于电子技术的发展，为电视节目提供了丰富的再创作手段，人们有时把制作专指电视节目的后期制作，即完成拍摄画面素材及收录声音素材后，使用电子编辑机、特技机、字幕机或计算机视、音频工作站，配合编辑、记者、编导共同完成电视节目制作的过程。

二、电视制作手段

电视节目从内容上大体可分为新闻性节目、教育性节目、文艺性节目、公共服务性节目。但就其制作手段，目前可分为三大类，即实况直播、电视影片制作、录像制作。

（一）实况直播

实况直播是在摄取图像的同时就进行广播的方式。它的特点是制作和广播两个过程的同步或合一。因此，同步性、现场性、即兴性、观众参与性都十分强烈。

实况直播分为现场直播和演播室直播两种。

现场直播——以前常用于重要节庆、重大事件的直播。现在现场直播的范围越来越广。如 2002 年 9 月 17 日，全球 142 个国家和地区同时现场直播埃及金字塔的世界最古老石棺的考古进程。

这类节目需要事先考虑一个周密计划，拟定一个切实可行的实施方案，把可能遇到的情况都想到，并预先安排好应急措施。然后，还要建立严密的组织指挥系统，确立摄制、音响、照明、传送、编导、后勤、保卫等工作岗位职责，保证高质量的实况直播。

演播室直播——世界上大多数电视台的新闻节目、访谈节目、教育节目和综合艺术节目，都采用这种方式，它是以演播室直播为主，同时插用各种图像资料。此外，还有大量剧场转播的节目，也可列入这个范围内。

进行实况直播可以使用多台摄像机和转播车，通过设在演播中心主控室或转播车里的导播台，将图像、声音进行即时处理，再通过电缆、微波传送到电视台播放出去。也可以单台摄像机不经切换，把实况信号直接传送出去，这种方式常用于电视新闻报道。

（二）电视影片制作

在录像机出现之前，电视节目大量采用电影胶片来摄制，制作采用电影的制作工艺，完成后通过电视电影机播出。影片制作所具有的现场创作的灵活性和可保存性，使它优于直播方式。20 世纪 80 年代以后，随着摄像机和录像机的普遍使用，成为节目的主要采集形式，摄影机在节目制作中用得少了。但是，摄影机并没有退出舞台，影片制作仍有一些优越性是录像机所达不到的。例如，电影胶片的图像清晰度很高，这一点优于录像。即使现在的高清晰度电视，也出不来胶片那种细腻、柔和的影调层次。因此，在一些图像要求较高的广告片中，仍采用影片的制作手段，即用电影胶片进行拍摄，然后，由底片直接转成磁带，再进行电子后期制作。

（三）电视录像制作

随着电视录像机的出现，电视录像制作也就应运而生了。它是直接用摄像机拍摄，将图像和声音记录在磁带录像机上与电视影片制作相比，优点是成本低，节省经费开支；不需要洗印就可直接看到图像的好坏，这种即时性提高了电视的时效性。

除磁带录像系统外，现在还出现了光盘、磁盘等制作系统。使用计算机制作系统是今后的发展方向，用它来制作节目更加方便、快捷。非线性编辑机、电脑磁盘、高速视频硬盘的出现，使节目的制作和播出有了新的突破，编辑、制作更加随心所欲，各种特技效果的实现更加方便。播出也简单化，不需要再制作播出磁带。可以直接编写菜单，通过网络来实现节目的传递与播出。

三、电视制作方式

（一）ENG 方式

ENG，即"电子新闻采集"（Electronic News Gathering）。

这种方式从 20 世纪 70 年代开始使用，使用便携式的摄像、录像设备来采集电视新闻。ENG 方式大大方便了现场拍摄，由于是采用的磁带记录的素材还需要在电子编辑机上进行剪辑，因此很接近电影的制作方式。ENG 的方式还可以用便携式摄像机与发射装置、传送系统连接，利用微波通信、卫星通信实现新闻直播或进行现场报道。

（二）EFP 方式

EFP，即电子现场制作（Electronic Field Production）是对一整套适用于"野外"作业的电视设备的统称。这套系统包括两台以上的摄像机、视频切换台、特技字幕机、音响操作台及其他辅助设备。利用 EFP 方式，可以在事件发生的现场或演出和竞赛现场制作电视节目。由于使用多台摄像机进行现场摄制、现场切换，因此 EFP 方式提供的视频信号是连续不断一次完成的，这样大大地简化了节目制作的工艺，EFP 的摄录过程与事件的发生发展同步进行，因此，现场性特别强烈，这是 EFP 方式最突出的优点。因此，EFP 方式也可以称"即时制作方式"。

（三）ESP 方式

ESP 方式，即"电子演播室制作"（Electronic Studio Production），它主要是指演播室录像制作，它包括高清晰度的摄像系统、高保真音响系统，数字特技字幕系统，动画特技系统组成的一个高科技制作系统。

ESP 方式在搭好景的演播室内既可以先摄录、后编辑，也可以即摄、即播、即录，是目前电视台自办节目的主要手段。

第二节　电视节目制作过程

电视节目是电视台各种播出内容的最终组织形式和播出形式。它类型多，内容差异大，我们从电视节目制作原则上暂且可以将它分为两大类：一类是非虚构性节目，一类是虚构性节目。

不同类型电视节目的制作过程有着共性的地方，更存在个性的差异。非虚构性节目主要是指新闻、教育、服务、体育等。在生产制作这类节目时，必须遵循生活真实性原则，一般在有条件的情况下尽量采用直播的形式。如，人造卫星升空，重大的比赛活动等。虚构性节目主要是指文艺、娱乐、电视剧等节目。常采用录播的形式，并通过后期的加工制作，使节目更加丰富多彩。

随着数字技术的日新月异，电视制作手法不断变迁，也给电视制作过程带来了很大的影响。电视节目制作人员在制作节目过程中，只有重视节目制作的工艺流程，加强制作节目的计划性，遵循制作流程的科学性，提高节目制作的质量和效率，才能进一步表达不同节目的个性特征。

电视节目制作的工艺流程通常分为前期策划筹备、节目制作（拍摄录制和编辑混录），和节目播出三个阶段。但在特殊情况下，如现场直播，就将制作和播出环节完全集中压缩在一个连续、不可分割的过程之中。

一、前期策划、筹备阶段

《日本广播电视手册》对前期策划的解释是：前期策划是指对以何种目的制作何种节目及预算、制作程序加以确定并制订计划的工作。（《日本广播电视手册》，中国广播电视出版社，第 350）它的核心是电视节目的创意和构思，包括确立节目主题；收集相关资料；提出、研究、决定节目策划方案等。前期筹备是指为了有效地利用时间，缩短制作周期，必须在开拍前做好一切必要的开机准备的工作。包括制定节目具体拍摄方案；组建摄制组人员；提出摄制要求；落实摄制计划等。节目的构想来源广泛，主要在于以什么样的内容，通过什么样的形态，传播给社会大众，并期待发生什么样的结果。随着电视传播分众化时代的到来和电视专业频道的纷纷设立,我们在构想电视节目时必须首先对目标受众的年龄、教育程度、兴趣趋向、生活习惯等进行分析。例如,中央电视台的《对话》节目,主要针对白领阶层和知识阶层,所以讨论话题大都以理论的深刻性和专业性而著称;同样关注社会热点问题,同样是谈话类节目,浙江卫视的《谈话》节目,主要针对普通的男女老少,所以讨论话题大都以故事的叙述和煽情的人文关怀而著称。总之,面对愈来愈细分的电视市场,一个堪称完美的节目构想应该是因人而异地提供多元的具有吸引力的节目形态,充分发挥电视的宣传性,教育性或娱乐性的多重功能。

最后电视节目的构思都要落实以文本(即策划书)的形式。通常由节目制片人来负责写策划书。策划书的内容包括节目的名称、时间的长度、播出的次数、节目的对象、节目的目的、形态、内容、特色和制作经费等。策划书定稿后还需反复推敲研究直至最后定案执行。

二、节目制作阶段

准备工作结束,就要进入摄制制作阶段。这个阶段由两块内容组成。

(一)拍摄录制

不同类型节目有不同的制作工艺,但大体都从以下几个方面考虑。

拍摄录制前的准备工作。主要包括制定摄制程序,确认摄制方式——即是采用 ESP 还是 EFP 方式等。

由于电视节目制作涉及的人员多,且隶属于各个不同的部门。在收到电视节目脚本后,导播通常要和导演一起召集相关艺术人员和技术人员召开一系列的摄制会议。共同讨论现场摄像机的机位设置;美工的布景设计与制作;灯光的设计与表现方式;演员的出场顺序与舞台走位;前期的 VTR 播出时间及顺序;现场音效的调控与处理等等。

确定方案后就进入节目现场准备。具体的事项分别落实具体人员完成。如美工负责布景的搭建;摄像师调整色彩,和导播商榷现场机位及构图;现场副导演负责演员和观众的排练;灯光师、音响师现场调试光效、音效;技术工程人员负责演播室或转播车各路设备的检验与线路连接;字幕员整理字幕稿并打字校对;录像员搜索 VTR 带,并录制新带的彩条和磁迹;导播与导演进一步调整,分镜头。为了在节目正式摄制过程中避免因局部工作准备不充分而影响全局,延误拍摄时机的现象,每个制作人员都应恪尽职责,充分做细每项准备工作。一切准备就绪,最后进入节目的带机排练期。不管是直播节目还是录播节目,在正式摄制前一般都要进行带机排练,在排练过程中一切都应该按照播出的正常程序进行。导演，导播与技术总监仔细察看监视器信号，各自对自己的分管部门提出艺术上或技术上的修正意见。各部门制作成员，如现场副导演，摄像师，灯光师，美工师，录音师等都要在有限的排练时间里，根据现场指令修改与确定自己的工作方案，直至磨合到满意。排练完成后即依照预定的播出时间做现场播出或录制。

（二）编辑合成

现场摄录完成后即进入节目的后期编辑合成阶段。首先审看素材，剔除拍摄时的失误，选取技术与艺术都处理恰当的镜头，精益求精地进入素材的再加工阶段——通过电子编辑系统或数字编辑系统重新组合编辑，并配上解说词与音效，完成初步制作。其次在初步制作完的工作母带上叠加字幕；添加特技过渡效果；并完成节目的片头，片尾制作。有些重大意义的节目或新推出的栏目还必须制作节目花絮和节目包装片。所以有时电视节目的后期编辑合成阶段更能体现一个电视制作人员的创造才能。

三、节目播出阶段

节目顺利播出后，要进行节目收视率的跟踪调查，认真阅读观众来信，充分了解观众对节目的评价，以便即时调整节目构思和制作方式。

第三节 电视制作系统

电视制作系统无论是简单还是复杂，工作的基本原理都是一样的。在如图所示的简单制作系统中，摄像机把它所见到的东西（光学图像）变成电子信号暂时储存起来，或由电视机直接变成屏幕上的显现图像。传声器把它"听到的"东西（实际声音）变成暂时储存的电子信号，或由扩音器直接变成声音。

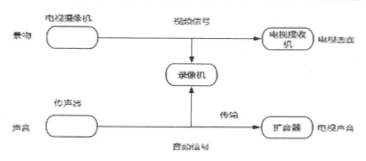

图 5-1 简单的电视系统

在采用 EFP 或 ESP 制作电视节目时，为便于各种画面与声音信号的选择，监控和录制、重放与传输，需要复杂的电视系统。

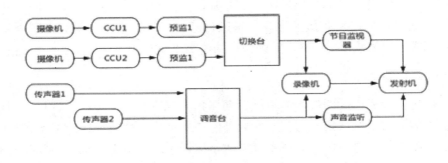

图 5-2 复杂的电视系统

在图 5-2 电视制作系统中，摄像机的视频信号通过各自的摄像机控制（CCU）进行质量控制。摄像机 1 和 2 提供现场不同景物、景别的镜头。录像机可以提供提前录制的镜头。三路视频信号同时输入切换台，可以选择其中任何一个信号，把它输到录像机录制或播出设备进行传输。

传声器和录像带上的音频信号一样被传到调音台上。调音台可以使你选择传声器或录像带的音频信号，并控制输出的质量，然后，再将音频信号输出到录制或输出装置，并通过扬声器监听声音。

一、电视摄录设备

电视的摄录设备主要由摄像机和录像机组成。

（一）电视摄像机

摄像机由镜头、机身和寻像器三大构件组成。镜头由多组光学透镜组成，选择一定的视野把它制成光学图像；机身带有成像器件（CCD 或摄像管），成像器的功能是将镜头输入的光学图像变成电子信号，记录在录像带上，或呈现在摄像机的寻像器上；寻像器能够显示出镜头看到的小电视画面。摄像机机身除了摄取图像以外（这一点与电影摄影机的功能相似），与电影摄影机不同的是，在机身上，还有声音的拾音部件和控制电路。所以摄像机从严格意义上说，是同步采集视频和音频信号的声画一体的设备。摄像机通常可分为：广播级，主要用于广播电视，图像质量好，价格高；专业级，主要用于电化教育、闭路电视、工业、医疗等领域，图像质量低于广播级，价格便宜；家用级，主要用于工业、交通、家庭、商业等，图像质量一般，价格低廉。不论什么档次的摄像机，都可以同步采集同期音响。

（二）摄像机的音频部分

摄像机内部一般装有内置传声器或随机传声器，是为了拍摄图像的同时拾取同期声而设置。为了获得较高的灵敏度和较宽的频率特性，摄像机通常可以使用外接或手持电容传声器，其电源可以由摄像机通过电缆提供48V 电源。有些传声器带有频率的特性补偿开关有 M、V1、V2 三个位置。当开关拨到 M 位置时，传声器的频率特性是平直的。可以录制一些频率较宽的音响，V1.V2 是供语言使用的，因为它低频被衰减，可以提高语言的清晰度。

在专业摄像机上还设有外接平衡式输入插口，适合于较长的传声器电缆和线路电缆。电平输入有 -60db 和 -20db 的两种选择。-60db 的可以直接连接传声器。-20db 的是供给外接的线路输入，一般专业级摄像机设有多路的插口供音频使用。

摄像机音频的每一路上都有增益电平控制，可以根据录音的需要选择自动或手动方式。

在自动方式时，增益电平不受增益调节钮的制约，由摄像机内部的电子线路自动控制。当音频信号低于厂家设定值时，电子线路自动地将信号电平提升后录音；当音频信号高于厂家设定值时，电子线路自动地将电平衰减后录音。这样可保证音频信号在一个适当的电平范围内，通常在外景新闻采访时使用。

在手动方式时，增益电平受增益调节钮的制约。一般从调音台送来一个标准的正弦波振荡信号，将其设定在摄录一体机上的 0db 位置，这样调音台和摄像机的音频信号就能按一个标准调整。通常用于电视剧或专题片的拍摄。

在摄像机上还设有监听选择开关可以配合监听电表，分别选择监听各声轨的任意一个声轨的音频信号，也可以分别监听其中的两个或混合的音频信号。另外，在摄像机上还有降噪系统，可以降低模拟录像带所带来的本底噪声。所以在使用时要打开降噪系统的开关，对音频信号进行降噪处理。

（三）磁带录像机

录像机是磁带录像机的简称，VTR（VIDEO TAPERECORDER）或 VCR（VIDEO CASSETTE RECORDER）是一种能即时记录和重放声音、图像的机电一体化设备。录像机技术是以磁性记录技术和电视技术为基础，并集现代微电子技术、微电脑技术和精密机械加工技术为一体，成为电子工业的尖端技术。近几年录像机又融入数字技术。

二、磁带录像机的制式

录像磁带并不是直接记录电视图像信号本身，而是记录一种调频信号。这种调频信号是经过电子技术处理后的不同形式的图像信号，不同的加工过程就形成了各种类型录像机的记录制式或录像制式。录像机录放图像质量的高低不是以磁带宽度差别来分的，其决定的因素是对图像信号的加工方法、信号处理过程。也就是说，它是以录制制式为决定因素的。

磁带录像机种类很多，以磁带记录方式分有两大类：模拟方式与数字方式。所谓模拟方式，是指把信号的模拟量（信号的幅度变化与电压或电流的振幅成正比例），直接实现调频之后记录在磁带上；而数字方式是指先把信号的模拟量，通过模／数转换器，变成相应的数字量，再经过调频之后记录在磁带上。在重放时，通过解调，再通过数／模转换器把数字量重新还原为模拟电信号。而模拟方式与数字方式进而又分为复合模拟方式、分量模拟方式（简称分量方式）及复合数字方式和分量数字方式等四种。

第四节　数字化电视制作

20世纪90年代以来，在计算机技术的不断推动下，数字技术在影视制作领域中的应用已呈现出深层次、全方位的趋势，数字技术为电视提供了一套新的制作方法和工具。其强大的虚构和仿真能力，使不断扩大视觉效果成为可能，为电视艺术提供了充分的空间。

电视摄像配备计算机控制的摄像机，来实现精确地控制、重复摄像机的移动轨迹，提高了画面拍摄运动、构图的艺术美感。电视制作用计算机进行数字影像特技和合成制作。图形制作可以通过计算机软件、硬件来制造与改进图像。二维、三维动画软件可以制造出摄像机拍摄不到的图形图像。计算机图像处理软件可以使摄像机拍摄的画面更清晰、色彩更鲜艳，从而制造出更完美的图像。虚拟演播室技术通过计算机虚拟三维场景和角色的制作和生成过程，把实拍素材与三维动画角色合二为一，将图像、图形天衣无缝地结合起来，制做出传统拍摄不可能达到的场景和效果。

计算机在电视声音领域也起着重要作用。数字调音台、数字硬盘录音机、数字MIDI的制作、数字音频工作站、数字立体声自动混录系统等，为录音师、音响师提供了更大的声音创作空间。

艺术与技术的发展是同步的，当代科技的迅猛发展对艺术及文化产业的发展产生了深刻的影响。电视制作的数字化突出的表现在非线性编辑、计算机动画、数字图像处理、数字视频技术、硬盘存储节目的全自动化播出系统等方面。数字技术的广泛运用，达到了高质量的图像指标，给传统的制作手段带来了变革，改变了电视节目的制作方式。

第五节 电视技术标准

一、电视制式

目前的彩色电视的制式有三种：NTSC 制是 1953 年美国研制成功的一种彩色电视制式。SECAM 制是法国人 1956 年提出，1966 年定型的一种彩色电视制式。

PAL 制是 1962 年德国研制成功的一种彩色电视制式，我国使用的是 PAL 制。

这三种制式互不相干，后两者是据 NTSC 制的弱点提出的。

限于当时的技术水平和工艺水平的局限性，以及各种经济利益和政治因素的影响，同时彩色电视广播制式还要受到和黑白电视广播制式实现相兼容的制约，结果造成三大制式的并存。发展到现在，三大制式的差异越来越小，处于淘汰的边缘，竞争主要来自高清晰度电视。

二、电视屏幕

电视屏幕的宽高比有 4∶3 和 16∶9 两种。

在数字技术的推动下各国陆续继黑白电视和彩色电视后推出了新一代电视高清晰度电视（High definition television）。

CCIR（国际无线电咨询委员会）为 HDTV 规定的定义是：当观距离为屏面高度的三倍时，HDTV 系统的垂直和水平方向分解力大致是现行电视系统的两倍，幅型比要展宽到 16∶9，并配有多声道的优质伴音。高清晰度电视是采用数字信号传输技术，具有较强的抗干扰性，图像的清晰度显著提高。因此；它将成为电视广播的主要形式。

三、电视声音

大多数国家的模拟电视采用单声道的声音播出模式。美国等部分国家已将 AC-3 的声音编码方式作为数字高清晰度电视的标准。我国目前对数字高清晰度电视的科研开发尚在进行之中，所以最后将采用何种声音编码制式目前尚未定论。

第六章　影视剧导演工作程序及其职责与任务

第一节　导演工作

一部电影或电视剧的创制，通常分为三个阶段：筹备期、拍摄期、后期制作。

一、筹备阶段

（一）确定剧本

由制片人或电影厂、电视台、台方提供已被剧本审查主管部门通过的剧本，或由导演参与创意的通过编剧撰写的剧本。再则是导演自编或与编剧合作的剧本。对制片人或厂、台方交付的剧本，大多数导演都会按照自己的理解、创作意图进行修改，大如主题立意，情节内容，小到人物关系结构，人物性格，因拍摄条件所限对剧情的时空环境的改变。

剧本的改造应征得制片方的同意，剧本作者的认可，尤其对情节内容、人物、主题等大结构的改动，不经编剧认同或未与编剧协商，影片放映时编剧提出异议会引起知识产权纠纷。这是在影视作品创制活动中经常遇到的敏感问题。

而对剧本改造，导演应与编剧事先协商，在导演是否署名、是否取酬等问题上达成共识。剧本改造的操作方式往往以导演工作本或分镜头剧本实施。

（二）选择确立主创班子

一部电影或电视剧的主创班子成员为：导演、摄影（像）、美工、录音、制片主任。国家体制的制片厂、电视台影视部、电视艺术中心，多为由导演自选摄、美、录，领导认可。独立制片人或民间影视公司、文化公司体制中，经常由制片人建主创人班子。从艺术创作规律上讲，应以导演为创作中心，制片主任为行政、财务主管，摄、美、录应与导演有过默契的合作，至少这些主创人员都应是有过影视创作经验的专业人士。实践证明，由不具备专业才能的人组合的主创班子去创制一部影视作品，必败无疑。人才组合越优良，其影视作品的艺术技术质量越上乘。剪辑师，有拍摄期进入创作，边拍边剪，也有只在后期制作方进入的，前提是要有剪辑经验并能与导演真诚合作的。我曾遇到过虽有一定剪片经验却已形成固定剪辑模式的剪辑师，自以为是，不能按照导演创作意图随时调整剪辑方案，固执守旧，后果是拖长剪辑时段，影响影片质量。

（三）选择、确定主要演员

除遵照剧本规定与导演创作构思去多方寻觅适合于剧本人物的演员外，还必须根据投资规模的高低及制片方经市场调查确定的该片（剧）未来市场走向去选择演员；或以明星体制的演员阵容为主，以明星效应占领市场，这须有投资的可靠保证；或以明星主演为纲，网罗相应的不知名却适合角色的演员；或在行业片中以行业专业人士的非职业演员为主，以少数职业演员率领的演员阵容；独立制片或民营影视公司体制中，常常由制片方选择与确定主要演员阵式。完全以艺术标准选择适合剧本人物的演员方式，在商品式的影视创制中，已不适用。

（四）选外景与内景制作加工

一看剧本，二看投资，三要把握创作及生产的条件和周期。

严格按照导演对未来影视作品艺术构想去选外景，除大投资、大导演，如喀麦隆的《泰坦尼克号》，超投资建造拍摄所需的超大水池和真假模型船，法国的阿诺拍摄影片《情人》对景地的改造和空间气氛及道具陈设的苛刻要求，绝大多数导演的创作都须服从投资限定的要求，还要服从生产与投产、出品的生产周期的规定，在限定的投资与生产周期内，选择适合或接近创作要求的外景环境，适度加工。

在低成本投资条件下，进摄影棚搭制影视作品中主要人物活动的主体内景，或重新搭建此类外景，是不现实的。

在实际工作中，常常因为生产周期所限，要按时创制出影视产品，不得不按已选定的内外景，因地制宜适当修改剧本，调整导演的创作构想。

选外景，为适应拍摄需要，仅由导演、摄影师选是不够的，还要美工师、灯光师、录音师参与。要同期录音，就一定要录音师参加选景，以确定该景地是否适合同期录音。声音环境的可行性，对同期录音是至关重要的，在现代化城市音响环境里同期拍摄古装或半世纪前的影视戏，几乎是不可能的。

选择远离当下社会生活条件的深山、老林、荒漠、边陲、极地等。必须慎重考虑摄制组的生活与生产的可行性，如运输、用水、用电、吃住条件，没有可行性条件，就要改动剧本规定的空间环境。

（五）确立导演的总体构思

写出导演阐述，落笔在导演工作本或导演分镜头剧本上，具体内容在导演构思与导演创作的章节中专门论述。

（六）在导演指导与监督下各主创部门的准备工作

摄制组各主创部门与人员的建制为：

导演组：导演、副导演、助理导演、场记

摄影（像）组：摄影（像）、副摄影、摄影助理、机械员

美工组：美工、副美工、美工助理，下设：

化妆组：化妆师、化妆员或化妆设计师

服装组：服装师、服装员或服装设计师

制景组：木工、漆工、瓦工、电工、跟场木工

录音组：录音师、话筒员灯光组：灯光师、灯光员

制片组：制片主任、副制片主任

剧务主任、剧务（外联、生活、现场）、会计

演员组：一般由主演与贯穿全戏的演员组成中等投资的常规影片或电视连续剧的摄制组人员建制大约在二十四人至三十人左右（演员除外）。

1. 选择确定主要演员后，在导演的指导下，由副导演负责与演员共同研读剧本，明确表演风格，观摩有关国内外影片，研讨人物，适当地排演、训练及必要的在投资、生产周期许可下深入剧本规定的生活中去体验生活。在排演、训练、试镜中，也有调换演员的可能。

2. 与摄影师研讨创作构想，确定投资允许的摄影机与相关设备，如胶片型号、灯光器材等。如需特殊摄影器材，如斯坦尼康、稳定器、吸盘等，还须同制片主任协商租借费用及使用周期。

3. 与美工师研究全片（剧）空间造型设计和内外景的加工筹划，又需与化妆、服装、道具共同研究主要人物的造型设计，制作预算。人物造型完全交由美工师一人负责，除港、台影视剧制作，欧美西方电影大国及日本，在影片及电视剧的空间造型和人物形象造型上，导演必须参与构想并做出决断。

4. 录音师只有在导演确立了全片的总体构思及声音构思后才能进入准备。录音师的声音构想来自于导演对全片（剧）的声音构想。

5. 特技制作。剧本中的规定和导演的艺术构想中，有些是实地拍摄无法完成的，则必须以特技摄影、特技动效完成，如海上船队、海战、空战，灾难片中的地震、火灾、水灾、空难，武打片中的枪战、武打等等，有的需特技模型，烟火动效，有的则要特聘特技演员、特技队与相应的设备要求，再则是现代特技中的三维动画、电脑制作，等等。这些特技效果的制作，应在拍前的筹备中就有所要求，与制片部门协商，请人设计、制作、实施。不可设想，若没有斯皮尔伯格先在电脑上设计出预制方案，《侏罗纪公园》的影片怎么会出现。没有卡梅隆的《魔鬼终结者》的经验及他对电脑制作知识技能的积累，他怎么去提出设想并请各方专家联手在银幕上制做出"泰坦尼克号"的沉没呢？

6. 制片主任的职责是共商全片（剧）预算分配方案，并制定拍片生产计划。当然，在独立制片人和民营影视制作体制下，此项工作导演几乎无权参与。在国家体制下的影视制作，导演必须要全程参与，这关系到资金投放重点，生产周期保证，重场戏的艺术质量及人员调配的计划性、合理性问题。我国大陆电影与电视剧的制片主任大多是没有经过专业学习、训练，是在实践中干出来的，其中有些人也并不研读剧本，不善于同导演协商影片（或电视剧）的艺术构想及实施中的重点、难点，这在预算安排和生产周期的筹划上必然带来不准确、不恰当、不协调之处，导演与制片主任在创作与生产上难免产生矛盾。今后随着电影体制的调整，制片主任素质的提高，上述矛盾会随之减少。但导演与制片主任在整个影片创制过程中的协商、统筹，仍是电影 / 电视剧创作生产上的一个重要环节。

在当下我国大陆电影与电视剧创作生产的筹备工作上有一个很容易被忽视的前提，任何影视片（剧）的筹备都要在资金按协议到位，建立该摄制组使用拍片资金的账号，与主创人员及主要演员签订了有效合同后才能进行。这三项前提工作不到位，再积极、认真的筹备和匆匆上马的摄制，都会造成不可避免的混乱，乃至空忙一场。这是行规上必须遵守的游戏规则，人们也都懂得这一规则，但在实际操作中又往往忽视对这一规则的严格遵从，由此失误带来的事业挫折，令多少人追悔莫及。

7. 筹备期里各项拍摄前准备工作的时间长短与精细、周密程度不是以导演的意志与艺术构思需要为转移的。只要导演是有艺术追求，想拍出一部有一定艺术品位的影片或电视剧，都想在拍摄前准备得充分些，有把握些。但制片人出于对影视作品的生产周期、投资运作上考虑，自然不愿筹备期过长。文化部前电影局的电影条例里规定，一部普通（国产）影片，筹备期一个半月（不含剧本运作，是已通过剧本后下达了第一号生产令的。第一号生产令是由电影厂厂长下达的，令××导演、××制片主任为×××摄制组筹备组负责人，剧本已通过，进入筹备期），拍摄期为三个月，后期制作为一个半月，半年拍一部电影。现在中国电影集团公司定下的低成本影片，投资为二百万元以内，三十五天拍完。筹备期能有几天？就这么点钱，哪有时间、有精力、有钱去筹备？大多是实景拍，租场地，少花钱，不花钱。拍一部二十集的现代题材的电视连续剧，投资三百万元左右，每集十五万元，去除演员酬金（请大腕级演员，酬金另议。要是请一个不是一线腕级明星的演员，一集也得付一万至一万五千元人民币，请两个呢？）、创作人员的劳务报酬、机器租金、场地费、车辆费、正常吃住等等，能拿出投到制作（化妆、服装、道具及制景、加工、特效等）上的钱还剩多少？所以，国内拍电视剧，因为投资低，一般是建组半个月开机，主要演员开拍前一周到组就很不错了。当然，古装戏、历史戏、政府部门关注并资助的主旋律影片或电视剧另论。大量的主旋律影片中反映国内战争场面，敌我双方的军服，一看就是新做的，没有做旧工序，那面料一看就不是当年的，更不必说汽车、坦克。我国电影体制下就没有系统留存历史旧物为道具和陈设的电影传统与相应机制。常常看到影片里（电视剧更顾不上了）40年代的军用卡车是解放牌卡车喷色改用的。法国影片《情人》筹备工作时，为找一位适合导演要求的女主演，用三个副导演世界各地去找了不下一万名自愿报名的年轻女性。为这位女演员在片中与哥哥跳的那段30年代的交际舞，专请一位舞蹈教师，教她学了一个月。为找到当年玛格丽特·杜拉坐过的老式汽车，剧组去世界各地寻找，后来在苏联的一个北方城市发现，用轮船运到越南。导演让·阿诺这种对艺术创作的精细、严格，其精神实在令人感佩，可称为学习的楷模。可我们能学吗？学习得起吗？意大利著名导演贝尔托鲁奇获奥斯卡七项金像奖的影片《末代皇帝》，为求历史的真实，用专机运送从大英博物馆租借的当年大清帝国皇上和慈禧太后用的日常生活饰物，用过两天，再用专机送回去。这样严肃、严谨的创作态度能不令人叹服？可事后想想，我们能这么干吗？这里，前提是投资规模的大小，也有艺术创作态度的严肃或轻率，再者便是艺术性电影的营造与大众化、商品化、娱乐性影视作品在创制上的分野，后者不能那么较真儿、讲究，也讲究不起。那部火爆大陆、港台和东南亚的电视连续剧《还珠格格》，细看它的空间造型环境，它的化妆、服装、道具，经得住历史真实的考究吗？然而观众有几个人去看这些？它能吸引观众的兴趣，叫好叫座，能卖出好价钱，它就成功了，还是非同凡响的成功。这些或许就是拍电视剧和拍电影在制作与筹备上的差别，电视剧人们关注它的文化、娱乐效应，电影在艺术品位上人们的观赏期待值就比看电视剧要大要高许多。电影创制的筹备也理应比拍电视剧严格些、充分些、周密些。

二、拍摄阶段

我国电影进入市场经济前国家体制下的各电影制片厂限定的拍摄期是三个月。由国家计划统筹，各厂按题材规划组编剧本，剧本通过后，厂方将剧本交付一位指定导演，筹备一个半月开拍，一个月左右的外景拍摄，近两个月的内景拍摄，后期制作一个半月，对白样片或混录样片送电影局审查，按审查意见修改或补拍，再送审，通过后送国家唯一的一个电影发行放映公司发行，公司付给电影厂一次性的影片收购费，收购费比拍片成本略高，其盈余部分一般不能承担下一部影片的投资成本，仅能弥补电影制片厂全体职工工资与医药费等必要开销的不足部分。这样的影片生产与投资比例是否合理，历史已做出了肯定的回答。电影厂若只担负意识形态的宣传教育功能，这么做无可厚非，若作为一个文化企业，一个电影商品的生产系统，那肯定违反市场经济规律。对一部常规电影的拍摄期规定为三个月，纵览世界各国电影生产状况，大体符合电影生产操作的一般规律。但前期筹备、后期制作的时间则过短，不适于电影艺术创作的规律性需求。以好莱坞电影创制为范例，筹备期一般在三个月到半年，还有长达一年的。比如《纯真年代》，美国著名导演斯科塞斯在开拍前一年就派了三名副导演和美工助理一起去搜集影片所表现的那个年代的社会生活风貌、房屋陈设、车票、服装，甚至细致到剧情中宴会上所用餐具的真实而详细的文图资料，并找专业人士来设计、搜寻、制作。当年张艺谋拍《秋菊打官司》一片，开拍前要求主要演员下到影片拍摄地的陕西某山村令演员熟悉生活、学习方言、观察人物，以充分的准备保证拍摄中人物行为、语言及形象的逼真性、纪实性。类型 / 娱乐片的创制在历史、时代与社会生活风貌的造型气氛上的要求显然无需像艺术影片那般严格求真，筹备的重点也不在于此，筹备期可以不那么长。电视剧制作，重娱乐文化，艺术品位的追求不必像拍电影那样严格，筹备的难度也相比小得多。但再少，拍摄一部二十集的现代题材的电视连续剧，只筹备一周至十天，时间仅够找实景，借服装，给主要演员化妆造型，为主场景找家具。没有给艺术创作留一点空间和时间，这是否也太草率了？这是我国现阶段电视剧艺术水平下滑与粗制滥造的原因之一。电视剧的生产周期比拍电影要紧，拍得要快，这是拍电视剧的周期规律，但筹备得过于草率，时间过短，肯定会降低作品的艺术与技术质量，这是不言而喻的。准备得越充分，拍得也越快，质量也越好，有时准备得不充分反而会影响进度。由于筹备不足，主要人物的主场景地迟迟找不到，不能加工进场，拖延拍摄周期的事，在电视剧运作中屡屡可见。

拍摄期的导演工作程序及其运作规则:

(一)先拍外景,后拍内景

1. 为抢拍影片 / 电视剧中所需的季节、气候气氛,如冬季的雪,夏天的雨,秋季的繁茂色彩,春季的绿色等。

2. 给内景的搭制、加工留出必要的时间。

3. 外景抢拍,肯定会留下很多遗憾,不如意处,可到拍内景戏时弥补。

这不是固定不变的操作程序,会因外景时段的不适或其他因素可随时调整,下文所列各项亦是。

(二)先易后难

1. 因筹备期短,演员档期缘故,主要演员进组晚。尤其拍电视剧,演员需要一个熟习、研读剧本的时间和演员之间的相互了解、配戏的适应过程。导演、摄影对主要演员形象把握与演技的了解,都要有一个时间过程。先拍过场戏(外景戏中过场戏较多),利于弥补这个相互了解适应的过程。

2. 摄影(像)对摄影机、胶片及相关设备也有一个熟习与掌握的过程。为省钱,拍电视剧常常在开拍前一两天,摄像设备才到位,拍电影镜头及胶片的掌握也有个过程。我碰到过这样的摄制组,拍了三四天了,拍的东西老是焦点不实、影像模糊或软焦点,查机器、查胶片、查技术掌握,最后发现就是是镜头的问题。

3. 我国常规影片摄制,有不少是七拼八凑搭建的摄制班子,拍电视剧,这种情况更是常见。开拍初期,主创班子与各部门人员需有个相互了解、协调的过程。

4. 拍电视剧,前期筹备时间本来就不足,更要为制片部门落实景地及制作准备腾出些时间。

先易,即先拍过场戏,拍非主要人物的戏,拍实景中不需太多准备的戏,拍外景戏。

(三)外景拍摄

1. 在筹备期选景定景后正式开拍前,就应由制片、美工部门先进行实景加、选、借、购、制所需的陈设与道具;

2. 提前由副导演、制片部门选定剧中所需群众演员,开拍前确定化妆、服装、随身道具,避免拍摄时为此准备不及造成的混乱,延误拍摄所需的自然光效;

3. 主要演员的戏应在进入外景前（尤其是城市街道环境、群众场面和抢天光清早、傍晚的戏）事先经说戏、排戏准备好，以免拍摄现场因演员准备不足，造成拍摄所需光效被延迟或观众围观造成现场混乱。内景戏，导演可因演员问题，耗时磨戏，外景戏没有磨戏时间；

前几年现代题材的电视连续剧拍摄中，为突出现代化气息，常常是拍北京建国门立交桥、深圳的现代化楼群、广东到上海的五星级酒店内的酒吧、舞厅、包房、会议室，拼凑出一个现代化城市，形成了一个表现现代的空间模式。这是一个十分虚假、做作的表现模式，现代观众一看就觉得假。现代题材的电视连续剧或影片，还是应在外景空间选择上，注重表现某一个城市的历史、地域的空间造型特色，一是有文化品位，有人物生存空间的历史感，再者给人物一个很具体的文化、历史背景，便于展示人物的个性化心理情绪。

（四）空镜头

空镜头在长篇电视连续剧中是不可缺少的，电影也需要。

拍外景时，要注意捕捉、多拍空镜头。二十集电视剧要拍三至五本，每本二十分钟长度的空镜头素材，实际用十五分钟至三十分钟左右。

空镜头内容有：城市、乡村、山区、海滨的自然景观，视电视剧或影片剧情而定，同一景观可拍四季（春、夏、秋、冬）、四时（日、夜、晨、暮）、四态（晴、阴、雨、霁）。拍时可固定、可推拉、可移动、可全景、可特写；还须拍这一地域中的名胜古迹，有标志性、时代性、民族性的建筑街道及本地区的民俗民风场景等。

空镜头在剧（片）中的功能：

1. 表达时间空间的过渡；

2. 展示人物的情绪、心理的变化；

3. 在剪接时，调整叙述结构与节奏变化；

4. 尤其在剧中要有插曲、片头片尾歌的镜头铺排，更要有镜头与歌曲、音乐的情绪、节奏的对应。

（五）现场掌握中镜头运用技巧、分镜头方法、分镜头图式，另有表述

（六）偷拍技巧

专指在现实社会生活场景的繁华街道、商场、宾馆、饭馆、海滩、公园等处，拍下片（剧）中人物融入其中的行为活动，又不引起在场群众的视线、注目、围观，以免影响了片中人物戏的进行。

这类偷拍技巧，常常用在纪实性的影片拍摄中与现实题材的电视连续剧

里。我们不可能像好莱坞电影那样，以雄厚的投资，在片场或外景地搭制影片里所需要的现实生活场景并雇用大量专职的群众演员拍摄，只有到现实生活的社会场景中去偷拍。此项偷拍技巧来自战后的意大利新现实主义电影，在现实社会场景中拍下的电影场面，造成的贴近生活的真实感、纪录性，构成了新现实主义电影的创作方法之一及与其相适应的美学要素。其实意大利新现实主义电影的创始者们当初并非事先已明了到这一创作手法应有的美学效应，更多的是一种制片方式，没钱进摄影棚搭景，只好把演员拉到实景中，拉到社会街头上去拍，拍下来的影片投射到银幕上一看，完全抛弃了好莱坞电影在摄影棚里搭景拍摄的做作虚假，与人为的景观显现出全然不同的自然、生活、清新的气息。新现实主义电影由此影响到欧洲，影响到美国好莱坞。当然这一偷拍技巧，不单是制作方式，不得已的拍片方法，首先还是柴伐梯尼、维斯康蒂、罗西里尼等人的创作宗旨，要表现的是现实生活中普通人的命运，普通人在日常生活中的辛酸、挣扎、拼搏。《罗马十一时》就取材于当时发生的一个真实事件，几百个社会各阶层妇女在一家小公司楼外排队争考只取一名打字员的职业，由于拥挤争胜，楼梯塌了，近百人受伤，一人死亡。此事一经新闻报道，轰动了罗马，编剧柴伐梯尼，导演桑蒂斯，他们就是要通过电影捕捉现实生活里的真实事件，表现二战后意大利社会中普通人的生活和命运。《偷自行车的人》一片中主演是非职业演员，他自己就是为了找工作丢了自行车的普通人，他把自己的经历、生活体验直接搬上了银幕，从而显得那么自然、真切，超越了好莱坞电影中由大明星出演的戏剧感和表演痕迹。法国"新浪潮"电影的代表人物戈达尔、特吕弗等人当年仅二十岁左右，钟爱电影，要拍电影又没钱，想方设法凑了点钱，没法进摄影棚，只好租了十六毫米的手提摄影机，找些没拍过电影的人当演员，拍他们自己的个人生活。像特吕弗的《四百下》、戈达尔的《筋疲力尽》，两片中的人物与人的生活经历，大部分取自他们个人生活经历，这就使影片所表现的普通人的社会命运深入到个人生活的层面，第一次表现了电影史上从未出现过的个人隐私、盗窃者等边缘人的真实的心理体验。《筋疲力尽》一片中主人公米歇尔与帕特里夏在街头漫步倾谈，米歇尔闯进一旅馆讨债，出来又同帕特里夏一起走去，是一个著名的长镜头范例，也是偷拍的。导演甚至不管过路行人是否看镜头。现代好莱坞电影里，凡现实生活题材的影片，大多也都是偷拍的。张艺谋的《秋菊打官司》一片，追求纪实感，大量运用了偷拍技巧，用十六毫米的轻型便携式摄影机，将摄影机与摄影师藏在小面包车里或人力三轮板车上，偷拍秋菊（巩俐饰）进省城在大街小巷里活动的情境。

1. 藏机

隐藏摄影机的方法很多，随拍摄现场情况而定。要拍片中人物在大街上行走、谈话、追跑，若架上移动轨，拉开架式拍，在繁华的大街上，那很难避免围观群众看镜头，或在镜头边缘镜头深处站立看热闹。这时可以把摄影机放在事先准备好的小面包车里或轿车里，车窗玻璃要有遮挡，免除行人的注意。多练几次，练准跟焦速度、焦点。除导演跟车，车小了也可不跟，摄制组的其他人远远避开。除面包车、轿车，三轮板车、人力三轮拉人车都可使用。一辆拉人三轮载上机器和摄影师，拍车前或车后片中人物的行走对话或跑或骑车，均可。

另一种办法是固定机位偷拍，这就更好办。在所拍景地，找个可藏机的拍摄机位，或在某饭店、商店、小杂货铺等店里对外拍片中人物的街头活动，或借用当地某住家、公司、机关的窗口，角度可平、可俯，镜头能拉能推，还可摇移。

人工搭制藏机处。韩小磊导演在拍《见习律师》时，在苏州一大菜市场门前，有五个街口，人群、车辆、小店铺，各式各样，有十分鲜明的社会景观。他让片中男女主人公穿过这些街口、店铺，边走边谈，还有停顿、争吵，用隐蔽的车跟拍，街面太窄，不便用车，用三轮车跟拍，这么拥挤的街面，肯定有人围观。他们发现市场门前有一块围起的草坪，行人不得踏入。于是，便在拍摄前一天夜里，在那儿搭建了一个小木屋，屋壁四周在机位同等高度留出拍摄敞口，敞口用防蚊纱窗遮住，从外看不到里面，拍摄时再把防蚊纱窗取下，镜头可以从第一个街口横摇，直摇到市场门前，摇幅近三百度。拍的当天，先把摄影机、摄影师藏进去，由副导演带演员走这三百度的位置，对焦点，副导演在每个焦点位用粉笔画上记号。然后演员进场与摄影师配合走位走速度，导演在一旁以手势指挥，并为演员小声排戏，再让演员自行走戏、练戏。一切准备就绪，开拍。连拍了三条，长度近三分钟。保证偷拍效果，除藏机，再就是现场不能大声指挥，驱赶围观群众，试戏时有群众发现围观，剧组人员便携演员撤离现场，待围观人群自动离去，再返回拍摄。。

2. 切忌现场张扬、大声指挥或请交警、民警协助围堵围观群众

赵葆华导演在拍《爱情为你遮风雨》一片时，有多场戏在哈尔滨市百货商场北门的"黑天鹅"立交桥过街天桥上拍摄。无处藏机，怎么拍？当地剧务告知剧组，曾有一影片在这儿拍戏，请了十几位民警帮助维持现场秩序都挡不住围观群众，最后还是没拍成。但他们最终拍成了，没请一个警察，没有一人围观。剧组工作人员先是让演员上桥走戏走位，摄影师不带机器站在选定的机位——过街天桥的拐角处，目测焦点、演员行走速度，试好后立马

上机，摄像机用衣服包好，上桥，站到机位，摄影助理在一侧遮住行人投来的视线，摄影师开机前与演员配合默默走位，待开机时，才把包机器的衣服拿开，镜头对准演员走来的方向。参加现场拍摄的人只有导演、摄影师、摄影助理和演员。摄制组其他人一律远离现场，也不得往现场注视，以免引起在场群众为目光吸引发现现场，偶有个别行人发现拍片，也上前小声说明，请多帮忙，不要声张，离开现场。以这种方法，在这天桥上拍下了同时间不同人物的十多场戏。

3. 有意制造一个兴趣点引起围观观众的注意，转移围观人的目光后，抢拍，一次拍成

另外有一场真实场景中的外景戏，正要拍，被人发现，围观人越来越多，无法拍，剧组人员只好撤离，围观人还在原地等待不肯离去。我便请一位有知名度的观众熟悉的演员（不在本场戏中）与剧务从相反方向进入要拍的大莱场里买东西，大声谈话，这一下就把拍摄现场围观的人吸引过去了。乘此空隙，摄影组马上进场架机抢拍，待群众发现，正要围观时，场景已拍完。自然，在没有偷拍的可能，又要在现实社会街景里拍摄，如用消防车下雨的戏，夜里架灯拍的戏等，必须与有关交通民警部门联系，请交警、民警协助维持拍摄现场秩序，这不属偷拍范畴。

（七）内景拍摄

内景指的是在摄影棚里搭制的场景，此类场景多为室内景，也有与室外院落相连搭设的。以好莱坞的棚景是世界上面积最大，设备最完善的，不单搭制室内景，还能搭制街景，乃至科幻片的飞船内外景、外星球场景。《泰坦尼克号》则搭建了仿真船与海难发生时表现海难的两个巨型水池，一个大的长四百米。我们通常所说的内景就是室内景，不是专指棚内景。常规电影与电视连续剧中人物所在家庭的卧室、厨房、客厅、过廊、办公室、会计室，社会场所的酒店、宾馆、台球室、游泳池（室内）、迪厅、保龄球场地、茶室、咖啡室、赌场、监狱、地下车库、工厂厂房等等，常在现实场景的室内拍摄。

1. 室内景拍

电影用棚内景为多，电视剧创制因投资有限，生产周期短，差不多都是以社会实景为主，加工陈设。像美国电视连续剧《急诊室的故事》，场景集中在医院、急诊室，投资大，每集近一千万美元，这个场景就要在棚里搭建。若在实景拍，空间难以展开如此复杂的场面调度和镜头的移动变化，灯光都无处安放。棚内景的优势在空间大、镜头调度自由、便于运用灯光、不受室

外天光的限制。难处在费用高，搭建场景与换场景的时间长，电视剧拍摄难以承受。

2. 实景改制加工

在常规电影中，一般都用于主要人物在片中活动的主要场景：家庭、办公室、宾馆或舞厅等。家庭电视连续剧，即便二十集、三十集，主要人物也至多五六个，主要场景也就那么三五个。电视连续剧还是以家庭戏、室内戏为主为多，按剧中时间长度算，占百分之七八十的都是室内戏，拍摄投资相对比拍外景要少，电视剧的时空特点使得在室内空间小的场景较多，也便于展示人物的中近景位置上的人物关系的变化及情感、内心世界的显露。

常规电影的场景一般在一百五十个左右，电视连续剧每集四十五分钟，场景多的也才四十多个，场景比电影相对集中。搭制、加工好主场景的室内景是保证和提高常规电影及电视连续剧艺术质量的重要途径。

3. 搭制实景加工的主场内景，应是拍摄制作费用的重点

筹备阶段和拍外景时，就要提早定景，设计改制、加工方案，给予较充分的时间搭设、改造。过场室内景可随机应变，有什么场景拍什么场景，而主场景的室内景的造型、色调、气氛是最能展示主要人物的家庭历史文化背景、人物性格、爱好、心理情绪的，不能随便迁就，草率从事。

4. 电视连续剧从它的历史与现状考察，主要是展现现实社会生活内容，以表现现代人家庭生活为主。

室内造型环境的展示应力求真实、生活，有现实的、时代的气息，在视觉的造型表现上给观众以亲近感。北京电视艺术中心精心制作的电视连续剧《永失我爱》《东边日出西边雨》，虽有大牌明星出演，导演也是高手，但剧中主体生活场所远离现实生活，在一片美丽的小树林中，美则美矣，但观众并不为美所动，想到的是王志文（主演）在哪儿上厕所，用水从哪儿来，做饭烧柴在林中不怕起火吗？失去了生活中基本起居、吃住的真实，人物所住场景再美，观众也不领情。美国获奥斯卡金像奖最佳女主角的影片《危情十日》，主人公女书迷捆绑男作家在自家，其住所也在林中小屋，与世隔绝。但编导给了观众一个可信的理由，大雪封路，作家因车祸被女书迷所救，大雪又压断了电话线。女书迷个性孤僻古怪，独自与一头母猪在家，作家无法逃脱，失去与外界的联系，女书迷任意折磨男作家，便都在情理之中，有了时空的真实依据。

5. 只有建立了主要人物所在主场景（又以室内景为主）的空间格局、造型风格、色调、气氛，才能构想并实施全片的镜头样式与拍摄方法。

同样是优秀电视连续剧的《儿女情长》《一年又一年》，又同是以家庭室

内戏为主，前者主场景在家庭与医院病房，以长短对切镜头方式表现；后者是在北京大杂院里和一位高干家中，利于在长镜头的流动中展示。当然，镜头运用方式不单由主体造型空间的样式决定，但在导演的创作构想中空间样式与镜头风格是有内在联系且密不可分的，电影亦然。《见习律师》，以纪实风格表现现实生活的真实感，主场景的学生宿舍、法院办公室、女主人公的家，也力求在实景中加工，以长镜头展示。张艺谋的《秋菊打官司》，秋菊的家就十分朴拙、真实易于镜头的纪实性表达。《大红灯笼高高挂》则相当风格化，在一个封闭的高墙内的大、小四合院中表现了那一个妻妾成群的封建传统的寓言故事。镜头运用方式便是刻意做高低对切，在中远距离里运作。

6. 内景要弥补外景戏在人物情感与内心世界表达上的不足与缺憾，拍摄时间相对稳定，不用追赶。

内景拍摄就是要出戏出人物，导演要给演员说戏、排戏，这是常规电影和电视连续剧创作中的一条不成文的规则做法。在排戏、说戏中，不可避免地要修改不符合人物的台词对白，要增补凸现人物形象的戏。斯特里普在获奥斯卡金像奖最佳影片的《克莱默夫妇》最后一场法庭辩论戏中，她的那段独白式发言，就是斯特里普自己改写的。张艺谋的《有话好好说》一片，两位主演姜文、李保田在棚里拍戏，张艺谋是放开了让他们自己练戏，改戏，改台词，从早上进棚，到下午四五点，练一天，练顺了，姜文、李保田都认为可以拍了，张艺谋再下令开灯、开拍。与此同时，导演和摄影在演员排戏中从各个角度上选择出表现人物的最佳视角、最有表现力的镜头运作方式，或近或远，或动或静，或高或低。这时的分镜头方案才能与演员的表演达到准确地融合。

室内戏有条件为演员营造出一个较好的创作环境。外景有各种无法排解的干扰。棚里或内景拍戏则有可能降低与排除各类嘈杂的烦扰，尊重、爱护演员的创作情绪，以帮助演员达到最佳创作状态，出好戏。

（八）分镜头剧本与现场分镜头方法

分镜头剧本是导演对片（剧）的艺术构想在镜头体系上的文字表达，有关内容将在下文的导演构思与导演创作的章节中专述。

现场分镜头是导演创作与工作的一种方法。

1. 现场分镜头方法不是导演的现代工作方式

在电影初创期，拍无声片时，每部影片几分钟、十几分钟，拍片没什么完整的剧本，有了一个电影构想，写上一份导演的拍片提纲，就进拍摄景地拍了，导演创作与镜头安排很即兴，拍什么镜头也是在拍摄现场即兴产生的，镜头的组接方式基本是在拍完后，在剪辑台上剪出来的。当时，有的导演来不及把导演构想事先写在纸上，就草草写在白衬衣的袖口上，进现场也就那么拍了。现场分镜方法在电影早期是很普遍的工作方式，只是电影引进了文学名著、戏剧名作，要改编，就要有一个电影版的剧本，供制片人审阅、核准。到了有声电影时期，电影大量运用对白，演员也需要有一个固定的剧本，背台词。有了长篇大论的对白剧本，就要事先分镜头，那句台词拍谁，拍什么景别，时长多少，这样就有了分镜头剧本。完整的电影文学剧本来自苏联电影蒙太奇学派，爱森斯坦、普多夫金、杜甫仁科这三位蒙太奇学派的电影大师极为重视电影开拍前的蒙太奇形象的事先架构及蒙太奇叙事方式的结构方式，这就必须写出分镜头方案（剧本）。这种拍前拟定分镜头剧本的创作方法经由他们的学生罗姆、尤特凯维奇、瓦西里耶夫兄弟、顿茨柯依，直到邦达尔丘克、舒克申等，便更加完善了。我国电影在 1949 年以前，学的是美国好莱坞电影的创作方法，不那么讲究事先写分镜头剧本，1949 年以后，向苏联学习，导演们全面学习苏联电影，学人家的电影创制方法，于是开拍前要写出导演的分镜头剧本，成了一种固定的导演创作程序，延续至今，一部影片送电影局审核一定要同时送上分镜头剧本（大多是影片完成混录后的整理本），而电影厂主管部门则要求导演在开拍前写出并上交电影分镜头剧本，以便审查、监控，导演拍摄要按通过的分镜头剧本拍，虽有灵活性，但不可超出过多。

确立分镜头剧本对于导演稳妥地把握剧本，建构自己的电影艺术构思，在拍摄中做到心中有数，忙而不乱，镜头建构得完整有序，是相当有利的，不失为一种有效的创作方法。它的弱点也十分明显，开拍前就固定了镜头运用与拍摄方法，如不能在现场创作中应变，修正，改换镜头处理方式，这种创作方法就很可能抑制演员、摄影师及导演自己在现场创作中涌现的创作灵感和想象力，成为一种僵化的、固执的创作，仅仅完成了一个工艺过程。

艺艺术是在创作过程中不断产修正和完善的。绘画，只有画家面对自己的创作对象（模特、自然景观等），在画布前，拿起画笔，触到油彩、颜料，进入创作状态，才能激发艺术创作的冲动，撞击出艺术的灵感与想象力，才能作画。真正的绘画极少有在画前就已在脑海中完成了一幅画作，作画不过是用笔在画布上描摹下来而已。作曲也只有音乐家坐在钢琴前，弹出自己的乐思，然后在乐谱前被这个乐思催动着不停地用豆芽菜式的音乐符号记述下自己乐音的滚动。小说创作虽然必然有写作前的素材搜集，写作构想，被构想激起创作冲动，但落笔前，他不可能有一个已成形的拟就的作品草稿，只有在拿起笔或在打字机前随着笔尖的滑动或打字机、电脑的击键声，才会涌现出自己写作提纲也无法阻止的人物形象和情节的流动。电影作为艺术的创作也是这么一种状态。到了拍摄现场，导演、摄影师、演员都到场了，在真实的人物活动的环境里，演员进入了创作状态，他们不管镜头如何表现，一旦进入人物的命运和情节展开的激情里，他们就会自然地唤起了艺术的想象力和创作的灵感，展现出导演事先可能完全没有预想到的艺术表现力及人物的鲜活生活，导演、摄影师也只有在这时才会发现用什么样的景别与镜头运动方式才是最好的镜头表现。在导演、演员、摄影师、美工师等共同创作与相互激发中，才可能找到拍摄的最佳方案。这就是现场分镜的创作方法。张艺谋的《红高粱》，爷爷（姜文饰）大闹酒坊那场戏，原来不是影片里出现的那样。一开始是按剧本去演去拍，姜文怎么也觉得不对，不舒服，他跟张艺谋、巩俐现场协商修改，按照爷爷的性格，爷爷与奶奶当时的人物关系与具体心态，他大闹起来，然后奶奶令众人把他抬起扔进空酒缸里，镜头也随人物的醉闹活动起来。这场戏的佯装的情意和谐趣是在现场创作中即兴产生的。陈凯歌的《黄土地》，腰鼓阵那场惊天动地的欢腾原剧本没有，是陈凯歌、张艺谋、何群三人从山西徒步走过黄土高原，路经安塞，看到了当地农民世代相传的腰鼓表演，受到强烈的感染，决定拍下这个驰名中外的民族文化的传统舞蹈。到了拍摄现场，用原定的拍摄方法怎么也展示不出鼓阵龙腾虎跃的气势，张艺谋便离开摄影三脚架，扛起机器钻进鼓阵，随扭摆跳动的节拍和舞者张扬释放人性的激情上下左右摇移起来，拍下现在观众看到的场面。这里并不是要否认和取消艺术创作的酝酿和准备，也不是轻视电影创作中导演艺术构思的必要，也没有一概否定事先拟定分镜头方案的长处，只是表明现场分镜方法是符合艺术创作规律的一种创作方法。

2. 现场分镜头的工作程序

必须在进入拍摄前，导演确立全片（剧）的总体艺术构思，包括镜头运作方式和镜头结构的整体形态。我们常常看到港台导演拍电影，拍电视剧，尤其拍那些武打戏，言情戏，进入拍摄现场好像没什么艺术想法，只凭经验，现想现拍。其实，凡真正有经验有品位的导演都不可能没有拍片的镜头构想，只不过是没有写出来而已。

在对全片（剧）镜头构想中，要有对各场景镜头运作的结构性安排，这场动，那场静，A场快节奏，B场慢节奏等等，及至全片（剧）的总体节奏的把握。

在总体镜头构想的有序中，才能实施各场拍摄时的现场分镜头操作；现场分镜头拍摄是一场戏拍下来，再拍另一场，不是各场间的跳拍。在一场戏的完整气氛中，怎么跳拍都不会乱，还可以不同镜头方式拍一个动作，一段人物活动，在后期剪辑中会有不同的剪辑组合方式，不是按分镜头剧本拍，就只能有一种镜头组接方式。

主场戏，重场戏，都应有拍前的现场掌握，拍电影尤为如此，即该场景验定后，导演率摄影、灯光、美工、制片及演员进现场排练，一是给演员排戏，演员应穿戴好人物服装，戏内陈设、道具须尽可能齐备，便于演员进入该场规定情景中练戏；再是导演、摄影、美工、制片检验该场拍前准备情况，如有不妥，可及时调整补救；三是导演、摄影在演员排戏走戏中选择镜头角度、景别，共同商洽该场镜头运作方式、拍摄方法，在商洽中，又不断跟演员沟通、探讨；最后按现场议定的镜头拍摄方案，从头请演员按该场剧情走一遍或数遍镜头顺序，并随时修正、改变镜头拍摄方式。在走戏、练戏中，演员同导演可以合理地修改该场剧本的台词。同时，场记随时记录下对台词与剧本的修订，记下导演与摄影、演员共同议定的镜头拍摄方法、顺序。离开现场后，场记整理出该场分镜头方案，交导演审定，然后誉抄或打印出来，当夜或进现场拍摄前，导演、摄影、灯光、美工、制片及该场演员人手一份。

除主场、重场戏外的一般场次或过场，在常规电影和电视剧拍摄中，由于生产周期的急促，没有时间进行现场掌握，只能是进入拍摄现场后，在灯光、美工的准备中，导演视现场空间环境和拍摄条件，依据剧情内容和艺术构思的整体秩序，即兴地设计出本场的镜头表达方式与拍摄办法，在实际拍摄中又经常调整、改变或用不同方式或几种方案去拍。

3. 即兴创作的拍摄

像意大利的安东尼奥尼、费里尼，法国的戈达尔，伊朗的阿巴斯，香港的王家卫，日本的北野武等这些著名导演，他们在进入拍摄现场前，根本就没有对全片镜头结构安排的预想，也没有对拍摄方法的事先准备和设定。只有到了现场，看到感受到现场对他们的刺激或演员在现场的活动——有的是在默戏，有的只是闲谈聊天，这类导演只有面临现场，置身于现场，他们才会产生创作冲动，才会燃起拍摄的欲望。这时他们才有镜头感，迅速地进入创作状态，在即兴的创作想像中，设计镜头，安排演员，与摄影师一起协商拍摄方案。王家卫拍《东邪西毒》《重庆森林》时，他说他进入拍摄现场前，什么也不想，什么也想不起来，也没法想。只有进入拍摄现场后，他才能想，才有创作的欲望，不要说怎么拍，镜头如何，连剧本、台词也是到了现场才有欲望去想，去编。常常是演员化好妆，在现场等他改剧本。有的是已经拍完了一场戏，这时他又觉得不对，推翻了重编重拍。当然，这是比较极端的例子。日本北野武拍片事先是有剧本的，他自己编剧，但现场拍摄，也不是事先想好到现场做些调整就拍，他也是即兴的镜头创作，凭他在现场的创作感觉，拍了一种镜头方案，再拍一种，想到什么拍什么，最后到后期剪辑台子上去整理，试剪，再创作。安东尼奥尼拍《奇遇》时上了孤岛的拍摄现场演员向他要台词，他说他也不知道，你们想说什么就说什么吧，事先演员连演什么身份，什么关系的人物都不清楚，到了现场，安东尼才告诉演员人物的身份与关系，到岛上来干什么来了，按照这样的人物身份让演员自己去编台词。安东尼奥尼的这个拍摄方法，演员创作起来肯定不像事先已背好的台词那样，会很真实，像生活本身那样，不是排演过的。每一句话，每一个动作都是以前没有发生过的，是新鲜的。

4. 分镜头图式

其实现在拍电视连续剧，不要说港台导演，就是大陆的影视导演只要是拍过几部电影、电视剧，有几个还在拍前写出分镜头剧本的？不要说从接到剧本到开拍，准备时间不多，要忙于调整剧本、找演员、找外景，就是有时间把二十集的电视剧本分上六千个镜头，也等于重抄一遍剧本，这个时间工夫真是搭不起。找景一般也只是找几个主要人物的生活场景，大量的拍摄景点只有到开拍前才能去找。没见过所要拍摄的空间场景，怎么分镜头？韩小磊导演拍的《见习律师》就没有写分镜头剧本，倒是做了很详细的导演构思，对叙事节奏、表演风格的把握、空间处理与色彩节奏的关系、镜头的整体风格与各场的镜头处理方式到全片的声音节奏，不但有构想方案，还绘制了全片各叙述单元的节奏总谱。《见习律师》是教学的创作实习，一边拍片一边教学，有一种很庄严的艺术探求精神。后来拍的影视作品不那么追求艺术了，要考虑观众，要顾及票房，拍摄周期也没那么从容。不分镜头，但拍前还是有总体构思，有艺术追求，有可能还是用现场掌握的方法，进行现场分镜头，时间来不及，也挤出时间画出当场的分镜头图式，到现场做到心中有数，也便于摄影安排镜头，布置灯光，分镜图式就是在来不及写当场分镜头本的情况下，画一张当场的空间平面图，在图上标明镜头位置，拍摄方法，镜号顺序。

镜头序列：

1. 甲走近——拉跟，摇甲、乙二人中——推乙近。

2. 乙背甲中——横移，摇甲背、丙，小全。

3. 乙近

4. 丙近，丙起一摇中。

5. 大全（隔窗）三人。

6. 丙近。

7. 甲特。

8. 甲背，乙近。

9. 丙大近。

镜头序号中人物对白，在改过的剧本或导演工作本上按镜头标记。

三、后期制作阶段

我国电影制片人、电视剧制作人普遍不重视后期制作，只把后期制作当成影、视作品最后完成阶段，赶时间，赶速度，赶成果。大多数影视制片人没有真正认识到后期制作是二度创作，在拍摄结束后，可弥补已完成部分的不足，是提高电影、电视剧制作的艺术质量、技术质量的一个重要环节，一个至关重要的阶段。欧、美、日本、澳大利亚等世界电影强国、电视剧大国的影视制片人相当重视后期制作，不仅不赶时间催进度，往往还给予导演、剪辑师、录音师充裕的时间去做后期。人家明白，拍摄阶段需要催进度，赶周期，拍摄阶段很费钱，那么多人的摄制组的吃住，车辆、劳务、机器设备费，一天什么都不干，在中国也得要七八千元，在美国要几十万、上百万的美元，不赶不行，而且演员都是定了合同的，尤其明星级演员，合同超期不仅是成几倍地赔钱，还常常因人家按合同要到另一个电影摄制组去拍片，你这儿到合同终止期了，拍不完活该，人家理直气壮地走人。但后期制作没这些问题，参与工作的就那么几个人，租个机房，干一个月也花不了多少钱，可多一个月时间对导演、剪辑师就太宝贵了，不单能细细地剪，还有充分的时间去琢磨、去试验各种不同的剪辑方案，探索新的镜头组合，叙事结构的表述。欧、美、日本等国的影视制片人十分乐意多给导演、剪辑师、录音师些时间，精益求精好上加好，提高作品质量。我们的影视制片人大多不太懂后期制作对提高作品艺术质量的作用，只看作是最后一道工序赶快完成。这里也有体制上的问题，作品不是他的，是国家的，他说了不算，责任感也就不那么认真了。90 年代初，某导演去上海电影制片厂做一部影片的后期，在剪辑室碰到同代的一个同行也在做一部片子的后期。他进得晚，出得早，这位导演还没剪完初剪，他已剪完送去录对白了，像打仗那么火急火燎。当时很多制片厂规定，只要是边拍边剪，拍完续剪，只再给五天，不超过一星期完成剪辑。如此紧促地剪片，能不粗糙吗？一个正规的国家电影制片厂尚且如此，其它拍电视剧的，就更可想而知了。

后期制作工序分：剪辑、录对白、录动效、录音乐、混录、制拷贝（电视剧是完成播出带）。

（一）剪辑

通常是由剪辑师根据拍摄的胶片（或磁带）素材，按分镜头本或场记单，依照导演的总体艺术构思剪出一个毛剪的全片样片（或样带），如九本片，要剪出十本或十一二本，比完成片长度要长些，便于细剪。然后在导演参与下细剪，剪出一个经过结构调整、删减后的大致跟完成片长度相应的样片。再精剪，调整长度，剪出节奏。赶进度的只做两剪，讲质量的，还可四剪、五剪。

其中的剪辑方法、处理技巧是属于剪辑专业范畴。剪辑师是专职，但导演也要内行。把剪辑工作放手给剪辑师，导演不管，是导演的懒惰或无能，是导演放弃了一次再创作任务的不负责任的表现。导演在剪辑时，既可以按原定的剧本或分镜头本的叙事结构相接，也可以打乱或否定原定的叙事结构重新安排结构调整结构，重组段落，经过剪辑还可能改变表演节奏，营造所需要的情绪意境，精简全片长度或延伸长度，等等。这些剪辑工作都需要时间，需要思索要有反复试剪的摸索，急不得。细剪后，可请制片人或有关人士验看，商讨后再进行修改，精剪。对导演这是一次再创作，是弥补拍摄中留下的遗憾的机会。

以往剪辑是在手工剪台上进行的，费时费力。现在大多在电脑上，实施非线性剪接，不但省时省力，更在艺术技术质量上有保证与提高。

1. 原拍摄素材输入电脑后剪辑，原素材的声画质量基本不受损

传统手工剪辑，胶片的样片磨损是不可避免的，原底未动，最后按完成样片套底，画面质量是不损失，但手工套底还是多少会对画面有所磨损。手工剪辑，经多次试剪，改动镜头顺序、镜头与镜头之间衔接的画格会因长度、节奏的变化被减去，若要复归原画格长度便很难了。在非线性剪接中则可随意试剪，增减画格长度，最后落剪后完成片一格都不会损失。原电视磁带在对编机上剪辑，由素材母带剪出子带、孙子带，定带后再加套母带，至少两次母带过机。在套剪时还不是一次过带，这么反复过机，素材母带的画面损耗是每过一次损耗一次。电视画面质量不如胶片画面质量，这也是一个重要的技术性因素。进入非线性电脑剪辑，这些对画面损耗的可能都消除了。

2. 不仅原拍摄素材画面质量不受损，高档电脑还能弥补原素材中某些技术、艺术上的缺憾

原磁带上一些轻微划道、斑点，在非线性电脑操作中经技术处理可抹去。原素材中偏色、影调不足或过重，都可在非线性的技术处理中得到调整。

3. 剪辑时不可避免地要随时调换镜头，删除和增补镜头

原胶片剪辑时，要用手工取下，从排积在木框盒里的大堆胶片里去寻找，再接上，很费时费力。磁带剪接更甚，要从剪好的镜头段落里换下一个镜头，得从换下镜头的地方起，往后重接一遍。数码编剪可按码插剪，但要前后倒换，改变镜头长度，就无能为力了。非线性剪辑则得心应手，可把所需镜头

素材排列在屏幕上随意选取，剪过的段落存放起来，再剪出一个两个方案在屏幕上比较，又能从甲段中截取，置换在乙段里。剪辑的自由度、创作的随意性、灵活性比原传统手工剪辑不可想象地加大了，甚至还能从原镜头素材中任意截取所需要的特写，把原镜头景别从全景变为近景、特写，一镜多用。

尤其修改工序的自由、随意，经历了传统剪辑的人，此时，简直是一种创作的享受。

4. 实施特技处理

以往拍片或拍电视剧的快、慢镜头，要摄影机和特技摄影机做技术处理，或多机、换机拍摄。剪辑上的空格、黑格、抽格、跳格等，都要手工操作，不能有丝毫差错。非线性处理起来，则十分简便、自由，包括字幕形式，字的处理，画格变换、叠化、多维等。

以上四条归纳是很基础的初步认知，随着电脑数字化技术的不断拓展，非线性剪辑在技术、艺术上的可能性将是无限的。

（二）录对白

同期录音不用录对白，但恶劣的声音环境会影响同期录音效果，应在拍摄后及时对画面补录。一些特定环境声中的群众杂声及吆喝声、叫卖声，可在录音阶段补录。

后期对白录音，在生产周期和资金允许的情况下，尽可能争取饰演人物的演员本人来配音，演员熟悉自己扮演的人物和片（剧）中情境，声音会符合人物个性与人物情绪。拍电影在不同期制作情况下，应采取这一配音方式。

找专业配音演员的好处是快，他或她对口型技术熟练，有一定的声音表现力，常常三五个人就能配出二十集电视剧中的十几个人物，一般拍电视剧都这么配音。缺点是专业配音演员常年配音，声音表现模式化、雷同化，又为赶进度，不注意研究片（剧）中人物，声音处理草率。导演这时需控制他们的录音速度，给予指导，在一定程度上会较大地提高对白录音的艺术质量。录音条件的把握在录音师，但常常为赶周期，省资金，制片主任不顾及录音师的要求。这时导演应支持录音师对录音技术条件的起码要求。例如：录音棚是仓库改建的，室外汽车驶过的声响都能漏进棚内。棚内无任何必备的吸音、隔音材料，录音话筒是国产的，录还音音质差别大，不能准确判断录音效果，等等。这样的录音条件下的配录效果，肯定达不到电视台播出要求的录音技术指标，只能重录。多花了钱，还影响了进度。或者在地方保护主义的庇护下，以钱权交易加地方人情、人际关系，予以通过，在地方电视台播出。这是我国大量电视剧生产中屡屡出现的草台班子现象。

（三）录动效

同期录音能解决片（剧）中动效音响构成的基本需要，但有些特殊动效声要在后期补录，如雨声，户外汽车声、鞭炮声、汽笛声、室内钟表声，隔壁或户外的人声嘈杂声等有些特殊音响效果要从声音资料库里寻找，如鸟叫声、闪电雷鸣声、浪涛声、步枪机枪声、炮声、过去时代特有的卖报声和叫卖声等。

不同期制作，需看画面配动效，也称拟音。

导演一般不负责动效录音的监管，均由录音师负责，副导演协助。但片（剧）中主要人物使用的贯穿乐器，导演应提出要求，同录音师一起检验其声音处理效果，这关系到人物心理与情绪的抒发，不是录音师独自能准确把握的。比如剧中人物使用、演奏的小提琴，短笛，箫，口琴，小号，萨克斯等，同期录音有拍摄时的同期效果，但有时演员本人不会演奏，只能后期配录，不同期录音，这类特殊乐器的配录就更为重要，除声音质量，还要严格把握人物动作、口形与所录音响的声画合一。

（四）录音乐

电影音乐是由作曲家创作，乐队演奏，进音乐录音棚录制的。

电视剧音乐，形式多样，连续剧，投资充分的，也请作曲家谱曲，乐队录制；有的则由作曲家谱曲，自行由电子合成器完成配制；也有请人作曲，请小乐队演奏并加电声合成的；还有用"MIDI"完成配乐合成的，等等。

在电影无声片时代，常常能看到播放影片时，影院经理请来钢琴师或小乐队演奏世界名曲助兴，并不要求演奏曲与画面对应，同步。

某些电影大师如美国的库布里克，在他的名片《发条橘子》《2001漫游太空》里，配乐全部选自世界名曲，与画面内容构成巧妙准确的声画对位关系，画面叙述与音乐叙述形成两种不同的有时对立有时相互衬映的独特声画表意系统，给观众以库布里克电影才有的艺术感应。

（五）混录

混录是把对白、动效、音乐与音响资料四条或五条乃至十几条声带在混录台上与画面（视带）对位、同步地混在一条声带上。

录音师应在混录前与导演商定一个混录的声音总谱方案，对全片（剧）的声音构成有一个整体把握，不能上剪辑台后随意性处理。这是影视作品创作最后一道工序，也是一次声画结合的整体性创作活动，不只是技术上的合成处理。电影与电视剧在声音创作上的区别前文已有表述。

电视经电子媒介传播与各类不同性能的电视终端接收，声音信号损失大大超过电影，因此在合成声音处理混录时应更多地关注对白、音乐与主要动效的关系，不必过于追求音乐与音响的细部层次与层次的丰富性差异。电影在封闭性强迫性的影院空间播放，由杜比立体环绕的还放声音系统播送，必须十分讲究声音的质感、层次感、空间感、丰富的多形态声响构成。混录时就要录制这样的声音效果。

混录的声音质量不能全凭录音师和导演的耳感直觉判定，要遵从录音系统的技术指标的达成。录音系统的技术质量是由先进的录音机器与电子设备保证的。混录技术设备的先进或陈旧是录音质量好坏的直接前提。

（六）印制标准拷贝

这是一个技术程序，电影是把混录后的完成样片送往洗印厂的底片车间，拿样片与原底片套底后洗印，并经光学处理将混录完成声带印制在拷贝上。印制拷贝要不断校正调配底片光号与色调，经一校、二校、三校，最后完成一个标准拷贝，以此拷贝作为发行拷贝的底样。这一技术上的最后工序，一般导演是不参与的，由摄影师与配光师协调，但有艺术追求的导演，往往也参与配光研讨，进一步完善全片的光、色处理。

电视则是混录后，与套母带的完成视带合成为一个播出带，将播出带送交负责播出的电视台，由播出带可翻录大批量发行带。

第二节 副导演工作

在人们的印象中副导演就是找演员的，从剧本一定下来，导演就位，副导演就开始找演员了，一直找到最后一场有群众演员的戏，马不停蹄。导演在现场拍戏，副导演要出去找有台词的大龙套群众演员和无台词的众多群众演员。摄制组拍完戏回去休息，副导演还得外出为群众演员定车辆，定到组时间，分期分批到场、退场，发每日酬金。这是副导演的工作，但不是唯一的，有些事是归剧务部门管的。可在一个投资不高的电视连续剧里或低成本的国产电影的摄制中，副导演就得这么干。

按运作规则，副导演是有专职分工的。在国外，欧洲、好莱坞拍电影、电视剧，一个导演要有好几个副导演。有负责找演员的，当然不是主演，主演是由制片人和导演管；有在拍摄现场管群众场面的；有协助美工，代表导演负责化妆、服装、道具的指导与监管的，尤其是群众演员的化妆、服装、道具；还有代表导演监督特技场面拍摄，特技制作的。像法国著名导演阿诺拍《情人》，找女主演的就动用了三位副导演，找到了再分管其他。斯皮尔伯格到上海拍《太阳帝国》，专门请一位中国副导演找中国群众演员并负责现场对这些演员的指挥。斯皮尔伯格后来拍片，常常是用多机拍摄，一台摄影机前一名副导演，多时达六个，他不去现场，只在屋里看监视器，六台监视器显示出一个场面或场景的六个机位拍到的景象，斯皮尔伯格同时看六个监视器，把握整体，分别向六台摄影机前的副导演发出指示，现场执行也是副导演的事。

我国国内拍电影，不算与境外合拍的，包括拍电视剧，副导演的工作是：选演员（主要、次要、群众），监管化妆、服装、道具，负责拍摄现场安排群众场面，代导演现场执行，下达生产通知单等。

一、选演员

选择片（剧）中有人物姓名的主要、次要演员，在研读剧本后，要与导演研讨对人物的理解，对选择演员的要求，如演员的身体条件、年龄、气质、演技、经验、知名度等。一号、二号主演惯例是由制片人与导演选，副导演只是去联络，看对方是否档期允许，对剧本及导演是否有兴趣合作。其他主演、重要与次要角色的扮演者，则需副导演寻找，一个角色要找几个供导演选择，导演不满意便还得另找。

有经验的副导演，因拍了不少戏，都有自己长期积累的演员档案，联系办法，有自己建立的演员关系网络，找演员很方便。通常是去中央戏剧学院、北京电影院、上海戏剧学院与各省有影响的戏剧或其他艺术团体、学校及从以往影视作品、文艺演出中显露了才华的演员中去查找有关演员档案，或见本人，或带回资料与照片，常常还要带上照相机给见到的演员当场拍照，全、中、近、正、侧各景别方位都拍，供导演与摄影判断。演员自己送交的照片，都是自己精选的或专门拍的，突出其形象的优点，掩盖短处，不完全能看出真相，也有把自己拍难看了的，演员自己还不觉得。

北京电影学院有演员培训中心，存有历年我国影视片（剧）中有影响的演员档案资料（照片、剧照、录像、身体条件、演艺经历等），上海、广州等大城市也都有这类介绍演员的资料中心；《大众电影》《大众电视》及各电影厂办的杂志及各类影视画刊中常有对演艺新人的介绍。

新年、春节期间，中央电视台与各省台举办的大型文艺晚会，专项歌舞、小品晚会等都时有新星出现，国外各大电影公司有星探，专司此职，从不出名的或非专业的演员，甚至到表演爱好者中去探寻表演的专门人才，我们国内拍影视作品就只能靠副导演去寻找，选择。

群众演员，通例是到拍摄所在地区去地方的歌舞、话剧、戏曲演出团体去联络，寻找。北京有专门管理群众演员的"穴头"，找到"穴头"，他就能帮你找到各类型的群众演员，上海、广州等大城市也有。

二、安排、指挥群众场面

安排、指挥群众场面，这是副导演职责所在，拍前与导演商洽并领会该场面的导演意图；进场前监督群众演员的化妆、服装、道具及时到位；到现场后，及时安排群众场面中人员进出位置，并走场、排练，让导演检验，随时调整。要通过监视器了解拍摄中镜内空间范围，以免在镜外空间瞎忙。切记，对群众演员要少说戏，说多了群众演员人多听不清，临场发蒙，还是以动作行为指示群众演员在场与进出场的路线，在干什么，要干什么，行走速度，无须解释过多的剧情内容。有台词的演员要事先给台词，背熟，台词多的，稍加排戏即可。这种场面，也有副导演代导演执行的。

三、监管化妆、服装、道具

过去叫负责化妆、服装、道具，其实副导演负不了这个责。化妆、服装、道具是归美工师管，导演与美工师共同负责演员的造型，服装、道具携带的确定，由化妆、服装、道具三部门主管人员执行。好的化妆、服装、道具应有创作主动权、建议权，主动提出人物的造型处理，服装设想，道具安排的建议，在导演认可后，及时制作、租借。副导演只监管现场的催场，检查化妆、服装、道具是否准确，不因场景变换，剧情时间的不同，而造成化妆、服装、道具在时代、时间、场景先后次序上的混乱。欧洲、好莱坞电影体制中化妆、服装、道具是相对独立的艺术创作部门，导演、美工师虽然也管，但化妆师、服装师、道具师都有自己独立创作的权利、职责，省去了导演许多气力。所以奥斯卡电影评选有服装设计奖，我国电影金鸡奖有化妆、道具奖。

第三节 场记工作

场记工作被认为是摄制组里工作最辛苦，最繁忙，最需要耐心与细心的工作。国内影视摄制组里绝大多数是女场记。

1.进组后，她的第一项工作就是列出全片（剧）的场景表。

细列图表，可达几十张，要八开的白纸绘制，复印。各部门可按此表准备工作，一目了然。

2.为导演誊抄分镜头剧本，或记录、整理现场掌握时导演当场口述的现场分镜头方案。

3. 为拍摄现场在黑板画出导演交给的分镜头图式，并列出拍摄顺序镜号，便于摄影、灯光、美工、演员、剧务按镜号顺序准备。画黑板图式可用白、红、蓝、黄粉笔标示人物位置、镜位、移动标记、镜号序列。

4. 记写并用复写纸誊抄场记单，按场记单标示记录。过去场记单还要画图标记现场道具置放位置，以防换镜位与布光时错乱，还要记住演员使用道具、服装穿戴位置，如烟头是半截还是刚燃，左手还是右手执烟，衣扣敞在二扣，还是只剩底扣，酒在玻璃杯中高低位等。如有现场监视器，便可不详记，若没有还要详记，以防换镜位或未拍完第二天续拍时错乱。以上错乱了，即镜头内道具、服装"穿帮"，须重拍，此为场记失职。场记在拍摄后，还得誊写三份场记单：场记乘他人休息时连夜洗印厂的，一份为导演留底，一份送制片部门剪辑时使用。。

不是同期录音，尤要记录下演员对白台词，拍摄时演员对白常常不按剧本，念白或有增删，此时记录不清楚不准确，会给后期配对白带来很大麻烦。

5. 建立艺术档案。这在艺术片电影摄制中很有必要，每次创作会议，镜头会，各部门准备会，导演的创作构思阐述，各部门的讨论建议，议定事项都应有当场记录。一为拍片后的艺术总结，更为拍摄中对各部门的监督、检查，甚至为制片部门对各部门工作的管理提供了依据。

6. 场记有责任提醒各部门应准备到位，他们有导演指示的详细记录为凭，还应时时提醒演员在现场的道具、服装位置。

7. 每日向制片部门提供进度报表，完成镜头数，未完成数，完成进度的实际镜头长度（有效镜头长度），一分钟九十英尺有效镜头（除去重拍，多机位拍同一镜头），拍十分钟，即长度为九百英尺。

8. 有责任时时向导演提示他可能在繁忙中忘记了的事情或对各部门曾要求过的创作指令。不提醒导演，一旦出现创作上不应有的失误，场记也有责任。

9. 拍电视剧，场记工作相对比拍电影轻松些，有监视器，不必在场记单上记录那么多内容，场记单相比也简单些。但仍要在每拍完一本的录像带上详细标明该本像带中的集号场号及其拍摄内容，还要标明每个镜头之间的拍摄时间长度与数码，以利剪片时寻找镜头资料的快捷、方便。

对导演工作职责与任务的考察，我们基本上还是从我国国内影视剧（片）的创作现状与历史的经验和影视人共识的不成文的行规来归纳的，虽然也吸取了世界电影史上及各国电影大师们部分零星的创作成果，力图疏理出一套带有某种规律性的运作章程。

第七章 导演场面调度

什么是场面调度呢？场面调度这个词源于戏剧，《电影艺术词典》有关场面调度是这样解释的：（mise-en-scene）出自法文，意为"摆在适当的位置，或'放在场景中'。开始用于舞台剧，指导演对一个场景内演员的行动路线、地位和演员之间的交流等表演活动所进行的艺术处理。由于电影和戏剧在艺术处理上具有某些共同性，场面调度一词也引用到电影创作中来，意指导演对画框内事物的安排。"

第一节 电视场面调度概述

电视的场面调度，《中外广播电视百科全书》是这样解释的："场面调度是电视导演对一个场景内，演员行动路线、位置的转换与移动的安排，通过人物的外部造型形式与景物的配置和组合，调动摄像机方位的运动，形成一幅幅角度、景别不断变化的活动画面，达到屏幕造型与艺术感染力的最佳效果。"

电视的场面调度分两层意思。一是摄像机的调度，包括摄像机机位的移动和摄像机光轴的运动和焦距焦点的运动方式；二是被摄主体，其中包括演员和被拍摄采访对象在摄像机前位置的移动，既包括舞台上的横向移动，也包括纵深移动。当然也不排除镜头与被摄主体这两者间的综合运动。电视的场面调度在电视剧和电视艺术类节目中，是由导演安排的，导演在这时有绝对的控制权；新闻纪录片也并非绝对没有场面调度。导演在拍摄前，也要选择机位和镜头的运动方式，有时也要安排一下被摄主体的活动，即一般性的"可以控制的拍摄"，即使是纪实性节目，摄像机也要根据编导的意图不断地改变摄像机的机位，像《焦点访谈》《东方时空》栏目中《生活空间》（现改为《百姓故事》）和《东方之子》中，我们也可以明显看到编导在拍摄过程中的场面调度安排。

场面调度既然在电视导演过程中无时不在，那么场面调度有哪些基本形式呢？导演在场面调度过程中，一般最基本的处理方式是单个镜头的场面调度和一个场景的场面调度两种主要处理方式。在这两种类型的场面调度中，都包括两个方面：被摄主体（包括演员）的调度和摄像机的调度。此外，还有虽是一个场景中，却是剧作中不同段落中的相类似的场面调度，以及这种场面重复产生的相关联的戏剧发展。

一、单个镜头的场面调度形式

（一）被摄主体（演员）的调度

1. 沿水平线横轴调度（简称横向调度）

这是被摄主体沿上下画框并与画框平行移动的方式。戏剧表演在舞台上基本是以横向调度为主的。被摄主体这时的移动方向与摄像机呈 90 度角，这种水平横轴的调度就像戏剧中的上台和下台，常表现为入画和出画。导演在调度过程中有三种方式可供选择：

（1）穿越式的横向调度：被摄主体沿画面水平轴穿越画面。电影《阿甘正传》中，阿甘长跑穿越美国，有一个满天晚霞的大远景写意镜头，阿甘独自一人在旷野中跑着，富有诗情画意，表现了阿甘不屈不挠、不达目的誓不罢休的性格。这种调度受景别和被摄主体的运动速度的影响，被摄主体在画面中的面积越大，速度越快，穿越画面的时间越短。电影《毕业生》中，罗宾逊太太在旅馆与本杰明鬼混，影片用了横向调度的方法表现罗宾逊太太四次横穿画面：第一次用虚焦表现为一道白光（裸体）横穿画面，第二次罗太太只戴了胸罩，第三次穿着衬衣，第四次则穿好外衣走出门。这四次横向调度是一个镜头拍成的，任何人穿衣服的过程都没有这么快。可见这种调度方式具有一般的介绍性功能，因画面中横向移动中长度有限，这种过客式的镜头也只能是过场戏，一般不用它展开剧情。

（2）具有突出被摄主体的横向调度：被摄主体从画面左右两侧入画后，在画面中停顿，这有点像舞台剧中演员上台。这种入画方式是一种向舞台剧场面调度学习的表现方式。早期电影如梅里爱的神话剧都采用这种上场方式。在《春节联欢晚会》中大多数小品都采用这种上场方式，小品《相亲》《钟点工》中赵本山的上场都采用这种方式。影视剧中也常用横向入画的方式。

（3）被摄主体的往返式横向调度：被摄主体入画后，沿水平轴运动后转向后向相反方向运动。这种折返具有故事转折的含义。

2. 沿纵轴的景深调度（简称纵深调度）

这种调度是影视区别于舞台戏剧调度的最主要形式。巴赞推崇的景深镜头其镜头内在的表现形式其中最主要表现为纵深调度。它是影视作品在二维的平面西面中表现真实世界三维空间的一种形式。当然，纵深调度包含着纵深的演员调度，以及纵深的摄影机的调度。

就纵深的演员调度来讲，有三种方式：

（1）穿越式的纵深调度：被摄主体迎着镜头或背对着镜头沿纵向轴的一种运动方式，这种被摄主体的纵深调度是每个电影和电视剧的镜头中都可以找到的演员调度方法。在电影和电视剧中有一种称之为挡黑镜头的演员调度方式，即被摄主体向镜头走来，挡住镜头的光线，这个镜头还有一个和它对应的镜头，同一个或不同的拍摄主体，从镜头前向前走去，镜头由黑到亮，两个镜头连接在一起主要用做转场。和这类似的镜头像汽车等交通工具向摄影镜头驶来，并在头顶上疾驶而过。大型纪录片《望长城》中，主持人焦建成背对摄像机向博物馆走去的镜头也是同样的用法。这种"过客"式的镜头，显然是用于过场戏的过渡方式，它会产生纵深的空间感。

（2）具有突出被摄主体的纵深调度：被摄主体从景深深处向镜头运动，然后停在镜头前。这不像前一种调度，被摄主体在镜头前是一个由远及近的"过客"，消失在镜头中（如挡黑）或镜头外（如在镜头前左右上下跃过），被摄主体在镜头前停下来，具有展示和突出被摄主体的作用，它往往会引发一段戏剧故事。《阿甘正传》中，阿甘从远处向镜头前跑，突然停住了，在阿甘身后，有一大群追随者，后面跟着跑的人也站住了，阿甘转过身，对身后跟跑的人群说："我该回家了……"。在类似电影电视剧单机拍摄的《致春天》——1998 春节歌舞晚会，彭丽媛演唱的歌曲《梦归故乡》的第一段演唱中，采用了演员纵深调度的手法，通过一个长镜头，让演员从景深深处迎着镜头走来，唱完了第一段歌曲，这也是采用了突出被摄主体的纵深调度的方式。

（3）被摄主体的往返式纵深调度：被摄主体从镜头前向景深深处运动，然后停住，向反方向运动；或者和这种形式完全相反。电影《阿甘正传》中，阿甘从美国大陆一头跑到另一头，到了海边上一个在水中搭建的小屋的小木桥上，没了路，又折返向回跑来。看过这个镜头的人很容易联想到马拉松中途有个折返点，从这里，要折回原路跑回去。马拉松转播时，摄像机都是放在折返点外的位置，《阿甘正传》的导演设计这个镜头时也用到了马拉松比赛时的这种特殊的处理方法。这种往返式纵深调度往往暗示着故事将发生某种形式和内容的转折，为他后面要回家做铺垫。

纵深调度在电视剧中是屡见不鲜的。问题是晚会中演员的纵深调度却是一个历来不太好解决的难题。我们见到的大多数演员调度是从台口两侧的水平横向调度。1998 春节联欢晚会中，冯巩、牛群表演的相声《坐享其成》和黄宏、宋丹丹表演的小品《回家》都是在观众席间亮相，然后登台的。黄宏、宋丹丹演出结束时，又与登台时的纵深演员调度形成呼应，从台上走下来，回到观众席间，向观众散发贺年卡，这是导演在试图运用纵深场面调度的演员调度。

3. 被摄主体的斜线调度和交叉调度

斜线调度是沿电视画框的对角线的调度方式，所以也可以称之为对角线调度。对角线是在电视构图中最长的直线。我们知道，利用对角线最长这一特性，可以表现运动，尤其是动感强烈的镜头。电视中的体育比赛，往往选用对角线构图。冬季奥运会上的跳台滑雪，往往采用斜线调度。在影视作品中，表现动感强烈的镜头，也常常用斜线调度来表现。

当两个高速运动的被摄主体出现在电视画面中，特别是美国西部片中常常出现交叉调度，最典型的例子类似格里菲斯的"最后一分钟营救"那种追逐戏，导演总要使用交叉调度来制造紧张气氛。国产电影《铁道卫士》中，高科长得知国民党特务已经跳上了开往朝鲜的军火列车，他乘吉普车追火车，公路和铁路前面出现了交叉路口，吉普车加大油门，提前一点点冲过交叉路口，最后他终于爬上了军火列车，在火车开进长岭隧道，炸弹即将爆炸前的一刹那，消除了国民党特务放置的定时炸弹。影视剧作中，导演为了避免镜头过死，常常在戏中通过演员的交叉换位进行适当的调度，这是在大段人物对话中经常采用的手法。电影《小兵张嘎》中嘎子给躲在村子里的老钟叔送饭，开始老钟叔坐在画左，嘎子在画右。老钟叔掏出给嘎子做的小手枪，嘎子站起来，跑到老钟叔身边，高兴地拿着小手枪，磨老钟叔讲罗金保用扫帚疙瘩缴鬼子王八盒子的故事，这时俩人又坐下，双方神不知鬼不觉地换了个位置。这种交叉调度使一个较长的镜头富于变化，使人感到这种场面富于生气。

在 1998 春节联欢晚会上，歌曲《相约一九九八》中，第一段那英和王菲一左一右站在舞台两侧，第一段唱完之后，在第二段音乐过门中，两人向舞台中央走去，换位后，各自走到对方原来站的位置上，形成交叉换位的调度，当第二段歌曲快结束时，两人从两侧走向台中。交叉换位调度，避免了由于演员表演过程中站在原地不动，使场面富于变化，充满生气。

4. 上下调度

被摄主体沿画框左右两侧进行纵向移动，同横向移动一样，一般也有三种方式：穿越画面、进入画面后在画面中停留、进入画面后又转向重新出画。上下调度一般被摄主体要利用立体空间物进行上下移动，如台阶、山坡等，这是利用演员自身的运动，还有一种是利用上下移动的工具，如电梯、直升机、降落伞等。

演员的上下调度在舞台剧中是极少出现的。在电视晚会中，近年来通过搭台阶，实现了演员在舞台上的上下调度。1998年春节联欢晚会和庆祝香港回归的大型文艺晚会《庆回归》中利用舞台两侧搭起的台阶进行上下调度。

上述四种调度尽管有转身和折返，总体上是直线调度的形式。

5. 曲线调度

与直线调度不同，被摄主体是进行曲线运动。其中有：

（1）弧线调度：被摄主体进行半圆形的走位。

（2）圆形调度：被摄主体围绕某一特定物体或没有一个特定物体，而进行圆周运动的形式。后面这种空心转的形式以歌舞片中出现居多。美国音乐歌舞故事片《出水芙蓉》中，在游泳池中，女演员们通过游泳造型在水中组成了一个圆圈，这是一个比较有名的圆周形调度，这是类似舞蹈造型的演员调度。

（3）S形曲线调度：被摄主体呈s形运动，规则的s形曲线运动在实际生活中很难找到，往往出现于舞蹈节目和一些特殊项目的体育比赛中，高山滑雪的大回转和在大海冲浪运动被摄主体是呈现s形运动的，s形运动如果是沿画框横轴方向曲线前进，其前进方向时而朝向摄像机，时而背离摄像机，呈s形运动，被摄主体在画框中的面积不会发生太大的变化，景别变化不大：如果是沿画框纵轴方向曲线前进，表现为景深方向的移动，被摄主体在画框中的面积会发生变化，即景别会有改变。

我们知道，蛇形线条从构图学上的含义，美学家柯迦兹认为是"美的线条"，同时作为曲线，表现了生活经历的曲折。电影《黄土地》中，导演为表现主人公翠巧的命运，在黄土地上的一棵小树前，让摄制组成员先踏出一条S形小路，翠巧在这条路上走，这条路代表着翠巧不幸的命运。

s形调度常常表现一个拍摄主体（演员）在众多的拍摄主体中穿行，会形成不一定很规则的s形场面调度。比如，在某些地方找人或找什么东西，通过走向镜头和离开镜头，出现两次往返，或向画框两侧反复运动，便可以形成这种被摄主体或演员调度。

（4）螺旋式调度：螺旋表现为立体的圆周式运动，这种调度方式与平面调度不同，摄像机一般要居高临下，被摄主体借助旋转楼梯或可以构成这种运动形式的特殊设施进行立体的纵深调度。2001年《维也纳新年音乐会》中《小鬼马祖卡波尔卡》节目，舞蹈演员上楼梯和下楼梯就是利用类似螺旋式调度的形式拍摄的。纪录片《警士的功勋》（该片在中央电视台《人民子弟兵》栏目中播出过）中利用旋转楼梯拍摄了几个消防战士沿楼梯跑的一个镜头，画面看去视觉效果很好。

6. 被摄主体的不规则调度和综合调度

在实际生活中，人们不可能都机械地按上述图形活动，往往表现为不规则的运动形态，有时也会几种调度在一个镜头内出现，成为综合调度。一般来讲，在影视作品中，被摄主体往往是处于不规则和综合的调度之中，在导演要拍摄的个镜头中，演员既可能进行水平的横向调度，也可能突然改变为朝纵深方向运动，因此这种调度是最多的，还有可能出现在水平调度过程中加进上下调度，如一个人开始在大街的人行道上直走，拐了个弯向路边的方向走去，然后又蹬上了一个台阶。如果是一个镜头拍下来，就有了横向、纵向和上下三种调度。这样的镜头即形成了不规则的图形，也可以看成是综合图形。在影视剧中，这种类型的摄像机调度或被摄主体的调度是很多的。在电视纪录片中，这种不规则或综合的调度更为司空见惯，导演不可能过多干预被采访对象的活动，特别是纪实性很强的抓拍镜头，导演无法去调度被摄主体，因此这种不规则的调度往往是纪录片的主要调度形式。这里，我们把不规则调度和综合调度放在一起，但二者并不是一样的概念。综合调度里包括不规则调度，不规则调度走位忽东忽西，忽上忽下，毫无几何图形规则可言。这应该加以区分。

（二）镜头调度

导演在场面调度过程中，除了指挥演员走位——调度被摄主体外，还要调度镜头，镜头调度主要指摄像按导演的要求，对拍摄的每一个镜头画面的景别变化、摄影角度和运动形式的具体实施。镜头调度包括单个镜头的调度和组合镜头即一场戏的镜头调度两种含义。

单个镜头的调度包括两层意义：一是焦距和光轴的变化，即通过改变摄影镜头的摄影焦距可以改变景别，使被摄主体在画面中的面积大小发生改变。这主要指推、拉镜头，光轴变化指摇镜头。二是改变摄影距离，即摄像机与被摄主体的位置，换句话说是改变景别，主要通过移镜头，包括水平移和垂直移（升降）镜头，使被摄主体在画面中的面积发生改变。

这里重点要介绍一下移镜头。我们前面介绍了各种被摄主体的场面调度形式，这些调度形式在镜头调度过程中也可以表现出来，这主要是通过移镜头来实现。苏联著名导演罗姆认为："除了表现纯粹是日常生活的场景之外，采用移动镜头在原则上应具备三个条件。第一，以环视全景的角度所拍摄的移动镜头应该展示出事件的规模。""第二和第三个优点：它令人信服地给观众表现出动作的同时性和动作地点的统一。"移动镜头，从画面看，多为动态构图；从机位来看，处于连续不断的运动之中；从拍摄对象看，镜头的视点不断改变。"如果是有原则地运用这些手法，都能使人们对所表现的场景发生更为深刻的和新的理解。"

镜头在移动过程中，与被摄主体角度不同的移镜头会产生不同的视觉感受：横移：前景的景物移动快，后景的景物离得越远移动得越慢；速度越快，前景就会越模糊，运动感越强烈。

纵深移：景物和被摄体会产生向你移动的感觉，速度越快感觉越强烈。在移动过程中，前面有障碍，拐过去或跨越过去，就会发现新的空间。

跟镜头：由于摄像机跟随被摄主体移动，特别是新闻和纪实摄影中，由于被摄主体不规则的行动方向和路线，呈现出不规则的镜头调度。

横移、纵深移结合起来的镜头和跟镜头，在视觉上会不断出现新元素，它强烈的动感和不断进入镜头的戏剧因素，充分表现了影视艺术的优点和独具的特点。移镜头的这些特点，是定点的推、拉、摇运动镜头的视觉感受所无法比拟的。这就是为什么现代影视艺术在表现手法上特别注重使用移动摄影的原因。

1. 通过横移可以表现镜头的横向调度

（1）横移具有展现大场面之妙：由于被摄体呈静止或相对静止状态，摄影机在移动中，被摄景物依次的镜头前闪过，可将整个大场面巡视一番，对全局有个全面认识。因此，特别善于表现大的战争场面。

美国电影《西线无战事》以连续性的移动镜头拍摄美国士兵进攻德军战壕的情景。摄影机沿着战壕快速移动，它的视野包括冲向战壕的士兵和中弹倒下的士兵。在前景中，不时有机枪手射击的背影。一批又一批士兵倒下，有人冲出战壕后又倒下 多姆评论这段时指出："如果用一系列单独的镜头来表现倒下、搏击、死亡、射击等等，永远也不能获得如此规模的集中表现。正是借助于镜头的运动，即表现不断的死亡，才使得镜头画面获得充分的表现力。在这里，整个任务在于表现出动作的同时性和动作的空间局限性：在一个地点，在一秒钟内。"（罗姆《论蒙太奇》）电影《战争与和平》中，在表现著名的波诺基诺战役中，用长达上百米的横移镜头，表现了史诗般的战争场面。我国影片《大决战》在表现三大战役的决战时，凡表现宏观场面，均采用了横移镜头。辽沈战役中通过杜聿明坐在飞机上的主观镜头，用空中移动摄影，将我军围歼廖耀湘兵团的场面表现得非常壮观，平津战役用直升机上的航拍移动摄影表现我军海河大桥上胜利会师的场面，淮海战役则表现我军发动最后进攻的快速横移。

在 1998 春节联欢晚会首次在新建的 2000 平米的一号演播厅内进行，多次出现了展现演播现场规模的横移镜头，有一架专供拍全景的摄像机放置在最后一排观众席后，摄像机通过横移，将春节联欢晚会的宏观场面展示给观众，表现了这台晚会的规模。

（2）横移也可以表现大场面或一般环境中的局部细节。在1998春节歌舞晚会《致春天》的《生死相依恋着你》中，台阶上走下一排排戴贝雷帽的驻港部队指战员，为表现他们的精神风貌，通过多次运用横移，将战士们一个个近景展现在观众面前。

2. 通过前移和跟镜头可以表现镜头的纵深调度

（1）前移镜头作为摄影师的主观镜头，可以代替观众的眼睛，去探寻事物的奥妙。镜头在前移过程中，方向、视点、角度、景别可以在移动中不断变化，可以用一个镜头获得所在空间的不同方位、侧面的总体印象。《望长城》中有一段探寻水下长城的精彩的水下移动摄影。摄影师潜入水中，镜头在水草中穿行，渐渐地，前面出现了一段修水库后淹没在水中的完好的长城。镜头不仅看到水下长城的外观，而且钻进长城的敌楼中探幽，随后镜头掉转方向，又钻了出来，沿着墙城向前游去。这是一段电视界津津乐道不多得的水下摄影场面。

（2）在电视采访中，移镜头和跟镜头可以代替记者的眼睛搜寻感兴趣的人和事。定点拍摄的主观镜头无法深入现场，而移动镜头却可以根据需要随意前行，它可以跟着主持人走，也可以不设主持人跟着采访对象走，甚至可以自己向前，拍摄你视点之内一切感兴趣的东西。纪录片《望长城》中，主持人焦建成去寻找王向荣，他一路打听，包括寻问牧羊人，随后跟一位背柴禾的妇女打听，又跟一个小孩进了村，在村里碰上一位村民，他告诉了王向荣的家，主持人费了几番周折才进了王家的院子，后来才见了王向荣的婆姨、孩子、年迈的母亲。这一段属于跟着主持人走。

跟镜头和前移镜头的纵深场面调度有一些区别，跟镜头顾名思义，它是跟个拍摄主体前进，摄像机通过前跟（摄像机在被摄主体前，镜头方向朝后）、后跟（摄像机被摄主体后，镜头方向朝前）和侧跟（摄像机在被摄主体一侧，处于基本平行的位置），跟镜头拍摄的画面中被摄主体的大小大体基本一致，而移镜头则没有一个固定的拍摄主体，前景和后景的动态构图会产生前快后慢的效果。意大利著名导演安东尼奥尼拍移动镜头，为获得真实的影像，常把摄影机扛在肩上，镜头朝后，用偷拍的办法获得真实感人的场面。

（3）移镜头可以作为剧中人的视线。电影电视剧中，剧中人行走或坐上车为模拟剧中人的视线，导演常根据剧情需要，在行进中，或在车上拍摄一些车窗外的移动镜头。在汽车拉力赛中，每当我们看到镜头放在驾驶员的位置上向前拍摄，我们就能体验到驾驶员此时此刻的视觉感受。

3. 在移动摄影的场面调度过程中，有两种情况会产生强烈的动态效果

（1）对高速运动的物体的追随：追随是移动摄影中最富感观刺激的手法。追随一种是并列，另一种是跟镜头，这里主要讲并列。并列由于镜头与被摄体在运动中处于相对静止状态，而在两者之间本来不动的前景和后景与镜头处于相对运动之中，所以画面上，前后景在"运动"。这是影视剧中表现运动的主要手法，尤其是两辆汽车或两个高速移动的物体并列，在动作片中屡见不鲜。在《望长城》中，片尾用的汽车追烽火的镜头，在汽车与烽火台之间，有和汽车相对静止的空中摄影的蜜蜂二号小飞机，这两者是并列：前景是飞速后退的树木，而后景是相对比前景后退慢些的烽火台，使画面富有层次感。

（2）与运动物体方向相反的逆向运动：一般来讲，摄影镜头运动的方向与被摄主体运动的方向相反时，移动的速度快慢影响制约着节奏。

高速运动的物体的逆向摄影，会使镜头内部节奏加快，可以产生特殊效果。这种镜头往往用来表现某种特殊效果，或烘托剧中人突然爆发的某种感情。

4. 通过曲线移动，可以表现镜头的半圆、圆形调度、s形调度、螺旋形调度等等

半圆和圆形调度：在《望长城》中，主持人焦建成在内蒙古东部赤峰看到清朝皇帝立的一块要求臣民保护塞外长城的石碑，为表现这个石碑碑文的内容，摄像师跟主持人焦建成围着石碑整整转了一圈。在焦建成访问王向荣途中，碰上一个唱爬山调的种地人，焦建成和他交谈，了解爬山调的来历，并请种地人唱了一段。这一段对话时间很长，主持人和种地人面对面站着，摄像机一动不动，画面会很呆板，摄像机围绕俩人的位置圆形调度，使画面变得生动起来。

s形调度：1998春节歌舞晚会中的《生死相依恋着你》，为表现驻港部队的精神风貌，在舞台后部的表演区的阶梯上，站着几排戴贝雷帽的驻港部队的战士，摄像机在战士的队列中利用了一个s形的曲线纵深移动，将这一个个战士的英武形象的中近景镜头——展现在观众面前，这种纵深的s形曲线移动摄影在过去的影视作品中很少采用。s形的纵深曲线调度由于无法在被摄群体中间架设移动轨道，一般需要摄像师扛着沉重的摄像机在被摄群体中间快速移动和拐来拐去，移动时要保持匀速，不能忽快忽慢，持机要平稳，一般讲摄像机需要减震架设备，这对摄像师的操作水平提出很高的要求，所以一个非常成功的、运动速度又相对较快的s形曲线纵深调度并不是那么容易做到的。

此外，还有镜头的螺旋调度，这种调度只能借助旋转楼梯或直升机等航空器进行，一般我们很少见到，如果有条件可以拍到很精美的画面。

5. 移动镜头拍静物有使静物化静为动的功能

如果移动镜头在被摄体前做直线横移，那么物体在画面中会与镜头方向做相向直线运动；如果镜头在被摄体前做斜线运动，物体将出现斜线上升或下降；如果镜头在被摄体周围做圆弧运动，被摄体将会出现旋转。此外，还可以拍摄出被摄体上下和综合的不规则运动。这种使被摄体运动的摄法是靠镜头和被摄体相对运动来实现的，可以用来拍城市雕塑、建筑物，也可以用来做特技摄影，如拍出土文物。像铜奔马，又称"马踏飞燕"，有一部纪录片就是用圆弧运动镜头使这个铜奔马"动"起来。

（三）综合场面调度

所谓综合场面调度包括镜头调度和被摄主体两者都在运动的场面调度。在镜头调度过程中，也不会只有一种运动形式，往往要有两种至两种以上的镜头运动形式，这种形式被称为综合镜头调度，而综合场面调度则既包括了综合镜头调度又包括了综合场面调度。比如，在故事片《逃往雅典娜》中，一开头有一个在直升机上的航拍镜头，画面是大海，一会儿远方出现了陆地，接着又出现一个城堡，航拍镜头中城市从远景变成小全景，摄影机开始用降镜头，城里一间屋子内跑出来一个人，挣脱了两个纳粹德国士兵，跑出院子后，沿着小巷跑，直升机上的摄影机跟拍，小巷变成近景，而对被追赶的人则是个小全景……这个精彩的长镜头既有镜头的综合调度，包括跟镜头和降镜头，城市的景别从大远景变成全景、近景，这运用了变焦距和变机位结合的推镜头；也有较为复杂的演员调度，包括从屋内逃出来的人和德国兵的追杀。这两种调度结合在一起已很不容易，加上镜头始终是在直升机上拍摄的，这就更增加了难度。

二、多镜头场面调度的组合

一场戏的场面调度形式：场面调度从话剧舞台上演变到电影电视上，形成了一个系统性的导演理论：它不仅可以体现在一个场景中，导演如何指导演员和摄像机的运动和演员运动，也可以在整场戏与整场戏之间实行两场戏完全相同或相似的场面调度。

（一）戏剧情节相同或相似的重复性场面调度

爱森斯坦在《结构问题》一文中指出："确定各部分的连接和联系的这类手法中，最简单的手法之一就是重复。"重复性场面调度最重要的特征是戏剧情节的完全相同或相似，表现为环境空间的相同，人物对话和行为动作的相同，导演在摄影摄像的处理上也尽量保持相同，观众会对这种场面的重复产生强烈的心理反应和屏幕效果。

重复性场面调度在电视剧中是一种常见的导演处理方式，在电视连续剧《宰相刘罗锅》第 34 集中，有一段处理：当乾隆决定将皇位让位于皇十五子嘉庆王，刘塘拜见皇十五子。下面，我们略为详细加以介绍：

刘埔"阿谀"道："殿下谦和温厚，忠孝善良，才思敏捷，英武果敢，上呈圣主之崇命，下得臣民之拥戴，天下幸甚，社稷幸甚，皇座幸甚，百官幸甚，万民幸甚，奴才也幸甚。"

嘉庆王不解，问道："刘忠堂，您这是何意呀？"

刘塘对着空空的庭院，假门假势地说："殿下，您请看，这是一对玉如意，纯正的和田美玉雕成，上面镶嵌着夜光宝石；殿下，您再往这面看，他们手里捧着一对赤金壶，十双银杯，那边盒里还有四挂特大珍珠，这边盒里有一对小翡翠瓶，还有四壶珊瑚画瓶，这是十八 K 金的西洋钟表，这龙凤花轿里边装个顶顶希罕的物件，您是绝猜不出来里面是什么，劳您的大驾，请您把轿帘掀开，请看——这就是避月羞花之貌，这就是沉鱼落雁之容，倾国倾城，百媚千娇，既端庄又风情万种，既苗条而又丰腴柔嫩，多一分则嫌肥，少一分则嫌瘦，您让她笑她就笑，笑得像牡丹盛开，您让她哭她就哭，哭得像海棠带雨，到了夜晚，香喷沐浴之后，一块扶上牙床，玉体绵软，酥胸高耸，她会让你飘飘然如上九天，她会让您享受人间的欢乐，这是呈献给殿下的一点薄礼，聊表寸心，不成敬意，请殿下笑纳。"

这时架上的鹦哥模仿刘塘的山东口音学舌："表表寸心，不成敬意，请殿下笑纳！聊表寸心，不成敬意，请殿下笑纳！"

嘉庆王觉得这不像刘塘的为人，况且又不见礼物，笑问："刘塘，你这不是在唱戏吧？"刘塘道："角还没登场呢，我只是模仿模仿学个大概而已，这只是预演。"

俩人正说着，来人报告："和忠堂和大人要见陛下"于是刘埔回避到室内，和绅来见皇十五子。正如刘塘所言，和绅果然像那架上鹦哥，照刘塘刚才说过的话几乎一模一样说了一遍："殿下谦和温厚，忠孝善良，才思敏捷，英武果敢，上呈圣主之崇命，下得臣民之拥戴，天下幸甚，社稷幸甚皇座幸甚，百官幸甚，万民幸甚，老奴幸甚"。的确，让刘塘猜着了，和绅与刘塘刚才的"预演"几乎是如出一辙，不过这回可是真的。他将带来的宝物让这位即将登基的皇十五子——过目，比刘塘的预演更有过之而无不及，称赞了一番他献的礼物（台词省略），最后对着花轿说，"殿下，劳您的大驾，掀开轿帘，一看便知，请看——这就是沉鱼落雁之容，这就是闭月羞花之貌，千娇百媚，国色天香，倾国倾城，既端庄又风情万种，既苗条而又丰腴柔嫩，多一分则嫌肥，少一分则嫌瘦，您让她笑她就笑，笑得像牡丹盛开，您让她哭她就哭，哭得似海棠带雨，到了夜晚，香喷沐浴之后，双双扶上牙床，但见玉体绵软，酥胸高耸，她会使您飘飘然如上九天，她会使您享受人间的欢乐，这就是老奴呈献给殿下的一点薄礼。聊表寸心，不成敬意。请殿下笑纳。"

这时架上的鹦哥又第二次在学舌："聊表寸心，不成敬意，请殿下笑纳！聊表寸心，不成敬意，请殿下笑纳！""这学舌的鸟儿"，和奇怪地自言自语，"这鸟学的话怎么带山东味？"（根据电视连续剧《宰相刘罗锅》电视录像带整理，台词有删节）这两段戏台词如出一辙，从表演上一则是"虚"：刘塘在演"戏"，做的是无实物"小品"，另一侧是实，和绅正在取悦新主子。两段戏内容上完全一样，这种导演对剧情及表演的处理方法我们称之为重复性场面调度。明代王骥德在《曲律》中说："戏剧之道，出之贵实，而用之贵虚。"一虚一实，这种重复性场面调度起了忠奸两臣的鲜明的对比作用，对全剧的喜剧风格起了重要的烘托。

上述的重复性场面调度是不同拍摄对象（不同主体）相同拍摄内容的重复调度，这两段戏台词、表演相似，演员的走位、镜头的运用也相似。

（二）前后呼应的场面调度

这是相同拍摄主体的重复性场面调度，这种调度表现为剧情或人物关系发生变化以后，在同一地点，不同时间的戏剧段落中出现的表现同一类主题的导演调度手法。比如电影《五朵金花》中蝴蝶泉边两场戏，在影片的开头和结尾处，都是共同的主人公阿鹏与副社长金花，都是以对歌的形式进行表演，歌曲使用同个民歌的曲调，两场戏男女演员的站位和走位的方向路线也都相同，导演在摄影镜头调度上也基本一致，开始都是金花独自坐在蝴蝶泉边的大石头上梳头，随后是阿鹏在泉水对岸出现的镜头，他边唱歌边向金花走过来，俩人到了一起，共同出现在一个镜头画面之中，镜头的运动形式也是相同的。这种重复性场面调度不是情节的简单重复，而是剧情的升华，头一次是两人在蝴蝶泉边定情，后一次则是两人的爱情经过磨炼和考验，开出美丽的花朵。它表达了情感的升华，是剧情和情绪螺旋式发展的表现。

前后呼应的场面调度常常用于一部片子的开始和结尾。美国影片《西线无战事》表现一次世界大战期间，德国举国动员参加战争的场面。影片开头在教室里一群年轻学生在听一位老教授的战争叫嚣，窗外是大队穿上军装准备上前线的青年人。结果这群学生上前线后大多战死，影片结尾一个学生佝幸生还，回到母校，教室里那个老教授又在对另一些青年进行战争动员。杭州电视台拍摄的电视艺术片《阿姐鼓》在片头和片尾都使用了一个点蜡烛的镜头，从一个蜡烛点亮，蜡烛移动到西藏一个喇嘛寺院的转经轮前开始，又以同样形式的一个镜头结尾，它用这个镜头隐喻人生的轮回，这便是《阿姐鼓》的主题内涵。

（三）具有象征意义的场面调度

重复性场面调度不仅表现在台词或段落的完全相似，演员的表演方式、演员调度的相似，摄像机、摄影机的表现技法相似之外，重复性场面调度有时则表现为人物、地点即场面的相同，或是大体上的一致。其特点是没有具体剧情、反复出现，并能表达某种导演意图的重复性镜头和场面，这也是重复性场面调度。1986 年获第 7 届全国优秀电视剧"飞天奖"单本剧一等奖的《希波克拉底誓言》是一部非常注重构图和表现形式的作品，为了表现医院里科学而严格的规章制度，每天上班，眼科主任带领全科的医生穿着白大褂，排成一路纵队来到诊断室。这个场面在剧中反复出现，开始是老主任在前，其他几个医生按在科里的地位依次往后排。老主任退休之后，几个医生开始对科主任的位置进行暗中较量。这个排位实际上是排座次发生了变化，科里人们的上下级关系通过每次上班的纵队中便可以看出来。这种没有具体剧情、反复出现，并能表达导演意图的重复性镜头和场面也是重复性场面调度的常见形式，因此重复性场面调度并不一定像《宰相刘罗锅》中为皇十五子嘉庆王送礼那一段，台词和剧情全部重复。这种重复性场面调度具有一种隐喻或象征作用。

这种具有象征或隐喻作用的重复性场面调度常常为表现剧中人身份和串联上下段情节，起一般性的过渡作用。比较早出现的是格里菲斯《党同伐异》中的那个婴儿摇篮车的过渡镜头，格里菲斯为了把四个不相关联、不同时期的历史故事串联起来，于是想出了这么个主意。这种手法为后来的大多数电影和电视导演们所效仿。电视连续剧《水浒传》中从林冲上梁山开始，反复出现了一个镜头：梁山聚义厅的大匾，直到第三十二集"英雄排座次"将聚义厅改为忠义堂以前，多次出现这个牌匾，这种重复性场面调度，旨在揭示在这以前主题是梁山聚义，而这以后主题即表现为"忠义"二字——准备接受朝廷招安，具有明显的象征和隐喻作用。

（四）"多重三"的场面调度形式

《诗经》中《硕鼠》的结构特点，《诗经》中的"国风"——当时的民歌，往往用三段的每段完全对称的句式，这大概是因为"风"本身就是能入乐的歌词。这是中国古典诗歌的特点，这种手法，在电视剧《宰相刘罗锅》和《水浒传》的重复性场面调度中，也多有表现。

在前面举过的例子《宰相刘罗锅》34集中，乾隆皇帝认为自己年事已高，决定让位，于是在让大臣爬梯子去取他早已写好的密诏，他第一个让和珅去取，和珅怎么也爬不上去，只好说自己的两条腿实在是不管用了，乾隆又让另一位大臣去爬，他当下跪倒在地，表示不中用，乾隆最后让刘塘去爬，刘塘尽管年龄也不小了，但腿脚还麻利，一步一步稳稳当当爬上去，取下装有皇上密诏传位于皇十五子嘉庆王的手谕。这同一件事让三个人去重复表现的手法，就是运用"风"的表现形式，此外，前面讲的那段刘塘到嘉庆王府与随后和珅送礼的那一段重复性场面调度中，我们在看这一段录像时细心的人可以发现，刘塘刚到嘉庆王府时，皇十五子面前有一个鹦哥，叫道："欢迎光临"。当刘塘先知先觉，猜测和绅一定会到即将登上皇上宝座的皇十五子这里送礼时，做了一番"表演"，随后，那架上鹦哥学着刘塘的山东口音说道："聊表寸心，不成敬意！"当和绅送完礼后，那鹦哥又学着和珅的话："聊表寸心，不成敬意！"只是刘塘的山东口音未变。这三次表现架上鹦哥，都使用了特写镜头，这也是三次重复的场面调度形式。

在一段戏中出现三次重复性的镜头调度和演员（被摄影主体）调度是最常见的形式，有时还出现多个不同内容三次重复性场面调度。

电视连续剧《水浒传》在表现潘金莲这个人物时，导演多次在不同的戏剧段落中，用三次重复表现某一场景相类似的场面调度。与中国诗歌这个古老传统不同的是，剧中不是用一个场景重复性地调度，而是多个场景的重复调度互相交叉，我中有你你中有我的调度形式。这种重复性场面调度可以看成是交叉平行式重复出现的场面调度，我给这种深得中国古典文学真传的技法起了个名叫"多重三"的场面调度。这是借鉴了中国古典文学精华而发展的有中国特色的电视导演场面调度形式。

1.潘金莲三次洗澡，为武松而设计

当武松第一次被武大领进家门，潘金莲立即被眼前这个身材魁梧、仪表堂堂的打虎英雄吸引住了，潘金莲正值芳龄，导演有意安排潘金莲第一次在家独自一人洗澡，表现了她身上透露出的青春气息，她从木盆中站起，从后侧面的身影的近景到两条修长的腿的特写，如此一个如花似玉的女子，怎能安安稳稳睡在绰号"三寸丁"的武大身边。这个洗澡的形体动作旨在揭示她的内心世界。当武松住到哥哥家时，她夜里送火盆，为武松裁衣，她已被武松迷住，不能自持，又第二次洗澡，然后做好了饭等武松回来，乘武大不在，她提出与武松喝交杯酒，被武松严词拒绝。武松为此事搬出武大家，又在临出差前叮咛哥哥晚出早归，看好自家家门，潘金莲自讨没趣，这是第三次洗澡戏，她满脸晦气，发泄心中的不畅。几场洗澡戏处理得意味深长。这个多次重复的场面调度，对刻画潘金莲这个人物是独具匠心的，这在原作中没有的情节，是具有视觉特征的表现手法。这几场洗澡戏是专为潘金莲对武松的感情线发展设计的重复性场面调度。

2. 潘金莲照铜镜三次化妆，为西门庆设计

第一次潘金莲一人在自家楼上照铜镜口含红纸施口红，随后将红纸从窗户扔出，关窗时支窗的木棍无意击中了楼下走过的西门庆的头，西门庆第一次见到了潘金莲，被她的美貌吸引住了；第二次，潘金莲在楼上对铜镜描眉化妆，随手无意将眉笔从窗口扔下，西门庆坐车路过，之后王婆来到武大家，请潘金莲去做针线，在王婆内屋第一次见到西门庆；第三次照铜镜化妆后，她与西门庆在王婆家见面前，被西门庆抱上了床。三次化妆，表现了她在与西门庆关系上的青春萌动。这三次同一类形的场面调度表示了他们关系质变的过程：第一次是意外相认；第二次是相会；第三次则是关系已不可逆转。

3. 在王婆内屋与西门庆的三次交往

在王婆内屋，第一次是武大让潘金莲去王婆家做针线，在王婆内屋，碰上西门庆，俩人见了面，潘金莲告退；第二次是潘金莲在王婆内屋做针线时，西门庆又来，王婆去打酒，西门庆和潘金莲开始搭上话，西门庆故意问潘金莲是谁家之妻，潘金莲说出武大时，明知故问的西门庆故意叫屈，惹得本来就对武大不满、勾引武松又未成的潘金莲伤心落泪；第三次再到王婆家时，王婆推故又出去，西门庆迫不及待动了手，而这时王婆故意踱进来捉奸。王婆叫潘金莲保证"不可负了西门大官人"，使潘金莲无路可退。

4. 给武大三次端碗喂饭喂药

潘金莲与西门庆勾搭成奸，武大捉奸后被西门庆照胸踹了一脚，病倒在床上，潘金莲三次端碗在武大床前出现。第一次是端碗面，潘金莲让武大吃饭，一边有悔过之意：奴家对不住大郎。武大说：我不怨你，都是那西门庆，我要告我兄弟，他不肯干休，惹出事来，与你不好，潘金莲心里害怕，将碗掉在地上，打了。武大又说：看在你我夫妻一场的份上，你与西门庆断了吧，我兄弟回来，我不跟他说。王婆这时进门让潘金莲以改衣服之名去会西门庆，潘金莲拒绝了。第二次潘金莲将熬好的药送到武大床前，武大又说，我怕活不长了。你好好给我吃药，等我兄弟回来，我们好见上一面，也好给你一纸休书，成全你们，要是我死了，我兄弟回来，绝饶不了你们。当武大喝完药，要水，潘金莲又端过水碗，这时王婆来了，要潘金莲去改衣服袖子，潘金莲扔下武大就走，武大手中的水碗掉在地上，失声痛哭，武大已完全对潘金莲

不抱幻想。第三次潘金莲端碗，则是下了毒药，被王婆唆使，强行把毒药给武大灌下，直至害死武大。

《水浒传》戏中，潘金莲的这几个重复性场面调度，是处理得最好的，为成功地塑造潘金莲的形象是必不可少的。这种"多重三"的场面调度在表现形式上相当复杂，每一个场景的戏与下一个场景的戏互相交叉重复调度，如洗澡的戏并非三次简单重复，而是与三次化妆有机地交替，表现了剧本编剧的技巧和导演驾驭复杂情况的能力，为我们今后利用中国古典诗歌和影视艺术技巧的结合提供了一个成功的范例。

（五）从戏剧段落上还可以把重复性场面调度细分成不同戏剧段落中的重复性场面调度和相同戏剧段落中的重复性场面调度

《阿甘正传》中片头一只白羽毛从空中飘落到阿甘脚下，片尾白羽毛从阿甘脚下飞起，两个长镜头一头一尾呼应，形成了重复性场面调度。

在表现人物身份的重复性场面调度中，《水浒传》中在表现武大郎卖炊饼、郓哥卖梨的镜头和场面曾多次出现。第一次出现是在阳谷县城，武大从家中出来，担着箱笼到街上去卖炊饼。"炊饼—"，"脆梨—"武大和郓哥这两个受人凌辱的小生意人便跃然眼前。在景阳冈打虎的武松在阳谷县衙当了都头，武大的炊饼卖得又多又快。俩人再出现街头时，郓哥说了句实在话，武都头一来，也没人敢欺侮我了。当武松出差一走，西门庆与潘金莲勾搭成奸，大街上尽人皆知，武大挑着担子，人们在他背后比比画画，郓哥告诉武大，他听到的西门庆与潘金莲有染的事，武大开始不信，但心中怀疑，回家来找，没看见西门庆，第二天又在街上，郓哥又提此事，俩人到王婆家里果然堵见西门庆。武大和郓哥在街上的这些戏，通过这个特殊的符合两人小生意人身份的接触，把武大、郓哥与西门庆、潘金莲的人物关系进行了交代，通过他们之间的矛盾冲突推动了剧情的发展。在同一戏剧段落中的重复性场面调度：重复性场面调度表现为戏剧情节的重复或反复出现，这种导演调度形式有时会将类似的镜头和场面集中在一个戏剧段落中反复出现，有点像蒙太奇句式中的积累句。

（六）对比性场面调度

在场面调度过程中，有时可以将蒙太奇的创作手法加以利用。比如，日本影片《雨月物语》中男主人公源十郎与女鬼在澡堂里鬼混，镜头摇出画面，接了同一方向摇的镜头，出现了他的妻子宫木和孩子的镜头（这可以认为是一个镜头的表现手法），形成了情绪的对比。

（七）多镜头跳切式场面调度

在《致春天》1998 春节歌舞晚会中，彭丽媛演唱的《梦归故乡》用了演员行进中的纵深场面调度形式，体现了被摄主体的运动方式，第二段则采用了被摄主体的静止的多镜头跳切的场面调度形式，通过一组景别变化的固定镜头的镜头调度形式，与第一段的长镜头表现手法完全相反的蒙太奇式的短镜头组合，为避免演员站在原地一动不动，不断变化演员在舞台上的站位，形成画面"跳"的感觉，处理得十分别致。

（八）利用灯光和色彩变化形成影调变化的镜头调度

灯光严格地说已不完全是场面调度的问题，但灯光和色彩的运用有时和镜头调度有关，它直接影响镜头的调度和表现。在 1998 春节联欢晚会上，杨丽萍的舞蹈《梅》，环境色调是蓝色，梅是红色，当舞蹈尾声，通过灯光中红光的运用，扮演白雪的群舞演员变成烂漫的红梅，这是利用灯光影响色彩；在 1998 歌舞晚会中，彭丽媛演唱的《梦归故乡》，在第一段演唱中，除了采用纵深场面高度以外，开始用黑白影调进行处理，第一段唱到中间时，色彩从无到有，最后饱和，从黑白消失到彩色出现，表现了时空的变化，这是一种用色彩处理的特殊的镜头调度形式。

第二节 场面调度的原则

从苏联早期的默片《战舰波将金号》的著名蒙太奇段落"奥德萨阶梯"中，我们看到导演爱森斯坦在拍这一组镜头时，摄影师的机位始终在台阶上和台阶侧拍摄，如果我们以台阶为界限的话，会发现这样一个有趣的现象，这个台阶对摄影机来讲，仿佛是一条界限。这条界限后来被导演和摄影师们称为假想轴线。

我们观看 20 世纪 30—40 年代的好莱坞影片时，发现好莱坞的类型片中，都在遵守几条固定原则。其中有一条原则是固定的电影语言模式，它主要表现为叙事技巧的标准化。影片开始一般总要用远景交代环境和场面，确定叙事空间，然后是全景、中景、近景镜头，描写角色及其行动，再用接近特写的近景或干脆用特写表现说话者和听话者。两人的对话镜头则采用"正反打"，这种拍摄方法和镜头组接办法我们称之为前进式句子。用前进式句子结构影片是好莱坞的一条原则，这条原则的实行过程中，还有一条规则，就是远景或全景之后的所有镜头，必须在假想轴线一侧 180 以内，摄影机不可轻易越过这条轴线。

一、轴线的种类

（一）关系轴线

在拍摄实践中人们会发觉，如果在轴线一侧拍摄的镜头进行剪辑，会感觉和人们看舞台戏俩人之间的位置一样，谁在左，谁在右，没有改变。所以说，轴线是两个或多个被摄主体之间的关系线——一般是人与人之间的视线，于是人们便称这种类型的轴线为关系轴线。

（二）方向轴线

导演在编辑运动物体的上下两个镜头时，往往要剪辑同一物体运动方向一致的镜头，因此在拍摄时，要让运动的物体始终保持一种方向感。这种方向感，或者说运动物体的前进方向，便是导演在拍摄时必须遵守的另一种形式的轴线——对于运动物体的运动方向所确定的轴线，或者被称为方向轴线。

为什么要确立和遵守这两种轴线呢？

马尔丹这样解释说："例如对同一条街，如先从右侧的窗户拍摄，后又从左侧的窗户拍摄，就会显得两样。这条规律尤其带出了在正反拍镜头中的所谓'一百八十度规律'，即由正拍镜头转到反拍镜头时，摄影机不应当逾越由两个人物所确定的范围，否则观众就会感到这两个人物彼此换了位置，从银幕的这一边交替地跳到另一边了。"

的确，如果我们无视轴线，拍人物时，同一个人，一会儿在画左朝向画右，一会儿不知何原因又从画右朝向画左，甚至演员背后的景物也变了，如果他在讲话，而且是只有他一个人在画面中，观众就不明白他在跟谁说话，就会对于运动的物体产生疑惑，"同样，也必须保证一种动态内容的连贯性：如果先表现一个人向右走，在下一个镜头中，就必须避免他向相反的方向走去，免得观众认为他是向后转"。再比如是一辆汽车，一个画面是向左行驶，另一个画面向右行驶，这两个镜头连接在一起，观众就会认为这不是一辆车，要么就认为这个车又开回去了。导演为避免这种令观众糊涂的现象，必须通过关系轴线和方向轴线，确立这个拍摄主体与那个拍摄主体、这个演员与那个演员之间的位置，保持不变，对于运动的物体也要保持同一种方向感。

"在两个镜头之间，首先必须具有一种物质内容的连贯性，即在这两个镜头中，应当出现一种类同的元素，使人能很快认出镜头和它所表现的环境，如先表现巴黎和埃菲尔铁塔的全景，接着便是塔下的一个人"，"当然，一种结构内容的连贯性也是不能缺少的，也就是说，必须具有相同或相仿的结构，以便保证一种观觉上的连贯性。"这几种连贯性既符合事物的内在规律，同时又是以人们的视觉习惯为前提的。

因此，尽管轴线是假想的观众看不见的东西，却是导演在拍摄过程中时时都要考虑的问题，每一个镜头都要注意轴线问题。可以毫不夸张地说：轴线制约着摄像机的视角——摄像机机位变换范围的界线和拍摄方向，被摄主体之间的位置——人物之间的关系，被摄体的运动方向，光线（阳光）的方向等等因素。任何一个镜头违反这一规则，都会给一组镜头在剪接时带来接不上去的问题。如果导演和摄影无视这条轴线，硬要这么干，就会造成观众视线上的错乱，甚至会造成误会。

那么，怎么才能把握轴线呢？

二、导演把握轴线的要领

（一）首先要建立轴线

摄像机的机位必须在被摄主体一侧 180 范围内轴线用一句简单的话来说，就是被摄主体之间的连线。当我们画出这条连线以后，摄像机必须在这条连线一侧，或者说在被摄主体一侧 180 范围内，在轴线之内，包括在轴线上，只要不超越它，就符合这一条规则。

导演如何正确地拍摄影片中两个连接镜头，以至一组连接镜头，并符合所谓轴线规则呢？

比如说，本节一开头我们介绍了好莱坞导演在一部影片开头用前进式句子的基本表现手法，假如我们也用这个手法拍摄一组戏，那么这组镜头的调度安排应该是这样的：

1. 首先将机位架在离被摄主体较远的地方拍摄一个远景或大全景，这个镜头有两个目的：交代环境，同时介绍人物关系，在交代人物关系中，轴线便确立起来，几个被摄人物之间便在导演和摄像师心中划出一条人物关系线。导演以后指挥摄影师拍摄的每一个镜头，都必须在这条确立好的轴线这一侧。

2. 导演开始用全景或中景介绍和描写人物。

3. 一个人物开始说话或干什么事，镜头变成近景。当一个人讲话，另一个人听话的时候，导演分别用外反拍——过肩镜头，通过听话人的肩膀，正打（或叫正拍）说话者的正侧面镜头，观众可以看清这个人物说话时大半个脸的表情。而另一个听说话的人观众只能看到他小半个脸，有时甚至只能看到他的后脑勺，这个人处于镜头画面的后侧面位置。

4. 当刚才处于后侧面的人要说话了，导演开始在轴线这一侧让摄像师换了个角度，同样用近景，和刚才拍的镜头差不多，用了一个反打（或者叫反拍），同样也是外反拍镜头，通过刚才说话人的肩膀的过肩镜头，拍摄一个刚才听话人开始说话的镜头。

这两个拍摄讲话双方的外反拍镜头摄像机镜头方向一个朝画左，另一个则朝画右。这两个彼此对应的镜头，导演们又称之为"正反打"。

5. 如果还需要进一步表现对话双方，则可以进一步把摄像机推近，轮流拍两个说话者单独的特写或大近景镜头，这时画面中没有听话人的肩膀了，只有说话者本人，这种镜头被导演称之为内反拍镜头。

6. 从全景以后拍的镜头，都要在最先拍摄的远景或大全景镜头所划定的轴线一侧进行拍摄，只要在这一侧 180 度范围之内，所拍摄的任何镜头都符合关系轴线的原则，在剪接过程中，远景和全景镜头不论放在这一组镜头的什么位置上，都不会造成某个人物在画面中的位置和朝向从画面一侧突然间变到另一侧的现象。因此，就不会造成人物关系位置的差错。

7. 一般来说，远景或全景这个镜头被看成这一场戏的总角度。只要开始确立了总角度，后面所有镜头的拍摄角度（包括拍摄方向）便都确定下来，就不会出现轴线的错误。这个决定这一场戏轴线的镜头应该最先拍摄。

8. 如果要想加快拍摄进度，除了总角度要先拍以外，其他镜头不要按镜头次序拍摄，而是将同一方向的镜头一块儿完成。这样可以避免频繁调换机位而浪费时间（因为调换机位过程中，要重新布光，尤其是室内，布一次光非常麻烦和耽误时间）。

（二）根据方向轴线的总的原则要求，导演在具体操作中应注意以下几条规律

1. 摄像机在轴线一侧拍的镜头，也要注意物体运动方向

同一物体要朝同方向运动，如果在画面中改变了运动方向，就意味着物体实际运动方向的改变。

例如，在美国影片《俄罗斯之战》中（用苏联纪录片镜头组成），所有关于俄国军队的镜头都是根据同一特点选择的：一切都自右向左运动，至于表现德军的镜头则是自左向右。在表现德军撤退的高潮时刻，画面中的运动方向也随之而变，即自右向左，使人明显地感觉到德军向西撤退。电视连续剧《水浒传》"智取生辰纲"一集中，晁盖等七人推着独轮小车从画左向画右赶，而杨志带一伙化装成老百姓的军校担着担子从画右向画左赶，导演通过运用平行剪接的手法，使观众得出一个印象，双方很快要碰到一块儿了。如果双方都朝画面一侧赶，则会造成一伙人追另一伙人的印象。如果方向相反，一队迎着镜头走来，越来越近，而另一队却朝画面深处行进，越来越远，则给

人一种两队人永远碰不上的印象。所以，画面中运动主体进行的方向代表着不同的含义。

2. 改变运动方向的原则之一：运动物体必须在画面中改变运动方向

如果为了某种戏剧情节的需要，确实要改变运动物体的方向，第二个镜头也应从左入画，然后在画中进行 180 度的大转弯，观众才能感到运动物体方向的改变，后面的镜头则可以朝与开始相反的方向运动。这是根据人们的视觉习惯确立的改变运动方向的另一条规则。这条规则是以遵守轴线原则的一种具体的变通措施。

3. 改变运动方向的原则之二：摄像机在方向轴线一侧变换机位和拍摄方向，可以使运动物体在原来运动方向 90 度之内改变拍摄方向

一个动体向一个方向运动，导演为缩短运动物体的实际拍摄时间，改变摄像机位从动体的一侧移到原来的轴线的位置上，摄影角度从动体的侧面移到正面或背面。这时运动物体从上一个镜头的由画左向画右运动（或相反），在接下来的镜头中改变为向观众和背向观众两个方向运动，这种组接使得观众在感情上已意识到运动物体仍然保持原来的运动方向，因此，观众在心理上是可以接受这种运动方向在画面中的变化的。从方向轴线角度说，虽然物体运动方向改变了，但摄像机并没有越过上一个镜头确立的轴线来拍摄，因而没有违背在轴线一侧 180 度拍摄的总原则，这也是允许的。

在不超越轴线的情况下改变摄像机的机位和拍摄方向，可以改变运动物体的运动方向，使原来只向一个方向运动的画面变成朝另外的方向运动，因而使场面调度更加灵活，画面显得生动活泼，富有变化。

（三）通过被摄主体或摄像机的运动超越轴线

在一个场景中拍摄相连的镜头，为使被摄对象在画面空间中的正确位置和方向统一，摄像机要在轴线一侧 180 度之内设置摄影角度。这是构成画面空间统一感的基本条件和拍摄要求。有关轴线的这一原则是美国好莱坞电影的一个显著的艺术特点，它是建筑在人们的视觉习惯的基础上的，所以被影视工作者们遵循。然而任何事物都不是绝对的，为了实现富于表现力的生动活泼的场面调度和富于动态的画面构图，人们在艺术实践上不满足于在轴线一侧的教条做法，创造出超越轴线的办法。

超越轴线的规则：

1. 被摄主体（拍摄对象）的运动

原来的轴线由于拍摄对象运动后位置发生变化产生新的轴线：在被摄主体移动后，根据他们之间产生新的站位关系，重新在两者之间划一条新的轴

线。接下来拍摄的镜头则可以按照新产生的轴线一侧180度的原则设置机位和拍摄角度。

2. 利用摄像机的移动超越轴线

拍摄对象位置不动，通过摄像机的运动也可以跨越轴线。摄像机的移动使被摄主体与摄像机的空间关系了发生变化，接下来的镜头仍然还有个轴线的问题，后续镜头的拍摄应该在移动后新的轴线一侧选择角度。

3. 用间隔镜头过渡

间隔镜头的特点是无方向性的中性镜头，可以用它来间隔轴线两边的镜头。

任何高明的导演、摄像师在拍摄中因为种种主客观原因，可能会出现错轴的镜头，使有些镜头连接不上，有些镜头由于太长，如讲话、走路（运动）等，必须牺牲镜头的连贯性以节省时间，或满足节奏上的需要，怎么办？弥补的办法就是使用间隔镜头，有人称之为"糊墙纸镜头"。

间隔镜头可以是听讲话的人瞬间的特写，也可以用一个静物的特写，或者是有关联的景物：头一个镜头中画面出现的某一个景物，有关人的主观镜头可以看到的东西等等。尽管这是迫不得已的处理方法，但可以使画面组接变得流畅，又起到节省时间、加快节奏的作用。

4. 用拍摄对象的细部特征来过渡

细部可以是脸，一个细微的表情，也可以是手足的某一举动。这实际上也是间隔镜头，只不过是景别不同。细部特征指较小的景别，如特写：像采访者的一支钢笔、麦克风、被采访对象的一件面前的什么小东西。影视界有一句行话，讽刺导演的差错，"接不上，用特写"，特写几乎是一种万能镜头，其意义就在这里。

5. 插入镜头可以改变方向

一切与轴线看不出关系的镜头都可以看成插入镜头。它可以是全景中看不出来的特写，如手的动作，周围景物的细节部分，只要让观众注意的东西都可以用。插入镜头如果拍细节，动作要慢一些，让人看清楚。插入镜头也可以是背景镜头，新闻节目中称新闻背景，往往是一些资料片的镜头或新拍摄的一些背景资料。

6. 用全景镜头再次交代视点和人物关系

这种全景镜头也是"糊墙纸镜头"。在全景镜头之后，就可以接改变方向的运动镜头了，这是纪录片的常用手法。轴线对于初学导演的人是比较难处理的问题，只要注意以下几点，问题便简单多了。比如，拍两个人谈话镜头，一个人方向向左，另一个人方向向右。如果第一个人通过运动改变方向，那么另一个人即使站在原地，拍摄时也必须换个方向。只要两个人在相接的两个画面中方向相反：面对面，就不会跳轴。在拍谈话换角度时，头脑中常常要有个"电视机"，想想所拍的镜头怎么组接，尤其是上下两个镜头的组接。在拍运动的时候，要注意水平方向的运动必须朝一个方向，始终在马路一侧，切不可轻易跑到另一侧去拍，那样拍出来的画面运动方向就会朝反方向移动了。这条规律也适合拍球赛，如篮球、足球等攻守方向很明确的比赛。

任何事情都不是绝对的，轴线可以超越，这种超越是因为建立了新的轴线。以上这种情况如果是一个导演自己拍摄的，一般不会出现太多的问题。然而有些专题节目是由多个摄制组和记者共同拍摄的，另外运用的资料镜头也有和现在拍的轴线不同，这种情况为剪接带来麻烦，因而要采用上述的一些办法弥补这些缺陷。正如马尔丹指出的："无疑，上述规律并非金科玉律，何况人们可以举出不少成功地推翻了这些规律的例证。"确实，有时导演采取反传统的方法，故意跳轴，包括一些影片、电视节目，有些节目情节本身不连贯，根本不管轴线，如 MTV 节目。跳轴在叙事中只是给观众带来视觉上的不舒服或者瞬间的疑惑，在影视节目诸多的问题中并不是最重要的。

第三节 综艺晚会的场面调度

综艺晚会绝大多数是在演播厅中进行的。相当多的晚会又是以现场表演方式进行，因此，舞台上的调度主要表现为戏剧表演的调度形式。在实践中，导演也不断摸索不同拍摄方式的综艺晚会的场面调度形式。一般来讲，目前晚会从播出形式上分直播晚会和录播晚会，从拍摄方式上有多机拍摄和单机拍摄。多机拍摄可以直播，也可以录播，而单机拍摄方式，拍摄中换机位换角度要经常停机，只能采用录播方式。这两种方式拍摄的晚会在场面调度上有共性，也有个性。戏剧舞台上的场面调度，由于受戏剧舞台三面墙的限制，主要表现为平面的水平调度——横向调度。这主要表现为演员沿舞台的左右两侧上下台的台口形成的方向轴线来回移动，如果摄像机不改变焦距，也不移动机位，则演员在画面中表现为在画框左右两侧出画入画，梅里爱时期的舞台纪录片就是如此。早期拍摄的舞台纪录片也是如此。这种完全舞台剧的表现形式显然是不能令电视工作者满意的。

一、摄像机调度

（一）晚会摄像机调度的不同表现形式

为改变这种完全照搬戏剧导演的场面调度形式，电视导演在早期转播舞台节目的时候，开始利用摄像机的调度来改变这种死板的舞台调度形式。

晚会摄像机的调度主要有下列表现形式：

1. 固定机位拍摄，但通过多机拍摄，每一个机位以不同的景别和角度出现，通过导演切换台实现镜头调度，从而改变了梅里爱时期定点摄影和乐队指挥式的方法。

2. 通过使用变焦距镜头，使拍摄主体在画面中的大小面积发生变化；通过光轴运动，改变摄影方向来变化不同主体，这种方式可以从一个固定机位上使舞台表演趋向不同于戏剧方式的电影化特征。

3. 通过摄像机的移动，在演员不动的情况下，造成画面中人物的动感。由于晚会受场地限制，摄像机的移动一般主要表现为沿舞台的水平轴方向横移或类似横移的扇面移动。

但是，这种镜头调度仍然是不能令人满意的，一些著名的电影导演颇多微词，美国著名导演唐·利文斯顿特别指出了这类电视节目场面调度上的缺陷，"实况转播的电视节目经常用三台甚至四台摄像机拍摄。电视节目像与舞台剧一样是连续表演的，摄像机根据需要从不同角度来回移动。坐在控制台旁边注视着不同摄像机监控屏的导演，指示技术指导什么时候该播放哪一架摄像机拍摄的场面。每一架摄像机当然只能安放在其他摄像机之外，结果往往是角度生硬，切换粗糙。

此外，摄像师几乎不可能为一架以上的摄像机妥善安排照明。

为解决这种艺术上的难题，电视导演在晚会这类实况转播的电视节目中，开始在晚会的场面调度上开动脑筋。

（二）摄像机调度的各种方法

在摄像机调度上，采用了下列办法：

1. 增加摄像机数量，中央电视台 198 春节联欢晚会现场共动用了 10 台摄像机，机位的增加等于增加了可供选择的摄影角度，增加了导演运用镜头造型的能力。

2. 设立多个表演区域，中央电视台 1998 春节联欢晚会由于在新建的 2000 m^2 的 1 号演播厅里进行的，环境空间的扩大，使这台节目除了前面的中央舞台外，在观众区设置了东西南北 4 个表演区域，有些节目，将主持人和演员安排在这 4 个表演区进行，在观众区设置表演区的一个好处是观众作为背景，与演员的情绪交流在同一个镜头的画面中，增加了现场感和观众的参与效果。摄影上由于表现空间增多，画面变得更加丰富，观众参与的镜头多了，也使晚会更有生气。

3. 实行两级导演、两级切换。一些场地较为复杂，一个表演区域难以解决的转播，往往采用两级导演、两级切换的办法，一个或几个一级导演——不同表演区域的现场节目导演，通过切换台控制几台摄像机，将经过他导演处理的电视画面信号送到总导演那里，总导演再根据自己的需要和要求，把一级导演（大型节目可能有几个一级导演）处理过的电视画面再进行第二次切换——这就是所谓大型电视转播的两级导演、两级切换的处理方式。1997年6月1日，由总导演张晓海（1986年、1989年春节联欢晚会导演）执导《柯受良飞跃黄河》的电视实况和现场助兴文艺节目的转播，就是动用了14台摄像机，进行两级导演、两级切换。

两级导演、两级切换，由于至少动用两台甚至两台以上的电视转播车，只有中央电视台这样实力强大的电视台才能做到，近年来一些省市电视台也具备了两级导演、两级切换的硬件条件。如宁波电视台《东方霓裳——97宁波国际时装节》的开幕式团体操，动用了两台转播车共18台摄像机，实现了两级导演、两级切换。每增加一台摄像机，实际上就是增加了一个摄影角度，机位越多，虽然为导演转播增加了操作上的困难，但增加了艺术表现力。两级导演、两级切换处理得好，可以进一步拓展场面调度的领域，使镜头调度丰富多彩。

4. 利用异地双向或多向传输，把几个电视转播现场联系在一起，1997年春节联欢晚会北京、上海、西安三地演员通过卫星这个中介，共同表演了电视小品《一个钱包》，这是利用电视技术手段进行更广阔空间的一种场面调度形式。

5. 扩大摄像机运动空间，增加摄像机纵深的调度。现场直播的摄像机运动空间受直播现场的环境空间的直接影响，空间环境越小，摄像机可供选择的移动范围越小。

多年以来，历届春节晚会由于受原来的演播室场地狭小、中心舞台现代化程度差的限制，导演的许多绝妙构思难以实现，1998春节晚会在新建成的1号演播厅，为1998春节晚会提供了展现艺术魅力的广阔空间。1998春节晚会这一环境优势，可以使用摇臂摄像机，拍摄出从后场到表演区前场的空中移动的镜头（以往只能用变焦距的推拉镜头变成变机位的"航空"移动镜头），使人感到耳目一新。

一些大的场面通过这种空中移动镜头使环境空间和全景场面得到充分的展示。

2004年维也纳新年音乐会上，《天体乐声圆舞曲》开始用了一个360度的旋转镜头展示金色大厅辉煌的屋顶的绘画与雕塑，表现天体，然后用了一个从上到下180度的摇镜头，形成对音乐厅的扣拍镜头，接着又用了一个180

度从音乐厅的后排摇向舞台。这个镜头充分表现了摄像机的运动空间。从维也纳新年音乐会到春节联欢晚会，从央视的大型文艺演出到省市台的大型综艺节目，普遍使用了摇臂摄像机，在表现纵深空间和连续运动方面都有精彩的表现。

美国导演唐·利文斯顿早就肯定了这种手法："这是个完美无瑕的技术"，"许多有能力的电视导演专门运用被摄主体和摄像机运动，并把他们的场面往纵深方面调度。""演有深度的场面是非常有效的。"

这种纵深的场面调度不仅表现在摄影场地的扩大及摄像机的运动上，同时也包含演员的调度。

二、演员调度（开拓舞台和非舞台表演区域的演员表演空间）

晚会节目中，有关演员的调度问题上，除了一般的戏剧舞台上的调度方法之外，近年来，晚会导演们注重开拓舞台和非舞台表演区域的演员表演空间。在舞台表演区域的传统表演空间中，改变过去舞台戏剧沿左右两个传统的台口的水平连线为轴，沿这条轴线安排演员走位的方法。这表现在注意层次变化，增加演员的表演空间和纵深感：具体的就是将舞台分成幕前的前部、中部和后部三层表演区。1997年7月2日，中央电视台一套节目现场直播的庆祝香港回归大型文艺晚会《庆回归》上，根据电视导演的总体构思，美工将舞台的前部、中部和后部安排了不同的表演层面，比如将独唱、朗诵设在舞台表演区的前部中央和左右两个位置，大型歌舞在舞台前部和中部的中央位置，而独舞双人舞设计在舞台后部。

舞台表演区的变化对舞台的要求就不能利用传统的戏剧和歌舞的水平舞台。

前中后三个层次的表演区如果是水平设计，则必然造成前面挡后面的现象。有不少电视文艺晚会，时兴用舞蹈演员伴舞，以增加歌唱演员演唱过程中电视画面的表现气氛，不至于镜头老是围绕着一个或两个演员转来转去，单调乏味。但也出现了另一种情况，即伴舞演员在独唱或对唱演员前跑来跑去，有时候会造成遮挡歌唱演员镜头的现象。如果是人数众多的场面，前面对后面层面的演员的表演无形中起了破坏作用。因此，如果按前中后三个层面设计演员的表演区域，就必然考虑将水平面的传统的舞台改造成前低后高的台阶式的表演区。《庆回归》的舞台设计就体现了这一原则。它在舞台中部和后部分别搭起了两个小舞台，与大舞台形成了前、中、后三个层面，舞台前部的底层与中部的第二个层面高度差达2m，第二层与第三层也有一人高左右，以往，在舞台上搭小表演台，也没有考虑设计得这么高。这样的舞台设计显然是专门为电视演出划分表演区的需要而产生的。台上的高度足以使导演在镜头调度中完全可以不考虑舞台前部和后部表演区的演员对画面的干扰，使摄像机在不改变拍摄方向的前提下，增加了导演进行场面调度的空间：舞台的总面积没有改变，但可供摄像机拍摄的空间由水平变成了立体，每一个台面都可以单独设计和拍摄独立的节目。但这又出现了一个问题，大舞台被分割成不同的层面和表演区，怎样做到有分有合呢？舞美在三层舞台的两侧搭起了半圆形的阶梯将各个层面沟通起来，使各个层面的表演既可以独立进行，演员同时根据导演的调度又可以通过这两侧的阶梯进入层面的表演区域。特别值得一提的是幕前尤其是幕后的设计。在传统的舞台表演中，我们最多只能看到演员在天幕前进行表演，通常是将舞台灯光降到最低限度，利用背景天幕的幻灯灯光产生剪影效果。《庆回归》中也充分利用了这种舞台上最大的纵深调度，在靠近天幕的最高的表演层面表演独舞和双人舞蹈，天幕上的背景，如一轮明月，成为舞蹈的环境背景，这种调度是十分成功的。有的导演还运用类似我国传统的皮影戏的手段，在天幕后表演，产生如诗如幻的虚化境界，这些利用纵深的场面调度是电视导演在晚会场面调度上的创举。

为纵深场面调度设计的多层面的表演区域，也势必改变了演员传统的出场方式，像时装表演的 T 型舞台一样，演员可以从正面景深处出场，也可以利用舞台上两侧的半圆形楼梯从正中央的天幕后上场。这种舞台调度也为导演的镜头调度提供了多种多样的变化，改变了过去晚会演员只能从台口两侧入画出画的水平横向调度的方式。

开拓舞台上的表演空间，无疑会通过演员调度和摄像机的调度提高表演和转播的艺术水平，但是，这并不能改变观众的参与性问题，要增加观众的参与，就必须彻底打破传统戏剧舞台的三面墙以及表演区与观众区的分离，这种看不见的障碍被人们称之为第四面墙。这些年春节晚会定位于联欢晚会，选用了茶座式。茶座式要求一部分表演导演要设计到观众区进行，演员与观众的距离越近，观众对演员的表演反应得越直接；而与观众隔离的舞台表演，观众对演员表演的反映只能通过分切镜头来表现，这就势必造成观众反应被分镜头所切断。茶座式晚会的演员表演设计到观众区进行时，演员表演到精彩之处，在一个镜头画面之中就可以看到观众的鼓掌和喜笑颜开——观众的这些反映是茶座式的主要优点，它沟通了演员和观众之间的情绪交流。

茶座式晚会更主要的优点体现在场面调度上。茶座式从理论上可以使演播厅的每一个角落——从舞台到观众席上都可以成为演员的表演区，大大增加了演员的表演空间。摄像机的调度空间过去在观众区只是拍反应镜头才使用，茶座式则随着演员表演空间的拓展而使摄像机需要更多地光顾观众这个场面，所以从客观上，摄像机的调度空间也随之扩大。电视晚会如果按剧场方式设计，一般有 4—5 台摄像机就足以应付下来。但茶座式除了四五台摄像机对准舞台方向外，还需要有专门的摄像机对准观众席临时表演区，这样对摄像机的数量要求就自然增加了。

1998 年春节联欢晚会用了 10 台摄像机，不论是演员调度还是摄像机调度，都拓展了表现空间，节目的艺术表现力自然要增加许多。

如何开拓舞台上的表演空间，央视一直在探讨将春节联欢晚会部分节目移出演播厅。2002 年春节联欢晚会学习 98 年春节歌舞晚会的成功经验，歌舞类节目在深圳"世界之窗"进行。将晚会搬出演播厅，有利于营造更大的表演空间，增加了场面调度的空间范围，这部分外景节目除了高角度的表现"世界之窗"的大场面外，歌舞节目还注意运用团体操式，表现了大色块，使场面宏大，还有花车游行，使外景与内景形成了新的场面调度空间和不同形式。

第八章 影视剧导演创作风格

第一节 风格概述

风格是艺术风格的简称，它指艺术家的创作在总体上表现出来的独特的创作个性与鲜明的艺术特色。影视导演的风格是导演在其指导的影视作品中表现出来的艺术特色和创作个性，也是影视导演创作成熟的标志。

一、风格

（一）风格辨析

在西方，"风格（style）"一词源于希腊文，本义为"雕刻刀"，后引申出比喻意，表示组成文字的一种特定方法，或者以文字装饰思想的一种特定方式。

在我国，风格的概念最早出现于汉魏，起初称为"体"，但不是用来品文，而是用来品人，指人的风度品格。在南朝时期的《文心雕龙》中，指文章的风范格局。在唐代的绘画史论著作中，风格就被用作绘画艺术的品评用语。近代以来，人们广泛地在美学、文学、艺术、文艺评论等领域使用该词。

对于风格的研究，影响最大的是18世纪法国作家布封，他在其《论风格》一文中所提出的"风格就是其本人"的论断，一直到现在还非常具有权威性。到了19世纪，另一位法国作家福楼拜在总结前人的基础上，得出了"风格就是生命，就是思想和血液"的思想论断。研究艺术风格，不能不注意到俄国批评家别林斯基，他认为，风格"是才能本身，思想本身"，是"思想和形式密切融汇中按下自己的个性和精神的独特性印记"，正如英国艺术理论家贡布里希所言："风格是表现或者创作所采取的或应当采取的独特而可辨认的方式。"由此可见，风格是作品内容与形式高度统一所呈现出来的艺术特征，是艺术作品的徽章，是认识艺术创作个体差异性的鲜明标志。总之，风格既是一个艺术家创作成熟的标志，也是一部作品达到较高的艺术造诣的标志。如歌德所说的：风格是用来表明"艺术已经达到和能够达到的最高境界"。

（二）风格的本质

风格是艺术风格的简称，它指艺术家的创作在总体上表现出来的独特的创作个性与鲜明的艺术特色。风格不同于一般的艺术特色或创作个性，它是通过艺术品表现出来的相对稳定、更为内在和深刻、从而更为本质地反映出时代、民族或艺术家个人的思想观念、审美理想、精神气质等内在特性的外部印记。风格的形成是时代、民族或艺术家在艺术上超越了幼稚阶段，摆脱了各种模式化的束缚，从而趋向或达到了成熟的标志。

1. 风格的形成是主客观的原因

风格是由作为创作主体的艺术家的个性特征与由作品的题材、体裁以及社会、时代等历史条件决定的客观特征相统一而形成的。风格的形成有其主客观的原因。在主观上，艺术家由于各自的生活经历、思想观念、艺术素养、情感倾向、个性特征、审美理想的不同，必然会在艺术创作中自觉或不自觉地形成区别于其他艺术家的各种具有相对稳定性和显著特征的创作个性。艺术风格就是创作个性的自然流露和具体表现。

在客观上，艺术家创作个性的形成必然要受到其所隶属的时代、社会、民族、阶级等社会历史条件的影响；而艺术品所具体表现的客观对象，所选择的题材及所从属的体裁、艺术门类，对于风格的形成也具有内在的制约作用。这就是形成风格的客观条件。脱离个人所处的客观社会环境以及不顾题材、体裁等方面的特点而主观任意地追求某种风格，就必然导致矫揉造作，虚假肤浅。

具体来说，风格体现在艺术作品的诸要素中。它既表现为艺术家对题材选择的一贯性和独特性、对主题思想的挖掘、理解的深刻程度与独特性，也表现为对创作手法的运用、塑造形象的方式、对艺术语言的驾驭等的独创性。真正具有独创风格的艺术品能够产生巨大的艺术感染力，从而成功地实现艺术家个人特有的思想、情感、审美理想等，从而与欣赏者交流。

2. 风格具有多样化与同一性的特征

现实世界本身具有无限丰富的多样性，艺术家各不相同的创作个性，以及艺术欣赏者审美需要的多样性，决定了艺术风格的多样化。即使是同一艺术家的作品，也并不排除具有多样风格的可能性。正是艺术风格的多样化极大地促进了艺术的繁荣和发展。另一方面，同一艺术家的多样风格由于其创作个性的制约而在整体上呈现出一种占主导地位的风格特征；不同艺术家之间的风格区别也不能不受到他们所共同生活的某一时代、民族、阶级的审美需要和艺术发展的制约，从而显示出风格的一致性。风格的多样化与一致性相互联系、渗透，呈现出错综复杂的现象。如中国第五代著名导演陈凯歌、张艺谋、冯小刚，同样是学院派电影导演，陈凯歌更具有文人的气质，他的电影更多的是对文化的阐释和反思，对民族性的追求和表达。而张艺谋则有着西北汉子的豪放和激情，他的作品中有生命的张力和冲动，有原始的粗犷和质朴。冯小刚的电影则更平民化，没有太多的理论和学术的约束，重视娱乐性和商品性的结合，更多地符合商业电影的特性。

二、风格的形成根源

从宏观的层面来讲，特定的风格一定依附于产生这个风格的时代，这一点是毋庸置疑的，比如意大利新现实主义的出现就验证了这个观点。第二次世界大战后，意大利的政治气氛和理性气氛都要求艺术工作者要为缓解弱者所处的困境而努力，而这种努力直接影响了意大利电影人的题材选择。在技术上，第二次世界大战后意大利经济的不景气影响到了电影工业——照明设备的缺乏、摄影棚的缺乏、生胶片的短缺，导致了一场新现实主义电影运动。在实际操作过程中，有很多导演受到了时间的约束，不得不放弃一些原始设计中的摄影机调度方案，转而使用长镜头，这种长镜头通常称为段落镜头。从这个过程来看，风格与时代的关系是非常密切的就导演而言，一个导演的风格是如何形成的呢，是什么决定了导演的这种风格而不是那一种？可以从两个方面来解答。

（一）故事需求

故事需求是决定影片风格产生的第一要素，浪漫喜剧片的讲述风格与惊悚片不同，动作片和心理片也不同，对于多数影片来说，故事需求是最重要的考虑因素。有些导演为某个故事"发明"了独特的风格。《天生杀人狂》和《恐惧拉斯维加斯》就是很明显的例子。在前者讽刺社会崇拜冷血杀手的作品中，奥利弗斯通用来表现超现实的一些元素：倾斜的摄影角度，不同的摄影机和格式（35毫米彩色胶片，黑白电视）之间的频繁切换，画面的变形，摄影机速度的变化，通过洗印进行的画面修改。除此之外，还有动画，特里·吉列姆对吃迷幻药后人类主观感受的视觉呈现，受到了罗伯特·雅博绘画中引发幻想的霓虹灯的影响。吉列姆和他的摄影指导尼古拉·佩克里尼强化了雅博的影响，其方法是利用未知来源的灯光闪耀，色彩间的叠化，镜头中光线的强弱变化，超广角镜头以及形状和色彩的变形。《罪恶之城》这部改编自漫画的电影，其影像风格也是非常特殊的，漫画风格的背景，直刺心灵的颜色处理都让人耳目，并且通过外在的视听觉特点强化了故事的主题。

（二）导演的世界观

导演的世界观来源于导演成长的文化环境以及文化形成的特殊心理态度。有些导演大胆积极，他们拥抱生活，而有的导演可能刚好相反，对他们来说，这个世界可能不那么完美，甚至是冷酷的、威严的。这种态度会反映在电影的风格中。费里尼和伯格曼的差别以及他们的世界观对风格的影响就很明显地反映了这一点。类似的，如果问吴宇森早期或者高峰期的电影为什么是关于黑帮题材的，为什么道义是许多电影的主题，为什么暴力充斥了画面，为什么基督的形象在电影中总被有意无意地强调，这些最终都可能会归结到吴宇森个人的成长环境，并最终归结为吴宇森的世界观。同样的道理，侯孝贤的风格和小津安二郎的风格有相同之外，也有不同之处，当我们发掘其不同的时候，中国台湾地区或者日本，导演所成长的环境就成了我们分析的主要方面。

三、风格的三个趋向

虽然不同的导演有不同的风格，不同的作品有不同的风格，但是总体而言，撇开单纯的视听觉风格而具体讨论故事的整体观感，大多数电影的风格趋向可以归入以下三个类别。

1. 叙事风格取向

叙事影像风格的主要特征是摄影机最低限度的动作表达。摄影机不强调动作，而是以或多或少一致的戏剧分量来处理所有动作。

2. 戏剧风格取向

在戏剧性影像风格中，影片会通过更多的戏剧结构节拍的表达来"强调"动作，常伴随有"强烈"的画面感——镜头本身包含戏剧张力。

3. 诗意风格取向

诗意的影像风格表现为抒情的摄影机运动，有时会采用慢动作，常伴有音乐的衬托。

虽然我们对上述风格的取向进行了划分，但并不是讲每部影片都可以归入以上三类，定然有很多个例存在于这个范围之外一个电影也并不是只能有其中一种取向，或者一个导演的所有作品只有同一取向。实际上，很多导演会在同一部影片里使用叙事风格和戏剧风格的组合，而有的导演会在同一部影片里面把三种风格交织起来。

第二节　电视剧的导演风格

从 1978 年 5 月，中央电视台播出了许欢子导演的我国第一部实景拍摄的电视单本剧《三家亲》到现在，已经过去四十多年了。电视剧作为中国电视最独特的景观它的风格样式，与 40 多年来电视剧导演们含辛茹苦、孜孜不倦的探索和默默耕耘有着密切的关系。电视台从事电视剧的导演有三类人，一类是从文艺广播过来的他们本身从事媒体工作多年，一般是大学新闻专业毕业的，具有新闻工作者的优良传统；一类是电影学院毕业的，或者从电影厂调过来的，他们具有电影创作的理论修养；还有一类是戏剧学院的毕业生，也有从剧团和演员改行过来的。这三类人不同的出身背景，使电视剧导演队伍不像电影导演群体那样清一色。当然，电影导演中，也有不少人是非电影导演专业的，有摄影师改行当导演的；有编剧当导演的，外国有，中国电影界好像不多；还有电影演员改行当导演，这太多了，如于洋、张良、崔巍等人。

一、导演"出身"论

20 世纪 50 年代，苏联电影理论对我国电影界影响是非常大的，特别是苏联的戏剧理论"斯坦尼体系"——所谓体验派，影响着我国老一代的电影工作者，苏联的一些戏剧电影的导演风格，影响着我国一大批有才华的中青年导演，他们喜欢用戏剧的模式拍电影，甚至干脆把一些成功的戏剧搬上银幕，《龙须沟》《茶馆》《雷雨》《千万不要忘记》《年青的一代》《霓虹灯下的哨兵》，这些电影同苏联电影《带枪的人》一样，许多影片把话剧表演的原班人马拉到摄影棚中。剧本是如此，演员是如此，导演呢，其中许多人就是长期从事话剧创作的，他们在导演风格上，师从苏联导演和斯坦尼体系，讲"最高任务"，讲"贯穿动作"，这就潜移默化影响着我国 80 年代才发展起来的电视艺术的导演风格。况且，电视不是电影，电视来源于广播，电视剧源于直播的室内剧，这样就更增加了电视剧的戏剧化成分和戏剧化风格。如果说我国从有电影以来导演已经到了第五代，那么电视导演至今莫过两代人，第三代正在成长起来。我国的第一代电视导演，他们艺术风格的形成，同长期从事广播和戏剧，包括直播剧不无关系。这就是他们的"出身"，这对他们以后电视剧艺术的风格式样的形成有很大关系。

　　我国第一代电视导演，应该说是 20 世纪 50~60 年代直播电视剧时代开始从事电视工作的导演。我国第一部直播电视剧《一口菜饼子》的导演胡旭、梅村，这代导演由于从 1958 年北京电视台（原中央电视台的前身）拍摄第一部室内直播剧到 1966 年"文化大革命"开始，全国各电视台电视直播剧生产了一百余部，没有形成影响，也没有给我们留下影像资料，无法形成一个在电视导演史上有影响的职业群体。因此，我们无法把这些创业期的默默无闻的先驱者列入第一代电视导演中但我们着实不应忘记他们，没有历史，也就没有今天和更加绚丽多彩的明天。

　　那么，第一代导演应该是哪些人呢？我想，应该是改革开放初期那些在电视剧舞台上为电视剧创作做出贡献的老一代电视剧开拓者。他们中间有许多因年事已高而功成身退。如 70 年代末，中央电视台文艺部的电视剧组组长许欢子和《红楼梦》的总导演王扶林等人，还有蔡晓晴、赖淑君、潘霞，河北台的罗捷，山东台的滕敬德，上海台的郭信玲等人，他们在中国电视剧发展史上做出了不可磨灭的贡献。这第一代导演中，一些人本身长期从事演员和戏剧工作。许欢子曾在中央人民广播电台广播剧团任队长，自己本身当过多年的广播剧演员和导演工作，王扶林从 1952 年就开始在中央人民广播电台从事广播剧的导演工作，1958 年，王扶林同胡旭合作导演了我国第一部电视报道剧《党救活了他》，这是根据医务人员救助上海钢铁厂工人邱财康大面积烧伤的事迹改编的。他们熟悉广播剧和戏剧，在我国电视事业起步的年代，他们自然便肩负起振兴电视剧的任务。但是由于他们职业上的特点，使他们对广播和戏剧的熟悉程度恐怕要超过电影。所以，他们的电视剧作并不简单地师从电影，更多的有着广播和戏剧的特征。

　　在电视剧一开始学习电影的表现手法的时候，他们就开始考虑电视剧究竟是什么样子的，在各地电视台纷纷以电影为摹本，用电影勾画电视剧给大众的形象的时候，他们就开始了自己艰难的探索。80 年代初，王扶林邀请北影厂青年导演都郁执导了我国大陆电视史上第一部电视连续剧《敌营十八年》，为我国电视剧走自己的路迈出了摇摇晃晃的第一步。后来，他又顶住了社会上的种种压力和非难拍摄了电视连续剧《红楼梦》。《红楼梦》大段的对白无论如何更接近戏剧而远离电影，这一代导演广播和戏剧的两栖出身，也恰恰赋予了他们对电视剧艺术形式探讨的客观基一代导演的大多数作品，当然不排斥"电影化"，比如实景拍摄，分镜头摄影，演员表演接近生活等这些电影的艺术特征，但是从结构方式上，除了一部分类似"小电影"的单本剧，一般追求故事情节的戏剧化成分，比如场景集中，人物大量靠对白，按戏剧模式结构，故事有开端、发展、高潮、尾声等等，而不像具有电影特征的动作片。这种导演风格的形成，跟他们的长期职业习惯不无关系。

这类广播和戏剧风格的导演在探索电视剧的本性和风格的同时，电视界还有类戏剧界出身的导演，他们尝试着搞一种类似舞台剧的电视剧形式，把电视剧推入另一个极端，其表现为长篇室内剧和肥皂剧，它追求的不是电影化，更不追求有什么摄影风格，不像电影那么关注每一幅画面的构图精美，并不热心追求运动给观众带来视觉感官的刺激（美国商业电影最大的特点就是追求镜头的感官刺激，所以不惜血本搞动作性强、场面宏大、惊险迭出的大制作）。这是一类使电视剧完全戏剧化倾向的导演，他们更注重戏剧本身的完美和故事的有头有尾，放弃电影的"三不一样律"，重新回到戏剧的"三一律"的模式上。导演这种重返舞台的倾向，要求演员在表演上也更趋向戏剧。我们从《我爱我家》中发现，其导演风格和表演风格不像生活化的电影，演员夸张的表演，倒更有舞台小品的味道台词也更像话剧字正腔圆的发声方法，而不像电影中人物的对白。

总之，电视剧导演的不同出身，给电视剧带来了不同的形式和风格。

二、电影化风格的导演

在我国电视剧的导演群中，有一批师从电影的导演，这中间主要有蔡晓晴、赖淑君、史践凡等至今已有 60 多岁的导演，他们 60 年代毕业于北京电影学院，是电视界中少有的经过严格电影科班训练过的导演。在 70 年代末、80 年代初他们正是 30 多岁，因此自然而然成为第一代电视导演群中才华横溢的佼佼者。蔡晓晴一出马，便执导了电视单本剧《有一个青年》，赖淑君执导了《凡人小事》史践凡执导了《洞房》，这些作品在 1982、1983 年头两届全国电视剧评奖中获得一等奖。一来说明当时全国电视界导演水平整体不高，同时也说明这些新人的确是第一代导演中承前启后的一代。他们的导演风格一开始就师从电影，完全是以故事片的手法来拍电视剧的，只是这些作品取材较小，故事情节较单薄，人物也较少，长度上大约一小时左右，结构形式仿效电影中的短故事片。这些电视剧戏剧的含量相对较少，所以观众一开始就把这种电视剧当成小电影来看待。

这种电影化的风格，影响了一个时期的电视剧创作，各省级电视台和一些条件较好的城市电视台纷纷成立电视剧部，效仿中央电视台，在 20 世纪 80 年代初生产了大批电视单本剧。

这一时期导演风格尚未出现比较独特的景观和多样化。基本上是以电视单本剧形式出现的。从编剧、导演、摄像、灯光甚至电视音乐和主题歌，都未形成个性和较明显的个人风格。

正因为如此，电影界对电视界不屑一顾，对电视剧瞧不上眼，以批评的态度为多。电影界的一些有一定名气的导演一般耻于涉足电视界。至今，一些电影界的专家还在认为，电视剧和电影不论从形式、内容和风格上都没什么区别，其深层次的原因，就是这批导演的代表作没有达到同时期的电影水平。

尽管这些师从电影风格的导演拍了大量的"小电影"，丰富了当时的荧屏但作为形成导演个人风格的作品确实很难挑出几部。我们说这一时代主要是模仿电影，模仿绝不会形成风格。作品的好坏只能从播出效果而言，但没有风格也是风格，这就是邯郸学步，师从电影，是这一阶段电视剧风格的整体倾向。

三、导演个人品格对艺术风格的影响

日本学者横光利一认为："愈是杰出的作家，他们的作品愈不是源自某种体系，而是'由无生有'，风格自成。"（《作家群像》）我国电视导演"由无生有"经历了模仿阶段，当第一代、第二代导演羽翼丰满之时，当然不会模仿电影一辈子，一些有责任心的导演开始为电视，特别是为电视剧、电视文艺树立形象。经过 40 多年的摸索实践，我国电视剧，特别是电视连续剧已形成了有别于电影的艺术风格，这种风格影响着电视剧的式样和题材的选择。目前我国电视剧主要有以下风格特点

（一）从小题材走向大社会

赖淑君第一个成名之作《凡人小事》是从小事入手，原作是短篇小说《绣花床单》，今天的导演恐怕没有一个再从凡人小事上做文章，他们的视角从身边的事开始放眼到人们关心的社会问题，题材越做越大，视角越来越广，这是导演们社会责任感的标志，也反映了导演整体素质的提高。反映中国共产党诞生的《日出东方》、反映中国革命和工农红军前仆后继的《长征》、反映当代军人生活的《平年代》、反映反腐倡廉的《苍天在上》、反映香港百年变迁的《香港的故事》，视角更加开阔，视野更加宏大。

（二）从塑造个性到反映群体

早期电视剧导演取材风格往往倾向于反映个体，比如：蔡晓晴导演的《有个青年》描写一个有劣迹的青年在一个姑娘的帮助下奋发向上的故事；罗捷导演的《女友》同《有一个青年》题材相近；《新岸》则取材真人真事，是一个失足知青走向新生的故事。今天，电视剧则更关注群体，同是青年题材的

《红十字方队》《高一新生》《有这样一群兵》《女子特警队》《人民的名义》等等，导演的视角更开阔，都以塑造群体形象为己任

（三）从梦幻世界回到百姓人间

电影是一个梦幻世界，好莱坞被人们称为梦幻工厂，其重要原因是营造一个假定性的空间——再造一个梦幻的理想世界的故事。受电影理论的影响，过去导演在搞电视剧时更趋向于从电影文学剧本和小说中去改编，正如王扶林所说的，导演总想离现实远一些。如今，人们对电视剧有了新的认识，注重表现人间冷暖，注重表现人们身边的故事。电视剧作为大众艺术和家庭艺术，更关心老百姓的喜怒哀乐、悲欢离合，《渴望》《党员二愣妈》表现新时期爱情观念和伦理关系的新作《牵手》和《姐妹——外来妹第二部》，《难舍真情》《不说再见》《幸福像花儿一样》，表现当代城市生活中另一类人群的《民工》等，这些老百姓身边的故事更引起电视剧导演的关注。

（四）从题材的零乱到系统化，形成了具有中国作风和中国气派的电视剧画廊

央视和中国电视剧制作中心作为电视剧产业的主力军在各类创作题材方面经过多年积累形成了系列化古典名著改编和历史题材：先有四部古典名著改编，开了古典题材电视剧先河之后，历史题材形成了从商、周到明、清以至历朝历代的历史剧和著名历史人物的名篇：《东周列国志》《秦始皇》《汉武大帝》《昭君出塞》《秦王李世民》《大敦煌》《贞观长歌》《武则天》《杨家将》《努尔哈赤》《康熙大帝》《雍正王朝》《施琅大将军》等，形成了中国古代历史和著名历史人物的长廊。

革命历史题材：2001 年 7 月 1 日时逢中国共产党建党 80 周年纪念日，以建党和描写中国共产党领导下的人民革命战争题材的各类电视剧有：表现建党题材的《日出东方》，表现中央红军战略转移的《长征》，二方面军长征故事的《雄关漫道》，表现抗日战争的《八路军》和《新四军》，表现抗日战争和解放战争时期党中央毛主席在陕北指挥中国革命进程的《延安颂》；反映毛泽东等老一辈无产阶级革命家的电视连续剧：如《中国出了个毛泽东》《开国领袖毛泽东》等。中国版的国外精品名著：《钢铁是怎样炼成的》《这里的黎明静悄悄》。革命历史题材和中国版的国外精品名著在弘扬主旋律方面，起了巨大的激励和教育作用，年轻人重走长征路，《钢铁是怎样炼成的》原著的畅销和重新召回读者，在建设社会主义精神文明方面起到了不可替代的作用。

革命现实题材更是视野广阔：反映人民解放军现代化、数字化建设的军旅电视剧《突出重围》《DA 师》《沙场点兵》《砺剑》；反映反腐倡廉的电视剧

《苍天在上》《大雪无痕》《省委书记》；反映新时期社会主义新农村建设的《刘老根》《美丽的田野》《今天是个好日子》《插树岭》等等，这些作品在表现新生活、新人物、新思想方面，都有较大的突破。

新中国成立前后现当代作家根据中国革命战争创作了大量的小说和电影，这些作品影响了一代人的成长。为了弘扬革命传统，教育和启迪后人，近年来这些"红色经典"先后重拍了电视连续剧，如《小兵张嘎》《敌后武工队》《林海雪原》《红岩》《铁道游击队》《冰山上的来客》《双枪李向阳》《吕梁英雄传》《新英雄虎胆》《51号兵站》等剧。在创作过程中，《新英雄虎胆》《51号兵站》在编导方面有了新的突破，克服了过去老电影中坏人脸谱化、程式化的特征，英雄人物在表现心灵和情感上更人性化，更加有血有肉，情节起伏跌宕，扣人心弦，收视率和热播程度甚至高过前一段的清宫戏，说明红色经典还是大有市场潜力可挖的反映民族传统文化的《围城》《人间四月天》《橘子红了》《大宅门》《乔家大院》《玉碎》《京华烟云》等等，这类作品虽然为数不多，但在表现中华民族传统文化方面还是值得赞许的。

（五）从形式风格的单一到多样

电视剧在表演风格上，从过去青一色的正剧到目前的各种形式和流派的喜剧、诙谐剧，各种表演风格都有人在尝试；在语言风格上，从通俗到唯美都有所表现，如有因语言诗化华美被称为中国的莎士比亚剧的《大明宫词》，也有具有市井风格的《我爱我家》，王朔式的语言诙谐的《编辑部的故事》，融入当代大量络语言特征的《家有儿女》；具有好看好玩的古装喜剧《宰相刘罗锅》《铁齿铜牙纪晓岚》《济公外传》《还珠格格》《武林外传》《青天衙门》，还出现了表现各类青年男女爱情和事业的青春偶像剧《青年毛泽东》《恰同学少年》等等。值得一提的作品是《恰同学少年》，表现了毛泽东、蔡和森等一大批老一代革命者在湖南长沙第一师范求学时的故事，表现了毛泽东等人的人生观、恋爱观，理想、信念、志向，是一部全新模式的青春偶像剧，对于引导当代青年树立正确的人生观和理想抱负，起着不可估量的榜样作用，这与《蓝色生死恋》《蝴蝶飞飞》之类的青春偶像剧比起来，格调泾渭分明在结构方式和篇幅样式上，形成了单本剧、连续剧、系列剧的画廊；在剧作体裁表现上，形成了多机拍摄的室内剧、专为家庭主妇和女性制作的肥皂剧、以诙谐演唱"旧瓶装新酒"老歌翻新的音乐剧、以中国传统戏曲形式但在实景中摄制的戏曲电视剧，形成了中国电视剧的独特景观，电视剧表现形式上更加多样化。

总之，电视剧风格的多样化导致导演个人创作风格形成的可能性。但在电视剧表现生活问题上，媒体艺术本身的新闻意识就使电视剧一开始就更关注人生和社会，注重写实的传统，这是中国电视剧一开始就有的好传统。从早期的电视剧《新岸》《女记者的画外音》开始，到 2005 年由 40 名农民工友情出演表现农民工喜怒哀乐的《民工》，以及 2005 年前后开始热播的可以当电视剧看的长篇纪实《姐妹》，表现两个农村姐妹在城市开发廊的辛酸故事；甚至有些纪实栏目如央视法制频道的专栏节目《天网》中，通过侦察员现场拍摄的大量录像编辑制作，表现两个英雄警察与现实生活中的匪徒斗争的《新拍案惊奇》，这些作品关心社会上的热点问题，关心人民群众的切身利益和疾苦，不回避社会矛盾，不粉饰社会太平又为建立和谐社会做出切实的努力，表现出了艺术家的勇气和良心。今天导演不满足仅仅表现艺术家的良心，而是从媒介舆论的大环境中思考自己的价值取向。

这是电视剧比电影更贴近生活、更受群众欢迎的一个媒体特征。

第三节 电视文艺晚会的导演风格

另一个对我国电视文艺风格有影响的是晚会导演黄一鹤。黄一鹤是我国电视春节晚会风格的实验者和开拓者。在 1982 年春节晚会中，他探讨了两个影响晚会收视率的问题，第一是晚会的形式，第二是晚会的开放性的问题今天，许多观众都有一个共同的感觉，过春节没有饺子不要紧，没有春节晚会就不热闹了。但春节晚会的发展经历了成功与失败，观众称赞与反感，导演在不断地摸索过程中形成今天的式样。可以说，春节晚会标志着我们电视文艺的发展水平，春节晚会风格的确立和形成也造就了一代电视文艺导演的不同的艺术风格。这种风格有共性的，也就是不同形式晚会的共同特征。同时，它也是有个性的，对于每个导演来说，也有他们独特的特点。电视晚会的发展影响和带动了整个电视文艺节目的改革和创新，各类的专题晚会、各类的电视文艺节目，各种新的电视文艺品种的出现，都直接和间接地受到春节晚会启迪和影响。

一、历届春节联欢晚会的基本风格特点

从 1983 年开始，到现在每年的春节联欢晚会，经历二十余载，晚会形式经过多年摸索，已形成大体固定的风格和套路。这种套路一旦被观众认可，改动也是很困难的。虽然每年都出点新花招，搞点新样式，但是大的形式和风格已无法改动了。茶座式的春节联欢晚会一年一度沿袭下来。尽管每一届导演都在换，导演的个人品格对晚会的设计处理可能有所差别，但总体风格

上是有规律可循的其基本风格特点大概有以下几点：

（一）晚会的整体模式趋于一致，结构样式基本一致

1. 茶座式，设立多个表演区；主要表演区设在舞台上，这主要是以场面较大的歌舞、小品、杂技为主；在观众席上，设立几个分表演区，主要以容易和观众产生交流的相声为主，也有表演有反馈对象的歌曲等形式。

2. 以迎春为主题的节奏欢快的大歌舞开场，以更大的歌舞和全体演员谢幕式结束。

3. 主持人串联。

4. 小品、相声为主干，歌舞为陪衬，多种文艺样式兼收并蓄，组成一个大拼盘。

5. 晚会节目以"欢乐、祥和、团结、奋进"为主题，具体节目主题广泛使晚会出现泛主题色彩，只要符合欢乐祥和团结奋进这个大的框框就可以。主题晚会每一个节目都围绕主题转显得创作上游刃有余，有利于编导施展个人的才华和个性。

6. 尽管节目形式多样，每年都有新的节目品种亮相，但总体上形成了一个模式，在表演上，采用取悦观众的"杂耍表演"（注：Variery Show，最早是美国咖啡馆的一种文化，我们从卓别林的《摩登时代》中餐馆里的那个段落可窥视一斑，后来被广播和40年代商业电视借鉴的一种形式和表演风格，以一个男主持人串场的多种娱乐形式的大杂烩，其中包括滑稽表演、流行音乐、乡村歌曲、杂技甚至动物表演，最有代表性的是50年代《德克萨斯明星剧场》：Texaco Star Theater，追求风格明快，这种风格表现在小品、相声具有诙谐特征的作品中。

（二）节目的纪实品格

晚会编导在把握节目的创作方法上，也形成了电视晚会独特的风格特点，这种特点集中体现了电视晚会的新闻媒体特征。这个总特征使相当一部分节目具有了迅速反映当前的一些重要事件的纪实特征或潜在的含义。这种文艺加新闻的特征是当今电视导演关注民生、关注社会的集中表现。归纳下来有以下几方面：

1. 编导在节目创作上关注社会热点，这表现为直接的关注和间接潜在的表达。小品是晚会上关注社会、针砭时弊的最出彩的表现形式，1998 年春节晚会上赵本山、高秀敏、范伟的小品《拜年》，批评以权谋私社会腐败现象，歌颂了秉公办事、心系群众的领导干部，赵本山 2000 年的小品《卖拐》就是影射邪教之流对善良人们的欺骗。当然，社会热点往往也可能是一种为众多

人所瞩目的文化现象。1999 年春节晚会上的《昨天、今天、明天》和 2006 年的《说事儿》，将《东方时空》特别节目的主持人崔永元——当年最受观众欢迎的专栏节目的《实话实说》和后来收视率不算很高的《小崔说事儿》的节目样式编成电视小品，用《实话实说》和《小崔说事儿》的节目思路，由并非小品演员的节目主持人崔永元和小品明星演员赵本山、宋丹丹联袂主演，两个节目相隔七八年，成为连环小品，都获得了极大的成功，这类节目最容易引起观众的共鸣。

2. 新闻采访加文艺演出。1989 年春节晚会上，主持人向广大电视观众介绍了聂卫平一家救助了一位离开他家后才检查出得了癌症的小保姆的故事，主持人采访了声泪俱下的小保姆，随后安排了韦唯的一首《爱的奉献》，使歌曲有感而发。

3. 文艺节目和新闻效应发生共鸣。1994 年春节晚会上的小品《打扑克》讲的是两人在火车上打名片，当有人用洋教练压住中国教练时，侯耀文打出了马家军教练，此时马俊仁和他的弟子正在场上，导演将镜头切给马俊仁，观众掌声四起。该节目将当年的新闻人物编入节目，并把新闻人物请到现场，在节目的关键时刻，将新闻人物与文艺节目有机联系在一起，使节目更鲜活，更有现场感。

4. 在一部分欣赏性文艺节目中折射了社会热点问题。有些节目，如歌曲，主要是艺术欣赏，这类节目也会赋予潜在的写真成分，具有某种感召功能。1997 年香港回归，祖国统一是海峡两岸人民的心声，在 1998 年春节联欢晚会上，香港歌手刘德华、台湾歌手张信哲、大陆歌手毛宁共唱一曲《大中国》，为歌曲赋予了更深的含义。台湾歌唱家范宇文演唱的电影《海外赤子》的插曲《我爱你中国》也表达了同样的语境晚会节目上述的导演风格，为晚会赋予了纪实主义的倾向。这就为晚会赢得更广泛的关注，使晚会更具活力。

（三）艺术风格的多样化

春节联欢晚会的模式并不是唯一的晚会表现方式，在整个电视文艺求真、求善、求美的过程中，晚会节目的式样也成了导演们开始表现出不同的审美取向在纪实作为一种主要潮流的今天，追求另一种表现形式的晚会也有不少成功之作。

这里，值得一提的是 1998 年春节歌舞晚会，这台晚会有一种别开生面之感。1998 年春节歌舞晚会《致春天》在深圳"世界之窗"拍摄，导演利用这里具有异国情调的建筑，采用单机拍摄的方式录制。单机拍摄这是采用电影或电视艺术片的处理方法，在不考虑观众现场参与的前提下，导演对节目的处理容易表达个人风格。在艺术上，导演的风格与大多数晚会不同，有其独特的特点，这表现在：

1. 场景众多，富于变化。由于晚会跳出了演播厅，"世界之窗"众多的景观可供导演选择，因此就形成场面的变化和画面的丰富多彩。

2. 单机分镜头拍摄，避免了演播厅里直播晚会镜头只能在一个扇面上的缺陷，角度多，有利于造型。所以全片镜头构图和用光讲究，画面赏心悦目。

3. 由于是录播，有较充裕的时间，所以后期编辑过程中，可以充分发挥电视制作的优势，导演通过精心设计，在《彩蝶飞舞》等舞蹈中，借助了三维和更多的技术手段美化节目，从而打破了以往晚会受舞台场地限制、只能在一个两维空间内对舞台表演进行原始记录的局限，充分发挥电视的高科技特点和编导人员以及节目制作人员富有创造力的想象，创造了一个亦真亦幻的表演空间。导演独特的个性在这里容易得到淋漓尽致的发挥。

4. 导演可以充分发挥自己场面调度的个人风格，晚会演播厅转播，导演只能进行有限的镜头调度，一个晚会由不同的导播切换镜头，虽然有差异，但一般情况下个人风格并不十分明显。而单机拍摄的晚会，导演场面调度的个人风格就完全不同了，处理上会千变万化，有明显的个人特点。

当然，我们还可以举出一些风格特征，98 春节歌舞晚会确实给人耳目一新的感觉，有许多值得借鉴的地方。就 98 歌舞晚会而言，有一点是明显的，编导们在总体风格不变的前提下考虑着节目怎样才能创新，跳出演播厅的欲望是十分强烈的。98 歌舞晚会在演播厅外的实景中的表演，也为春节联欢晚会提供一种创新思路，2002 年春节联欢晚会汲取了 98 歌舞晚会外景拍摄的经验，将歌舞类节目设置在分会场深圳世界之窗进行，并且采用现场直播的方式。从这些晚会中，我们开始看到了导演不满足平面和立体的舞台（类似《庆回归》的舞台），向往外面的世界的努力。这种形式，特别是一些高雅的阳春白雪文艺节目，应该继续探索下去。

第四节　纪录片的导演风格

在一些电视台拼命攻电视剧的时候，电视界一股清新的风吹拂着广大电视观众，这就是电视屏幕上令人惊奇的"讲述老百姓自己的故事"——纪录片。老百姓是不管什么叫纪录片，什么叫电视剧的，这个定义对他们没有多大用途，他们更关注的是什么更好看。一些老百姓看纪录片，是把它当电视剧来看的，或者说当故事来看的。纪录片风格，也是导演的一种创作的价值取向。

我国目前纪录片导演风格有两种倾向。

一、早期艺术纪录片的创作取向

在我国电视纪录片史上，从导演创作风格上来讲，除了配合政治运动和宣传形势要求的大量政论性纪录片和文献性纪录片以外，最有特色的是曾经流行了多年的一种散文诗化的纪录片的创作风格和流派。这种风格的导演以浓重的主题意识为创做出发点，追求艺术表现形式的完美。这类纪录片影响了一大群纪录片导演的创作取向。

早期有陈汉元的《收租院》，它创作于 20 世纪 60 年代这种特定的历史时期，以关注思想政治内容为主要创作目的，但在艺术上有很多独到之处，它的解说词，至今被一些从事电视写作课的教师视为范本；李绍武的《啊，草原》，以追求画面美、意境美、音乐美为特征，注重表现形式，这类作品还有藏树清的《长白山四季》，额尔德尼的《沙漠散记》，这些创作于 1980 年前后的作品大多以 16mm 摄影机用进口彩色胶片拍摄，许多片子的编导本身又是摄影师，他们以文学的眼睛观察生活，创做出一批散文化的电视艺术片这类作品不是电视纪录片的独创，不论从形式内容和解说词风格上，都受到我国60 年代中央新闻电影制片厂的纪录片创作的影响。我国 60 年代有一部影响颇大的电影纪录片《军垦战歌》，这部纪录片由著名诗人郭小川撰写解说词，以诗化的语言、精美的摄影和传唱多年、流行至今的歌曲《边疆处处赛江南》而脍炙人口，几乎影响了一代知青上山下乡的热情，同时，也影响着那个年代过来人的电视纪录片风格。这部作品是当时纪录片创作的最高峰，从70~80 年代这批电视纪录片中，我们时常能看到《军垦战歌》的影子。

按这种思路，中央电视台藏树清组建了一个摄制组，用 16mm 摄影机拍摄了万里长江的历史人文景观。由于创作观念上的原因和当时无法解决摄影机同步录音的问题，拍摄了大量的无声胶片素材，如何统一这部长纪录片的风格？最后决定用主持人陈铎和宏云以"话说"的方式将片子串联起来。这部片子在前期拍摄耗时较长，主持人在拍摄时未到现场，所以在后期制作时只好在演播室内采用抠像的形式将主持人处理到现场。这就是 1986 年推出的大型纪录片《话说长江》。《话说长江》全篇没有同期声，采用作曲家作曲，其中的主旋律在成片之后，征集歌词，沈阳军区某部的文化干事胡宏传填的词《长江之歌》一举中的。可以说，《话说长江》是早期纪录片的关门之作，它也是早期纪录片形式的集大成者，从这部纪录片身上，我们可以总结出一些规律性的东西。虽然现在纪录片的创作观念和形式有了很大的变化，但许多专题片甚至纪录片中仍然存在着这种创作理念。2006 年，《话说长江》播出20 年之后，央视再次以长江为题材拍摄《再说长江》，创作手法仍沿袭以前的

"话说"，片中出现人物时才有部分同期声和空镜头，仍然使用音乐来衬底这一时期的代表作品，从导演和摄影风格上有以下特征：

（一）总体风格类似默片时期的纪录片

由于使用 16mm 电影摄影机拍摄，其中绝大多数摄影机没有同期录音设备当时所谓的同期录音往往是用便携式录音机录制，声音无法同步，所以一般没有新闻采访式的访谈镜头，而大多数是客观角度的画面纪录。如果没有解说，如同默片，所以，总体风格类似默片时期的纪录片。

（二）以大量音乐充斥影片

影片中由于没有同期人声（主要是说话），一些声音效果是后期配制，为解决音响问题，以大量音乐充斥影片。几乎每一部抒情主题的影片都必有一首主题歌或优美的插曲，主题歌和插曲的音乐旋律，形成本片的情绪音乐。所以，一般片子的音乐都要作曲和专门录制。

（三）解说词辞藻华美、文字散文诗化

解说词由导演自己撰写或请作家诗人撰稿，解说词辞藻华美，文字散文诗化，在 20 世纪 70 年代末 80 年代初，这种电视文体曾盛行一时。有关出版社专门出版了中央电视台《祖国各地》栏目的解说词，一些电视纪录片编导也专门出版过自己的解说词专集，陈汉元在《祖国各地—中央电视台节目稿选》一书的《前言》中这样写道："解说词究竟属于什么文体？是诗歌？是散文？是论说文？是记叙文？我经常收看《祖国各地》节目，并且拜读过其中不少解说稿，同时也偶参加过一点实践。我认为，解说词就是解说词，虽然有时候看起来比较像散文。"散文体、诗化的充满文学色彩的解说词是这一时期纪录片的整体风格。

（四）画面意境优美

这一时期导演拍纪录片，在每一个镜头上下的功夫，不亚于拍电影，藏树清的《长白山四季》要四进长白山，需要拍摄一年。许多编导本身又是摄影师，刻意求工，讲究画面构图，是这一时期作品的又一个特点。这一时期的纪录片一些经典的镜头，至今让电视界顶礼膜拜对此陈汉元有一个精辟的总结："在《祖国各地》里播出的许多节目之所以比较普遍地受到观众的欢迎，无疑是画面美，解说美，音乐也美。"这三个美是这时期作品的主要风格。

但是，早期纪录片在创作理念上被称为"格里尔逊"式的，即"画面＋解说音乐"的方式。由于不使用同期声，通过解说和音乐渲染来表达创作者的思想，这很容易把编导者的观点强加于人。所以从二战以后，这种宣传味道很浓的表达方式逐渐被观众排斥。《话说长江》和《再说长江》的手法，在创作观念上不能说适应当今纪录片创作的主流倾向。

二、转型期的纪录片导演风格

我国第一代电视纪录片导演的风格，对后来20世纪80年代末90年代初的一部分中青年纪录片导演以及他们的作品产生了很大的影响。有人这样称谓他们如果陈汉元、藏树清、李绍武等人是第一代电视纪录片导演的话，那么，下面这些人被称为第二代电视纪录片导演。这其中比较有代表性的编导和作品有：孙曾田的《最后的山神》、刘郎的《西藏的诱惑》以及宁夏和辽宁电视台合拍的《沙与海》。这几部纪录片大都在国内外，特别是在亚广联荣获大奖这些纪录片继承了第一代纪录片导演的主要创作风格，并在通过镜头而不是散文诗化的语言叙述故事中显得更加老道成熟，艺术特色也就更加明显。他们的作品成为当前电视教学的典范。

在叙事上，这些作品继承了老一代的叙事办法，比如选择一个典型的又是绝无仅有的表现题材。《最后的山神》开篇的第一句话就说明了他拍这部纪录片的价值取向："孟金福是中国境内鄂伦春族中最后一位萨满。"这便使这部纪录片具有它特殊的价值和意义，一个从原始走向现代社会的民族，它们过去的历史和活生生的历史人物将被现代文明消亡的最后日子里，纪录片纪录的不仅是一个老人的命运，而且是这个民族的全部历史和古老文明。所以作者已经站在人类学的高度去纪录这个故事了。也正因如此，这个片子所讲述的真实故事，在1993年"亚广联"第30届年会上获电视大奖在摄影上，《最后的山神》在用光、色彩和构图上，每一幅画面都十分漂亮讲究，看孙曾田的作品，仿佛在欣赏一幅幅中世纪的油画。孙曾田说他在拍这部片子时"在画面上都有自觉或不自觉地寻找那种俄罗斯油画的风格和感觉"。

孙曾田这种创作上的风格，我们从第一代电视纪录片导演和摄影师李绍武的《啊，草原》、藏树清的《长白山四季》中能看到这种影子。孙曾田继承了中国纪录片老一辈创作者的优良传统。而这种传统也是世界纪录片史上一种纪录片导演的传统；克拉考尔在分析荷兰纪录片导演伊文思的作品《雨》精美的画面时，说"它的主题无异于是对他'求美的欲望'的一种挑逗，而不是向他提出了必须在摄影上'简朴'的要求"，对这类追求画面构图美的纪录片导演群，克拉考尔指出："导演们都是在着重表现物象本身的前提下力求增添诗意的"。在孙曾田拍摄的另一部纪录片《神鹿啊，神鹿》中又表现出这种风格。这在纪录片追求纪实的今天，摄像机摇摇晃晃被当成真实的今天，坚守自己的创作风格，这是难能可贵的在 28 个沿黄省市台拍摄《黄河一日》的编导会上，担任总导演的孙曾田对地方台的导演们谈自己的想法，让大家使用三脚架，扛拍也要稳，注意画面构图。所以《黄河一日》尽管出自几十个导演和摄像之后，总的来说，摄影上体现了孙曾田的贯风格。孙曾田的《一个民族的最后历史》的第一部《神鹿啊，神鹿》在 1997 年第 18 届国际人类学电影节上获奖、1997 年 8 月获爱沙尼亚第 11 届国际人类学电影节评委会大奖。这是对孙曾田坚持自己的导演和摄影风格的褒奖孙曾田《最后的山神》耗片比是 50∶1，最后成片是 40 分钟，也就是说拍了 2000 分钟素材，这对一般人来讲，是不敢想象的，似乎也太多了，成本高不说，后期制作起来也太麻烦，孙曾田认为这是人类学研究的宝贵资料在孙曾田身上，我们看到他继承了我国纪录片创作的优秀传统。但他同老一辈纪录片导演不同，在语言风格上有所改变。这表现在对同期声的运用上，他本来的蒙太奇剪辑的手法（大部分用固定镜头和短镜头）揉进了纪录派的风格较客观和冷静，因此，甚至有些人把孙曾田的作品当成纪实主义的作品。但我总感觉孙曾田的风格是兼蒙太奇和长镜头之间的风格，它还不是纪录派镜头——段落"的表现手法这一时期的另一个具有代表性的作品是《沙与海》，这部作品作为第二代导演的代表作，对作者之——辽宁电视台高国栋的创作风格是很值得探讨的《沙与海》的平行蒙太奇的结构，片中的主题歌，仍然使我们看到传统纪录片的影子，但其大量的同期声采访，虽然不乏长镜头的摄影（当然并不是"镜头——段落"的标准的长镜头，只是记录时间相对长一些而已），又有着明显是过渡期的作品高国栋拍摄的《人·鬼·人》则已完全离开了传统的蒙太奇手法，段落镜头的倾向非常明显，其中有大量的跟拍、抓拍，纪录派的倾向已经从不自觉到自觉的了，尽管导演们在主观上不是这么想，但效果却是如此。

受第一代纪录片导演影响较深的第二代导演中，刘郎的作品是最独树一帜的，从《西藏的诱惑》到《天驹》，还有他的许多作品无不充满神秘的色彩，他的作品构图、语言、音乐都十分精美，片子一反中国纪录片中的现实主义传统，具有某些"实验的倾向"——它主要不是在纪录故事，克拉考尔指出："实验影片固然倾向于避免讲述故事，但它们在这样做时却很少考虑电影手段的亲近性，它们忽视摄影机面前的现实。无论是抽象的构图或梦境的表现，它们更多的是当代绘画或文学构思的一种外延，而不是电影。它们废除故事的原则，只是为了树立艺术的原则。也许在这次'革命'中艺术得到了好处，电影则一无所得，即使有所得，也是通过间接的道路"。这段话也许道出了刘郎某些作品的要害。刘郎的作品中，不仅仅是文学色彩过重的问题，更主要的是，它强烈地表现了一种主观意识，有人说他在用摄影机写论文，把哲学的抽象思维运用到电视创作中去。刘郎说："我已不满足一些具象题材，已将注意力转到一些抽象题材上，寻找多种抽象题材内部的逻辑关系。"正像他表白的，一些人看过他的片子感到看不懂，有人觉得太费解。就像朦胧诗，诗太直太露不好，太晦涩难懂也不好。也许正是这个原因，刘郎的作品像朦胧诗一样，红极一时。《望长城》出来以后，纪录派理论——纪实成为时髦的创作观，刘郎的这些作品又遭到人们口诛笔伐。致使他也改弦更张，拍出了《傻子沉浮录》，但是这类作品不是他擅长的用笔来写电视的特长。后来，刘郎又重新回到以往的创作道路上，拍出了《苏园六记》。他的作品更像一部修辞精美、思想深邃的散文，但画面往往成为它思想的附属品。这类作品难逃格里尔逊式纪录片的窠臼，以笔者个人的观点来讲，纪录片毕竟是纪录片，作为一种"非虚构的影片"，它寄生于大众媒体之中，是给大多数人看的，它不是拍实验电影，不是个人思想和情绪的发泄工具。因此，编导必须尊重纪录片写实主义的传统，至于用长镜头写，用短镜头写，那是导演个人风格问题。克拉考尔的观点认为电影是"物质现实的复原"，是以人"不介入"为前提的，在主观世界和客观现实之间，"任何纪录片，不管其目的如何，都是倾向于表现现实的"，"这一点也许正是问题的症结所在上述电视编导大多是我国电视界影响最大的一批导演和摄影记者，所以他们的作品不仅影响了电视纪录片的教学，也影响了一大批后来者的创作取向和审美观念。

三、纪录派的导演风格

20 世纪 80 年代末 90 年代初，中央电视台先后播出了《广东行》和《望长城》，这两部大型纪录片一经播出，立即引起了观众和电视同行的瞩目。人们发现，它的叙事风格变了中国的纪录片，在以前，在片中很少讲故事，很少记录事件的过程，往往从旁观者，以画外音解说的形式交代事情的结果。而这类片子，反其道而行之，大量的画外音不见了，而是用"剧中人"之口，用他们的行动来交代故事的过程有些段落，有头有尾，有起伏，有高潮，简直像电视上的剧情片，只不过是真人真事，没有一点虚构。观众看这类节目，感觉就像看电视剧。

这就形成了纪录片的一个新景观：纪实。克拉考尔用过"纪实"这两个字，把纪录片称为纪实影片，以区别于虚构的剧情片，国内有些教材上称呼这类电视片为纪实性纪录片。其实纪录片的本性就是纪实的，不纪实还叫什么纪录片？

这一类代表目前以纪实为特征的纪录片在创作上主要有下列特点：

（一）在结构特征上采用了段落镜头，或者称镜头即段落

用一个长镜头纪录一个故事段落。我们以《望长城》为例，主持人焦建成向三位老乡打听王向荣家的谈话过程，每一次谈话，是一个完整的故事段落。

第一个段落：访问集市上卖瓜的老汉。主持人听到卖瓜人一边做生意一边唱歌，上前搭话，卖卖瓜人唱得好。买瓜人说：我不如王向荣唱得好，王向荣是三十几的后生，我是六十几的老汉，引起了主持人要寻访王向荣的兴趣。这一个故事段落是用一个长镜头完成的第二个段落：主持人焦建成开始去寻访王向荣，听到远处一个种地人一边锄地一边唱歌，爬山调唱得婉转悠扬。他又上前打听，此人并不是王向荣，而是王向荣的好友，主持人和他交谈的整个过程，是用一个长镜头完成的第三个段落：焦建成继续寻访，看见一个羊倌一边放羊一边唱，这时有一个分切镜头，当他走近羊倌，开始用长镜头拍摄，这人是王向荣小时的朋友。主持人请羊倌唱，羊倌说放羊这营生不能唱歌，因为羊听不惯，一唱羊就跑了。主持人再三恳求，羊倌说他不唱爱情歌曲。在主持人一再坚持下，羊倌同意了。但足有半分钟不作声，于是摄像机像巴赞所推崇的弗拉哈迪拍《北极人纳努克》的做法，伺机等待，直到羊倌开口这三个段落故事，都是用"镜头——段落"的方式，通过运用镜头内部蒙太奇拍摄完成的。每个段落只用了一个镜头便拍摄完成，如果被采访对象不说话，要采取伺机等待的做法，不停机继续拍摄，直到故事继续往下发展。这样既保证了故事的完整，同时又体现了长镜头的优势，保持了空间的连续和时间上的不间断

（二）在摄影方式上，使用移动镜头的拍摄方法，多用跟拍和摇拍，并用广角镜头取景

由于广角端视角宽，因此晃动较小，便于以肩扛的方式进行跟踪拍摄。巴赞在《电影是什么》一书中提倡的段落镜头即"景深镜头"，广角镜头才有大景深，适合在纪实摄影过程中，应付较复杂的情况，并取得相对稳定的构图长镜头摄影并不意味着所有镜头都必须采用肩扛镜头，在有些情况下也可以在三脚架上完成，以取得构图上的完美。在《望长城》中的长镜头以移动镜头为主，也有固定机位，通过变化景别拍摄的长镜头，如在陕西太史公司马迁的故里听群众讲司马迁的后人为什么没有姓司马，只有姓冯、同的来历：司马迁因为替李陵投降匈奴说了几句公道话，惹恼了汉武帝，受了宫刑以后，司马迁一族人得知消息，怕受牵连，把复姓司马的司加了一笔改成同，把马

加了两笔改成冯，躲过了满门抄斩的故事。这一段导演在场面调度上完全是用固定机位，通过改变景别拍摄的段落镜头。这里要强调的是，纪录派用长镜头的拍摄方法，并不是取消构图，而是在运动摄影过程中或场面调度过程中，使构图更自然更流畅，具有一种动态的美。

目前相当多的纪实节目，在运用长镜头过程中，镜头摇摇晃晃，毫不讲究构图，这是一个很不好的现象，发展下去，会影响这类作品的生存。因为不管是什么风格的作品，艺术质量总是第一位的。只记录生活，而屏幕上缺少赏心悦目的生活之美，这样的艺术作品是短命的、不完美的

（三）在画面记录生活力求真实完整的同时，对声音同样要求真实完整，所以纪录派的作品讲究声音的原汁原味

我们看到许多纪录片，从头到尾不用音乐（指后期音乐），而全部采用同期声。见其面，闻其声，不间断地观其行，是纪实作品追求的境界。我们看到《东方时空·生活空间》在"讲述老百姓自己的故事"中，为保证纪录真实，音响处理使用同期声而不使用主观音乐配乐。

（四）主题多义

纪录派理论强调主题作者不介入，一些作品不采访，不在镜头外提问，《黄河日》几十集节目都贯穿了这一风格，观众仿佛在看生活中真人上演自己的故事纪录派上述的创作风格，清新古朴，涤荡着纪录片粉饰生活、说假话、编故事的创作风气，使纪录片成为电视艺术领域中最具生命力、最受观众欢迎的品种它的纪实风格不仅影响着各类电视节目，也影响着纪录片的发源地——电影。现在电影纪录片式的创作风格也时常出现在银幕上，像张艺谋《秋菊打官司》中那些镜头的摄影风格，土得掉渣的语言就是明证。1990年张艺谋的《一个都不能少》更表现了电影故事片向纪录片的创作手法学习的取向，该片的摄影师侯咏在回答记者的采访时说："可能更像拍专题片，跟一般概念中的故事片已经有很大的不同了"。"在这部影片的拍摄中，我们必须改掉多年的习惯，越普通越好，有时候我们还要回避美，因为在某些段落，你如果拍得太美了，就会感到做作，感到人工痕迹太重，或者太虚假了，如果从这个角度拍上去很美，我们反而改得普通一点，我们坚持的是这种原则。所以与原来的拍摄习惯是反其道而行之了。我们完全改变自己原来观察事物的习惯，改变选景、要求人物光线的习惯，找最普通的地方去拍，怎么普通怎么来。"

纪录派手法成为当今纪录片创作的主流。许多在国内外获奖的作品都采用了这种手法。《家在何方》《龙脊》《舟舟的生日》和 2005 年前后在各地电

视台热播的长篇纪录片《姐妹》都采用了这种手法。在纪录过程中虽然并不一定使用长镜头，但在音响上都坚持使用同期声，通过片中人物的一举一动、一言一行，保证纪录的真实，解说退居到次要地位，音乐不用或很少使用，只用于处理片头和片尾，并尽可能使用客观音乐，如《龙脊》中人物唱的四季民歌。纪录片从结构上更强调表现事件的过程，《姐妹》采用了全过程叙事，通过几十集的篇幅将姐妹俩的创业过程和艰辛经历一五一十地展现在观众面前，姐姐为了事业把自己的女儿送回乡下的老家，女儿哭着抱着妈妈的腿不让走的情景，那撕肝裂肺的哭声让观众唏嘘不已。纪录派的叙事策略有利于展示情节和细节的过程，保证了事件的完整和客观性，也使纪录片变得更有故事性，也更吸引人。许多人看《姐妹》完全是以看电视剧的心态来看这个现实的生活叙事。

四、纪录片的新创作取向

进入 21 世纪以来，随着多媒体技术的发展和普及，纪录片创做出现了一个新的动向，在纪录和叙事过程中，运用"再现"等手段，注重纪录片的表现，即在不违背历史真实的前提下，主观地进行合理的"艺术"加工和创作。美国国家地理杂志转播的《埃及金字塔考古新发现》集中体现了这种创作思想。在以前的纪录片中，由于片面地反对搬演，对过去发生的事情，特别是历史往事，一般主要通过实景的解说，观众很难真切地了解过去人们的生活习俗和历史往事。《金字塔》地宫发掘的现场报道中，摄制者采用了三种手法进行全方位的报道：一是地宫发掘报道，使用了现场直播，这是现在进行时的同步报道；另一种手法则是插入以往的考古成果的资料片：由考古学家在考古现场，发掘完成的古代建造金字塔的工匠们生活的村落遗址现场，对发掘的历史文物和遗址进行考证，这是过去完成时态的纪录片；第三种手法根据发掘出的遗址和文物，使用电脑制图绘制了古代工匠们的生活村落，并按历史原貌制景，运用演员扮演了当年村落中工匠们的生产和生活情景。比如当年的面包房、工匠们运输石料和施工中受伤工匠手术截肢的场面。这种在不违反历史真实情况下的再现手法，使我们"真实"地看到了古代埃及工匠修筑金字塔的情景。中央电视台 2005 年播出的大型历史文献纪录片《故宫》，如果采用传统的手法，只能采用故宫的空镜头和历史人物的画像、遗物等来表现。这种手法当然不会失实，但静物在表现历史人物时，人们看不到历史人物的活动场景会失真。这种手法显然有很大的局限性，使人们很难对当时故宫中的历史人物、历史故事有一个全面的认识和了解。所以，《故宫》在表现朝代变迁和历史人物时，也采用了情景"再现"的手法。如果人物的语言和表情神态像电视剧一样添加过多的艺术成分，观众也会置疑，这些场面和情节是否是历史的真实。所以，这种搬演必须把握一个度，不违反真实的前提下，只能含蓄地再现某些情景，达到叙事的目的。比如在第一集中，永乐皇帝为了迁都北京，与朝臣商议迁都事宜，用演员搬演当时的场面和情景时，一般用全景，只描绘场面，在表现某些个人的活动时，尽可能不用演员面部的特写镜头，如果要用，一般用虚焦来处理这类镜头，造成影像不实，避免演员与历史人物形象的误差。同时，通过这种提示，观众明白了编导的意图。这种既看得清活动，又看不清具体的人物形象和细节描述的手法含蓄又明白地交代了历史上这里发生的人和事。如果只用传统的解说方式，我们很难了解这些历史故事的情节和细节。这种搬演手法，"再现"了历史上这里的人和事，它使历史纪录片有了"历史"人物的活动，可以从容地活灵活现地讲述历史故事。

第九章 导演的电视思维及导演培养

第一节 电视思维

电视思维是以捕捉和营造观念形象（即意象）为特征的形象思维和把描述转化为以具象为特征的技术思维相结合的思维活动。从创作的实践来看，电视思维应当有以下三个层次。

一、感性形象思维层次

感性形象思维层次，是形象思维的感性认识阶段，主要对现实生活中鲜活具体的感性材料（即生活表象）进行记录和反映。在这一层次，创作者根据自己对生活表象的感受和经验来进行创作。感性形象思维指导着创作者对生活进行习惯性的采访和般性的节目制作，在感性形象思维指导下采编和制作的节目，一般停留于"是什么"和"发生了什么"的层面，而不进行"为什么"的分析。因为人们会因个人的经历、感受和知识的差异而形成不同的思维习惯和思维定式，这样创做出来的作品具有明显的个性特征。

二、理论思维层次

电视工作者进行电视创作，不仅仅满足于对社会生活进行客观报道的层次，还要抒发情感、发表见解、传达理念，以陶冶情操、影响舆论，这就必然要上升到理论思维的层次。

理论思维层次包括抽象思维和形象思维中的意象思维对创作主体而言，抽象思维主要表现为选择、提炼和组合的能力，即在众多的题材中，选择、比较，挑出有价值的题材进行拍摄，并对采访摄取到的素材进行去粗取精、去伪存真的处理，提炼出有价值的事例，然后经过分解、组合，从而创做出体现认识目的的屏幕形象意象思维是理性形象思维，它是对在感性形象思维阶段捕捉到的生活表象进行联想、想象和典型化处理的思维过程。意象思维创造出的形象代表着事物的本质形象也就是"意象"。"意象"是对同类事物一般特征的理性反映，具有典型性、普遍性和概括性。

意象思维，是决定电视节目由"反映"层次向"表现"层次提升的关键。它是创作主体创造性思维和个人风格的充分体现。意象思维，可以把互不关联的画面交融在起，传递出独特的神韵，可以创做出源于生活而又美于生活的画面，甚至可以把教科书上的概念转化为令人称道的优美形象。

意象思维，就像文学创作中的"意"。"意犹帅也，无帅之兵，谓之乌合"。有"意"，则一花一世界、一草一乾坤；无"意"，则只能是镜头的简单堆砌。这就有些像厨师做汤，高明的厨师，可以把一锅冷水变为一锅美味，而平庸的厨师，则只能把一锅冷水变为一锅开水。

三、灵感思维层次

电视创作是一个痛苦的过程，这种痛苦，主要表现在对意象的创造与表现上。电视创作需要灵感思维的参与，如果没有灵感思维的参与，就不可能产生出令人叹为观止的意象。

灵感思维是指"在潜意识中酝酿成熟时突然与显意识沟通的一种人们没有意识到的对信息加工的思维活动。"灵感，是电石火花般的感悟，是一刹那的沟通，是可遇而不可求的境界。当你没有进入这种境界的时候，即使冥思苦想也一无所获，经受着痛苦的折磨；而当你一旦豁然贯通，则可能进入一个灵动自如的创作天地。

总之，电视思维是一种立体思维，它既包含了初级思维层次的感性形象思维，又包含了理论思维层次的抽象思维、意象思维和具有非线性特征的灵感思维。同时，从性质来说，电视思维又是一种创造性思维，特别是在理论思维层次，是最具创新潜质的领域。正因为电视思维的层次性和丰富性，指导着我们的画面拍摄能力、文字表述能力、动画创意能力和综合表现能力，才实现了电视全方位地反映现实生活和表现现实生活的独特功能。

第二节 优秀导演的培养

意大利电影大师费雷德里科·费里尼说：电影里涉及了很多技术问题，这是你们要熟知的，但是很多技巧是与生俱来的，我从来不在晚上想白天都拍了些什么，从不故意去想我一向生活在图像中而不用去寻找拍什么图像。摄影机就是我的眼睛，它就是我的工作伙伴。当然，一些特定的移动需要作决定……在图像之外的表达对我来说非常困难，因为走出图像之后就没有那种特定的气氛，就很难记清到底要表达什么……图像就在我的头脑中，想象里，它无所不在。

美国导演霍华德·霍克斯说："如果在电影院听到了观众的笑声，那么你的影片一定是成功的。观众欣赏电影剧情的情况并不多见，除非电影院里挤满了人，如果真是这样，就是你应该庆祝的时候了，因为那就意味着你能赚很多的钱。所有的导演都不想制作一部只能被少数人理解的影片。他们希望所有的人都接受自己的影片，实际上，他们并不在乎影评人会说什么，只会在乎观众是否喜欢他们的电影。没有观众就没有电影，做一般导演是较为容易的，只要能独立指挥一个摄制组，可以独立拍片、拍电视剧，就可以成为导演。然而，要成为优秀导演则非常不容易。听说每年在中央电视台电视剧部"睡觉"的片子不下上千部集，可见提高电视剧质量及导演的水平，已迫在眉睫。

俄国另一位杰出的电影导演和电影理论家普多夫金说过："波澜壮阔的全民斗争从具有人类意义的崇高思想中汲取了力量。这些影片尽管作者的个人风格不相同，但是却有一个共同点：力图通过令人信服的场面，去把分散在各个时期和广大地区的许多事件概括起来。在揭示全人类的伟大思想时，这些影片不是去叙述现象之间的联系，而是力求以视觉形象的说服力纵览全局地体现出这种联系。只有电影才充分具有这种可能性。

在这个时期所创立的关于镜头蒙太奇理论，阐明了电影艺术的这个强有力的基本手法的真正意义。艺术家掌握了这个手法，就能够简明具体而富于感染力地体现出看来最为复杂的抽象的概念。

一、火眼金睛识剧本

优秀导演善于挑选剧本。导演是对剧本嗅觉特别灵敏的人。"剧本剧本，一剧之本"是颠扑不破的真理。我们的电影、电视学院，许多学生作品的失败，首先就是脚本的失败。不少导演的影片、电视剧的失败，也首先在于剧本的失败。1977年，北京电影学院汪岁寒教授、司徒兆敦教授到浙江去拍摄电影《如梦的年月》，导演导得不错，主演是现今的"明星妈妈"崔新琴，表演不错，但是这部影片失败了，剧本先天不足，使它折戟沉沙。

而姜文看到《寻枪》的剧本好，他都手痒痒的，很想亲自导片，但陆川拒绝了。最终由于本子好，加上他的努力，初出茅庐的陆川，也就一炮而红。总之，抓住一个好剧本，是导演艺术成功的第一步，不明白这个道理，可以说你还没"入行"。

美国著名电影导演艾利亚·卡赞（主要作品有：《码头风云》《围歼街头》

《玛蒂》）说："我在一些蹩脚的剧本上吃了亏以后——其中有些我曾参与创作，我才了解了没有好的剧本就拍不出好的影片。没有第一流的编剧就写不出好剧本。除非第一流的编剧觉得这部影片真是他自己的，否则他不会写出第一流的作品。"

既然优秀剧本是成就优秀导演的基石，那么什么样的剧本是优秀剧本呢？优秀剧本必备哪些条件？这是一道难题，我们不能回避，但必须探索。

二、全局思维，细节取胜

在开始制片之前要通盘考虑整部影片、整部电视剧是非常重要的。故事被分成许多小场景，一个一个地分开拍摄。第 40 号场景也许最先"拍摄"。前头的那 39 个场景，甚至可能等到最后才拍摄。所以，心中的眼睛必须对整个制片工作有一个非常清楚的认识，方能解决制片中产生的问题……

许多人在批评导演的工作时忘记的一点是，导演必须高度重视各类观众不同的口味。譬如，纽约舞台新上演一出戏，舞台监督可以突出某几个点，中间加上他知道会吸引纽约观众的"戏"。他要是想在伦敦演这出戏，他大概会大大改变一下他的手法了，因为他知道伦敦观众欣赏剧中情节正是纽约观众所忽略的，反之亦然。

优秀导演一定是对影视艺术有着满腔的热情和精益求精的人，不能呕心沥血于自己作品的人，很难出精品，也就很难成为优秀的导演。

有一位世界著名的导演，有人请他介绍经验，他说："开拍的第一个镜头一定要十分精美。"别人又问："那第二个呢？"导演回答："照第一个镜头办。""以后呢？""直到影片拍摄完毕！"

这段对话近乎调侃和幽默，但它道出了一个真理：只有具有精品意识的人，才能成为优秀导演。如果把拍电影、拍电视剧当作"玩票"、当作赌运，那十个就有十个都会失败的。

三、优秀剧本必须具备的条件

（一）审视主题

主题要鲜明、深刻，是跳动着时代脉搏的作品。

首先，今日的中国，应该是歌颂祖国，歌颂人民、歌颂伟大的中国共产党、歌颂社会主义初级阶段改革开放的各行各业的英雄人物，歌颂中华各族儿女大团结的作品，具有强烈的时代烙印的作品。

其次是贴近实际，贴近生活，贴近群众，体现时代精神的作品，树立顶天立地的国家形象，弘扬百折不挠的民族精神，体现崇高、圣洁的人性之光，揭示人类在困境中顽强生存的生命意识和精神力量的作品。

再次是中国上下五千年的卓越成就，卓越人物，鉴古知今的作品。

（二）审视题材

1. 是否具备视听艺术、视觉艺术的特征，是否会取得极佳的银幕艺术效果。

2. 是否是有中国民风、中国气派，是否为中国观众、世界观众所喜爱。

（三）审视作品思想性和艺术性是否完美结合其观察要点是：

1. 是否有性格鲜明的人物

艺术创作是以人物为中心，人是万物之灵，又是艺术之灵魂。对影视片（剧）而言，离开了鲜明性格、活灵活现的人物，作品就如建立在沙滩上的巨厦，是要坍塌的，无法立起来。

如电影《乱世佳人》中的郝思嘉和白瑞德，《巴顿将军》中的巴顿，电视剧《长征》中的毛泽东，《亮剑》中的李云龙，《潜伏》中的余则成与翠平等。

影视片（剧）人物是关键，"牛"人是核心。

2. 是否有强烈的戏剧性

戏剧性是指情节的动态造型，它通过时间和空间，从视觉到听觉，在演员与观众的反复交流中，进入集体的心理体验，其具体表现是：

（1）一切戏剧都以个人意志与阻碍这个意志力量之间的冲突为基础，意志的冲突即戏剧规律。

要具备戏剧性，其深层次的就是意志的充实。

电视剧《走向共和》，是写孙中山先生推翻清朝，驱逐鞑虏，建立民国的革命意志与清王朝镇压革命的意志的冲突。

电影《开国大典》，是写以毛泽东同志为首的中国共产党人与党魁蒋介石一系的国民党的历史冲突。

（2）富于变化，突如其来，出人意料，匪夷所思，丰富、精彩的情节，是构成戏剧性的重要元素。

"情节是人物性格构成的历史"，也就是说没有情节就谈不上人物性格。

情节以人物行动、人物与人物、人物与环境之间错综复杂关系的具体事件和矛盾冲突为依据，经作家、艺术家集中、概括并加以组织结构而成。它包括开端、发展、高潮，结局，有的还有序幕或尾声等部分。例如电视剧《人间正道是沧桑》，它通过 1925—1949 年杨氏三兄妹不同的人生脉络，将个人命运与国家民族的命运融为一体。

大哥杨立仁是个热血青年，一度想刺杀北洋军阀，沉稳多谋，绵里藏针，后来成了蒋家王朝的鹰犬；二姐杨立华独立而有主见，但个人的命运却充满荆棘；三弟杨立青，生性顽劣却勇敢正直，在黄埔军校的熔炼下，最后走向革命，成为共产党的高级将领。这种人间沧海变桑田的变化，给这部优秀电视剧注入了活力和"生命"。

（3）影视片（剧）中需要突出人物个性化的语言。

听话听声，乐鼓听音，闻其声如见其人。这是审视电影、电视剧剧本好坏的相当重要的一环。

电影从 30 年代的《一江春水向东流》，到 80 年代的《红楼梦》，电视剧从《大明宫词》到《亮剑》，性格化的语言，使作品多姿多彩。

尤其电视连续剧，语言在作品中的成分很大，台词甚多，如没有个性化的人物语言，势必味同嚼蜡，必须引起导演选本时的高度注意。

（四）丰富动人的视觉造型元素

除了上述的三大特征外，从专业角度来讲，丰富、动人的视觉艺术元素，是又一审视优秀剧本的因素。因为优秀剧本最终是为拍摄而写的，所有的影视剧本文字，除台词外，拍摄时其他描写，都通通变成了画面、镜头，变成了各种各样的音响、音乐……。

视觉造型元素包括哪些呢？主要可以从下述几方面来考察：

1. 人物造型

如电影《英雄》《大决战》《星球大战》《桂河大桥》《阿拉伯的劳伦斯》，其中人物造型设计各具特色。

电视剧《水浒》《雍正王朝》《三国演义》《大明宫词》《长征》《人间正道是沧桑》等的人物造型，鲜明活现。

2. 环境造型

环境是人物、事物赖以生存的地方，人的各种各样意志的冲突，都离不开环境，人物性格的确立，也离不开环境，恩格斯典型的论断"典型环境中的典型性格"，至今仍闪耀着睿智的光芒。

（1）历史片离不开环境造型

中国秦、汉、唐、宋、元、明、清等，各有各时代的环境，世界不同国家、地区，有不同世纪和时代的环境，公元前和公元后，古代、中古、现代、当代各个不同，都有各自的典型特征。

如电视剧反映秦代的《大汉天子》，反映唐代的《贞观长歌》，反映明代的《郑和下西洋》，反映清代的《乾隆王朝》等。

外国电影《伊丽莎白》《拿破仑》《战争与和平》《一个国家的诞生》《彼得大帝》《太阳王》中的历史场景塑造有助于表现作品的真实性。

（2）科幻片离不开环境造型

从梅里爱的《月球旅行记》至库布里克的《2001年太空漫游》，以及《龙卷风》《地心末日》《后天》《外星人》《人工智能》等影片，可以说，忽视了它们的环境造型，影片的美学意义就会不复存在。。

（3）神怪片、惊险片更离不开环境造型，而且它为影片带来巨大的票房价值。

除动画片外（动画片不在我们讨论之列），2019年度全球票房历史排名第1的《复仇者联盟4》，全球票房为27.96亿美元，北美票房3.95亿美元。排名第2的《阿凡达》，全球票房为27.9亿美元，北美票房3.14亿美元。。

在2000—2007年间，票房排名第1的《王者归来》，全球票房11.193亿美元，北美票房3.7亿美元，中国票房8630万人民币。排名第2的《加勒比海盗·亡灵宝藏》，全球票房10.66亿美元，北美票房4.23亿美元。排名第4的《哈利·波特》，全球票房9.765亿美元，北美票房3.176亿美元，中国票房5900万人民币。这些影片中惊险片和神怪片占有很大的比例。

（4）环境造型中要分大环境、中环境和小环境例如电视连续剧《长征》，主要是运用大环境或中环境的造型，《闯关东》主要运用中环境造型，《潜伏》较多用的是小环境造型。

中国电影《无极》、电视剧《西游记》，离开了环境造型，它们就什么都不是。

3. 服饰、大小道具的造型，也是导演不可忽视的

如《泰坦尼克号》，影片大部分在室内室外的水槽中拍摄完成，片中我们看到的豪华一等餐厅和三层大楼梯，都按实物尺寸制造，从几百码远的大海引入500万加仑的海水，逐渐淹没液压平台的景观。

在《黑客帝国2》中（全球票房7.386亿美元），专门修建了1.5英里的高速公路，以供拍摄，仅公路追逐一场戏便使用了45天，花费达4000万美元。拍摄锡安城场景，用了1000个替身，拍摄尼奥与100个史密斯打斗的镜头，用了72部摄像机同时工作，也许创造了多机同拍的"吉尼斯世界纪录"。通用汽车公司为本片提供了300辆汽车，拍完该片全部被毁。

大道具方面，如法国导演让·雅克·阿诺在拍摄影片《情人》时，为了找到当年玛格丽特·杜拉斯坐过的老式福特汽车，派人在世界各地寻找，最后在苏联北方城市找到，用轮船运到越南。

小道具方面，如意大利导演贝尔托卢奇在拍《末代皇帝》时，为追求历

史的真实和物件造型，专门从大英博物馆租借。当年大清皇帝和慈禧太后的宫廷生活饰物，用专机运来，用过两天，专机送回。

谢晋在导演《鸦片战争》一片时，为了演员找到这种历史的真实感，原封原样地复制了故宫博物院珍藏的道光皇帝的御玺，英国王室伊丽莎白的戏，干脆在英国伦敦外景地拍摄。

由此可见，优秀导演对艺术创作的精细和了不起的敬业精神。作为一个导演，要掌控整部影片或电视剧，工作必须面面俱到，精细入微，从故事入手，将影片或电视剧放在叙事上，放在叙事密切相关的各种造型元素上。

四、绝不墨守成规

意大利大导演贝尔纳多·贝尔托卢奇说："写作和拍摄的感觉非常不同，对我来说，写作是一种文学上的感觉，我觉得电影必须能够用自己的语言说话，必须有自己的生命，必须能够自圆其说。"

波兰大导演罗曼·波兰斯基曾这样讲："电影制作中重要的是导演的视点，因为那涉及整部电影的品位。但对我而言最重要的是寻找摄影机与所拍摄物体的合适距离，以及摄影机与我的视觉感受相似的位置，否则，拍摄时我就不得不把摄影机放在这里；然后我必须找到合适的镜头以便拍出合适的构图，但是这一切还不够，因为这样拍出来的效果与你的视觉感受依旧不同……。"

优秀导演绝不墨守成规，凡是具有开拓性，独创性，目光远大，思想前卫，思维独特，善于兼收并蓄，善于演化，另辟蹊径，置传统于不顾的人，能成为优秀导演。格里菲斯因不按好莱坞老板旨意，将狄更斯的小说技巧用于电影，使《一个国家的诞生》和《党同伐异》取得了巨大的成功。

奥逊·威尔斯天马行空，用独特的景深镜头和声画语言，一部《公民凯思》，赢得万人的敬仰。

库布里克就是思想前卫，深刻犀利，敢想敢拍，无论是《发条橙》《全金属外壳》及《2001 年太空漫游》《大开眼戒》，都独步东西，成为大家。

戈达尔蔑视电影传统，鹤立鸡群，在《筋疲力尽》和《狂人皮埃罗》中，创造了划时代的影片及电影语法。戈达尔说："一般来讲，电影要一个开头，一个过程和一个结尾，但实际上，有时并不需要按照这个顺序。"这就是"超人"的独到。

维·法斯宾德创造了"德国新电影"；德·西卡等，创造了新现实主义电影。不信邪的阿仑·雷乃独领风骚；伯格曼的《野草莓》，带来了哲理电影和作家电影。

新藤兼人的《裸岛》，带来了无台词的诗电影；伊里因科的《牧歌》，带来了有台词的诗电影；大卫·里恩的《阿拉伯的劳伦斯》，带来了史诗电影；阿巴斯带来使我们眼睛感到朴素、亲切、自然、珍惜和宁静、清新的电影，回复到卢米埃尔式的亲切、真实的电影。

北野武和吴宇森带来了暴力美学电影；斯通带来了政治电影；卢卡斯在太空"作战"；卡梅隆却与特技"作战"；迪斯尼的导演们，在与动画"作战"。

昆汀·塔伦蒂诺把"浅薄"的后现代拍成"史诗"；王家卫的缠绵，张艺谋的厚重，侯孝贤的深沉，他们都是想把人类电影引入新天地。

只要睁眼看一看，凡是有成就的、当上大师的导演和出类拔萃的优秀导演，没有一个没有独立见解，没有一个是模仿的宠儿，没有一个是犬儒主义者。

笛卡尔说得多好："我思，故我在；唯有拥有新思想才拥有未来。"

没有个性、没有特色的导演，永远是沙漠里的一颗沙粒，他或她也许连一只斯蝎、一株红柳都比不上。

五、优秀导演的三种类型

作为影视艺术的导演，一般有三种类型：第一类：商业、娱乐型导演。这是影视剧中最普遍的，也是颇受人们喜爱的导演之一。他们也许并没有什么崇高的使命感，也不一定要在影视片（剧）中表达人类精神和理想。他们尊重投资人，把握市场，并最终赢得观众。他们努力开发和打造适合社会需要的各类商业和娱乐片，并通过各种手段进行商业营销，商业利润是其最主要的目的。不少类型影视片（剧），如武打片，西部片、恐怖片、搞笑片等等都是如此。其实，能执导一部成功的商业、娱乐型影视片（剧）的导演，他就算得上是一位优秀的导演。原因很简单：作为工业生产的影视片（剧）的拍摄（制作）固然和电视机、汽车业的生产有很大的不同，但从投资学的角度看，每一次影视片（剧）的投拍，就是一个必然的一个商业项目的投入，投资人俨然成了该片（项目）的董事长，而导演就成了该片（项目）的总经理。导演在此肩负的首要职责，是创造价值和市场票房。

电影电视剧的娱乐性和娱乐价值不可低估，在美国做过一次电影观众调查：12—20 岁者占 51%，21—29 岁者占 28%，二者相加达 79%，电影作为大众消费的艺术，必须重视青年的需求，而他们 96% 看电影是为了娱乐和消遣，为了从繁忙中得到解脱。

第二类，艺术型导演。这类导演关注和思考人性的普遍价值和精神追求，关注和描写人性的特殊性，以及个人命运与社会历史命运之间的冲突。并且，有的导演还试图去寻找或直接给出答案。他们抱有变革或改良社会的欲望和使命感，对生活中的真善美以歌颂和赞扬，对现实和历史的假、丑、恶予以鞭挞，并为这种神圣的使命不断进取。这类影视片（剧）作品，会更强烈、更突出地反映导演自身的世界观和价值判断。它们并不以商业为敌，也不排斥影视片（剧）的娱乐功能，只是在表现题材上和表达思想性，以及塑造人物内心到外表的处理等原则上，以自我认定的原则行事，不以商业标准影响艺术标准。世界上不少影视导演艺术家正是这样的，如卓别林、库布里克、茂瑙、伯格曼、大卫·里恩、爱森斯坦、普多夫金、奥逊·威尔斯、邦达尔丘克、尤特凯维奇、黑泽明、今村昌平、郑君里、谢晋、谢飞、张艺谋等。谢飞在影片《我们的田野》的导演阐述中说过这样一段话："确实，灾难的十年浩劫，使我们受害，痛苦，也让人醒悟，思索；拨乱反正的历史大转折和前所未有的开放政策更使青年们感慨、兴奋。我们这一代是伤痕的一代，也是思考的一代，更是奋起的一代，思考历史，探索人生是这一代青年最关心的课题，振兴中华，献身四化，是这一代青年呼出的最强音，本片描写的正是这一主题。"

第三类，商业型与艺术型相结合的复合型导演，或称跨界导演。这类导演他们即可以拍摄成功的商业、艺术类影视片（剧）；又能够拍摄集商业、艺术类为一体的影视片（剧）。可以说，要达到这样一个双高标准，是十分艰难的。

例如，斯皮尔伯格是一位才华出众的导演。但从他的《决斗》《大白鲨》《侏罗纪公园》《外星人》到《慕尼黑凶杀案》几乎无一不是商业片，而《辛德勒名单》和《拯救大兵瑞恩》，又反映了他对人类的爱，对人性的反思。

后两部影片又成为有很高艺术价值的艺术片。所以，有些时候商业片、艺术片二者并无鸿沟之别。并且，艺术类影视片（剧）作品不仅不排斥商业利润，可以讲它还渴望与商业成功的拥抱。

对优秀导演来讲，品位是起影响作用的一个因素，即使那些最聪明、最富想象力，最有组织能力的导演，如果没有一定的品位，就不可能取得成功。

一位胸怀大志的导演要获得较高的品位，需要文学、艺术、哲学的广泛修养。

如：阅读一流作家的作品，听优秀的音乐，欣赏优秀的美术作品，看技巧高超的话剧或电影。努力接触所有时代里的那些最优秀、最富创造性的思想，使之为导演提供一种机会去丰富我们的想象力。

美国电影导演阿杰尔说：有的学生经常抱怨许多导演的成功是因为幸运。毫无疑问运气是达到目标的因素之一。我们中的大多数人都有不止一次机会来证实自己的创造性天才和能力。是的，幸运向我们敞开了一扇门，但我们必须借助专业技能来跨入幸运的门槛。

六、优秀导演应该树立好的创作理念

美国著名导演约翰·史都尔奇斯曾说过这样一段话："凡西部片都有三个不可缺的因素。第一个因素是与世隔绝——这是一个绝对必要的因素。……第二个因素是取决于暴力，也就是取决于枪战。第三个因素是一个人或一群人必须把法律和正义，是与非的标准掌握在自己手里，而不论他们是否想活或是否为此而死。"

如今以上这些因素已与西部片毫无关系了，但是它们却是一个导演能够用来构成一个故事的三种最有力的情境。

作为优秀导演，应该牢固树立以下创作理念：

1. 立意是导演构思的核心。如贾樟柯的《三峡好人》，用超现实主义元素搭配自己的诗意基调，在三峡这个巨大的时代镜像中反映当代底层人物的生存困境。

2. 个性鲜明的人物是导演着力塑造的根本。如柳云龙导演的《暗算》，胡玫导演的《乔家大院》，高希希导演的《历史的天空》等，塑造了生动鲜明的人物形象。

3. 运动、动作是银幕形象的支柱。如电影《疯狂的石头》，节奏紧凑，运动追逐场景迅速转换，使得影片风格简洁明快，富于动感。

4. 环境、空间是银屏结构的本体。如福特的《关山飞渡》，电视剧《长征》、《闯关东》、《解放》等，都通过真实的环境空间营造了特殊历史时代的独特氛围。

5. 时间是银屏艺术的载体，时间空间化，空间时间化，能否有效地控制好时间，创造好时间，有思想而生动有趣地表现时间，是优秀导演棘手又必须征服的课题。通过时间的描述来呈现生活的光明与黑暗，进而表现人的存在。每当观看一部电影或电视剧，就开启了一道时光的大门，让我们在现实之外又领会了银屏带来的另一个现实空间。如塔尔科夫斯基、安哲罗普洛斯等导演的影片，给观众呈现了诗意而独特的时空体验。

6. 独特的思想是影视的灵魂。

7. 善于用声画系统讲述故事，是导演在银屏世界上取得成功的必备手段。

第三节　导演创新思维的培养

一、联想力的培养

马丁·西科塞斯说，"《出租车司机》的许多拍摄灵感得自我对电影的感觉：电影真是一个梦想世界，或者可说就像吸食迷幻药。从戏院走出来，回到大白天的现实，给人的感受实在可怕。我从小到大一直在看电影，每次看完电影从那个梦境中醒来都令我十分难受。对我而言，《出租车司机》就像那种感觉——那种快要醒来的感觉。"

《出租车司机》中，有一场戏是特拉维斯·比克尔同贝西打电话，摄影机从他身上移开，转到一条长长的走廊，走廊上空无一人。这是我在筹拍这部影片时脑海中浮现的第一个镜头，也是我最后的一场戏，我喜欢它，因为我觉得它使得整个剧情代表的寂寞孤独感更为浓郁，不过我猜想你们可以在那场戏里看见那只隐藏在摄影机后面的手。"

联想是艺术的羽毛。鸟儿羽毛丰满，才能展翅蓝天。联想指由一事物想起另一事物的心理过程，是现实及事物之间的某种联系在人脑中的反映。

联想有各种各样的形式：

1. 接近联想

如曹植《白马篇》中，"白马饰金羁，连翩西北驰。"由马的装饰，联想到马的飞翔。美国影片《五千分钟》中，从警徽的特写，联想到缉毒警官的英勇牺牲。

2. 类似联想

将两个或多种事物，按相似、类似的方式加以联想。如普多夫金的影片《母亲》中，狂风吹弯的树，父亲醉酒弯腰。

3. 对比联想

将两个或两个以上的事物，通过强烈的对比关系加以联想。如杜甫的诗中，"朱门酒肉臭，路有冻死骨"，朱门与荒野，富人家的酒肉堆积如山，发出恶臭，与饿死街头穷人累累白骨的对比。如电影《白毛女》中，东家在高楼与佃户们在秋收的对比。

4. 因果联想

如丹麦影片《黑暗中的舞者》中，绞刑套绳套住女主角的脖子，电钮打开，砰的一声铁门打开，人物高悬。因果联想，是女主角的死亡。

5. 声画联想

涛声联想起奔腾的大海或江湖，警笛声联想到窃贼和警察的追捕，枪炮声联想到战场，飞机声联想到蓝天等。

6. 自由联想

我们常说的白云变猪苍狗，杜甫的诗"相对如梦寐"，都是。电影中如黑泽明的影片《梦》，便具有自由挥洒的特质。

联想力越丰富，作为导演处理声画的技巧就层出不穷，花样翻新，而且深刻隽永。

联想力贫乏，导演的艺术手段、艺术技巧便老套，既不能推陈出新，又不能奇葩开放。此外，跟联想相关的还有联觉。它是指一种感觉引起其他一种或多种感觉的心理现象。如对红色的感觉引起温暖、警惕、禁止的感觉，如对蓝色的感觉引起寒冷、平安、开阔的感觉。联觉是两种或多种感官在生活经验中建立起特殊关系的结果。

二、想象力的培养

想象是艺术的翅膀。对导演来说，想象力是比联想更重要、更宝贵的一种思维能力。

要想获得它，首先"知识就是力量"，不博览群书的导演，想象力一定是贫乏的。导演深入生活，了解各式各样的风土人情、民族特色，行程万里，是必需的。多走、多思、多想、多干、多练更是缺一不可。

创作灵感从哪里来？除突然的感悟心动外，还是在于想象力博大与否，丰富与否。

思想的空间应如宇宙无边无际，自由翱翔，但光是胡思乱想，无本之木，无源之水也是不行的。"问渠哪得清如许，为有源头活水来。"这"活水"指的就是广博的知识与深入生活积累的大源泉。

想象力对于创作所起的作用，我们可以通过下列的例证，得到证实。美国现代舞的始祖邓肯是看了法国卢浮宫中的一幅《春天》的绘画得到启示而成，澳大利亚举世闻名的悉尼歌剧院，是设计师因吃橘子时受到橘瓣启发，想象出这番创意。

作为电影、电视剧的导演，更要拥有丰富的想象力。拿破仑说："想象力统治世界！"想象力是具有超越性的图像式的思想。导演根据剧本，对未来的影片、电视片进行充分的、天马行空的艺术想象，最后固定在完成的镜头上。借助想象力，在头脑中构成未来流动的各种影像。没错，就是声音加图像，一个导演如果缺乏超凡的想象力，他的作品就很难获得成功。

卢卡斯的《星球大战》靠想象，斯皮尔伯格的《辛德勒名单》靠想象，1861 年，法国科幻小说家儒勒·凡尔纳就发表了《从地球到月球》的科幻小说，他想象在地球上挖一个 300 米深的井，在井中铸造一个大炮筒，并精心设计一个"炮弹车厢"，把它射到月球上去。后来，法国人梅里爱导演的《月球旅行记》，几乎和凡尔纳的"剧本"如出一辙。

卡梅隆的《泰坦尼克》和《阿凡达》，更是编导奇思妙想的有力体现。

有了想象力便有了一切，没有想象力也就丧失了一切！

意大利导演罗伯托·贝尼尼的《美丽人生》，就是一部很富想象力的杰作，它获得了美国奥斯卡最佳外语片奖，正是编导非凡想象力的结晶。故事发生在 1939 年第二次世界大战的阴霾笼罩着整个意大利，一个犹太青年主多（罗伯托·贝尼尼饰）传奇式地娶了一位美丽的妻子。在儿子 3 岁时，主人公一家都被投入纳粹的集中营中。在那死亡之地，还能演绎出什么东西来呢。导演运用他的想象力，让主人公对儿子说："太好了，我们现在正在玩一个游戏，一个真刀真枪的游戏"。儿子问："爸爸，什么游戏啊？"爸爸说："看谁的生命承受力强，谁就得分，积到了 1000 分，你就可以得到一辆真坦克的奖品。"儿子决心去赢得这个奖品。集中营的盖世太保天天都在枪杀犹太人。爸爸对儿子说："他们积分不够被淘汰了，我们一定要坚持下来。"父子俩就这样挺过了漫长的煎熬，好像一切灾难都未发生。终有一天，父亲被纳粹抓走了，他知道生命于他已走到尽头。他算准时间，把儿子放在一个垃圾桶里并告诫孩子说："等一会儿，不管看到什么都不要出声，你已积了 900 分，过了这一关，你就会得到坦克了。"儿子按照父亲的吩咐去做，过了好长一段时间，隆隆的坦克声传了过来，希特勒的末日已到，孩子爬出了垃圾桶，终于看到了苏联红军的坦克。他高兴万端地跳起来欢呼："我有坦克了，我有坦克了。"尽管父亲倒在黎明前的黑暗中，但导演出奇的想象，给全世界的观众带来了一部深刻、动人又幽默的电影。

三、触类旁通能力的培养

所谓触类旁通是掌握了关于某一事物的知识，而推知同类或他类中的事物。

触类旁通，有时就是我们常说的举一反三。它颇有点像现代仿生学，它的建立首先就是触类旁通的结果。

人们看见了展翅飞翔的鸟，于是想到了自己飞天，想到了制造飞机、宇宙飞船。

人们通过蝙蝠的反射波，旁通联想，最终发明了声纳和雷达。人们观察到鱼翔海底，于是想到了船，旁通生产了潜水艇。

人们从枯叶蝶、变色龙，想到了保护色，于是制造了善于隐蔽的迷彩服等。

在艺术上，你是否有触类旁通的能力，学习上你是否会举一反三，这也是创造力强弱的分水岭之一。

例如：受爱森斯坦的影片《战舰波将金号》的影响，新藤兼人最终拍出了他的《裸岛》；从大卫·里恩的《阿拉伯的劳伦斯》得到启发，美国导演雷德利·斯科特由此导出了他的《角斗士》；从写实故事片《冰海沉船》的诱发，詹姆斯·卡梅隆拍出了他蜚声世界的《泰坦尼克号》；受库布里克的（2001年太空漫游》的启迪，卢卡斯导出了他的《星球大战》，斯皮尔伯格导出了他的《第三类接触》；从阿巴斯·基亚罗斯塔米《樱桃的滋味》取得灵感，章明捧出了他的《巫山云雨》；受成荫的《万水千山》的触动，金韬和唐国强拍出了《长征》……。

俄罗斯导演尼基塔·米哈尔科夫，受到美国导演悉尼·罗特曼的影片《十二怒汉》的触动，沿用后者的故事框架，拍出了12个陪审员审判一名车臣少年涉嫌杀死自己继父的案件的电影《十二怒汉》。

韩国导演郭在容生于1959年，由于在小学五年级接触到电影，并迷上了它，从此改变了一生的志向。他于1989年拍出影片《雨天的水彩画》，1993年拍出影片《雨天水彩画2》，2001年拍出影片《我的野蛮女友》，受到全世界电影观众的欢迎。

周杰伦也没专门进过电影学院，他在参拍《满城尽带黄金甲》等片中，勤学苦思，大胆下海，结果一炮而红，拍出了影片《不能说出的秘密》，深受广大青年观众欢迎。

台湾《海角7号》的导演魏德圣也没进过电影学院，由于他的刻苦钻研和对电影艺术的热爱，从看电影中学习导演技巧，也是触类旁通，使自己成了真正的导演。

以上例证，无一不说明触类旁通的重要性，无一不说明举一反三的能力，就是联想力、想象力创造的结晶。

你如果只能见子打子，如果不敢越雷池一步，如果思想太贫乏，那你肯定成不了导演，更不要说做优秀的导演。

四、怪诞力的培养

什么是怪诞？

怪诞是指离奇古怪，乃至荒诞不经的事物。在思维领域里，就是"胡思乱想"、异想天开，艺术是生活的反映，反过来生活又向艺术学习，这已是常理。

艺术折射生活，乃至怪诞地表现生活，这不但允许，而且需要大力倡导，这是开发人的潜意识、创造力不可缺少的一个领域。

如果你只会按常规思考一切，这说明你的创造智能尚未全面得到开发，说明你思想的天空还太窄小，思维的领域遭到禁锢，那你就不能成为一位插上想象力翅膀的导演。

影视艺术不仅要满足观众多样化的欣赏要求，影视艺术在"怪诞王国"里更要有大作为。

1. 在动画和动画与电影演员合一的领域里，早先的《爱丽丝梦游仙境》《白雪公主》，当代的电视剧《西游记》、电影《谁陷害了兔子罗杰》到《古墓丽影》《人猿星球》等概莫能外。

2. 在电影演员饰演的作品中，日本的《罗生门》《雨夜物语》以及《怪谈》。苏联的《凤羽飞马》《三头凶龙》，美国的《辛巴德航海》《终结者》，瑞典的《第七封印》等，可以说都是"怪诞力"充分发挥的成果。

3. 在以动物为主或动物"演员"与人物演员共同演出的影片中，如日本的《狐狸的故事》《虎兄虎弟》，德国的《熊》，美国的《象过河》等，笔者认为这是由怪诞力所衍生的非荒诞的影片。我们不要小看了"怪诞"的作用，对导演来说"异想天开"、"超常古怪"、"宇宙洪荒"，也许都能给你的创作带来出人意料的收获。如果没有开创立体画派的"怪诞"，便没有享誉全球的毕加索。如果没有"怪诞"的表现主义，就不会有《卡里加里博士的小屋》。如果没有超现实主义的"怪诞"，我们便看不到法国影片《黑店狂想曲》。没有魔幻现实主义的"怪诞"，就没有魔幻现实主义的电影，就没有《象过河》和400年前日本战国的武士与当今日本自卫队的战争片《战国自卫队》等这类荒诞影片的出现。影片《纳尼娅传奇》《魔戒》《指环王》，都是属于"怪诞"电影。电影、电视的特性，更有力地证明，只有编导想不到的，没有拍不了的影片。因此荒诞能力的培养，不可忽略。

五、艺术的通感力的培养

什么是通感？通感又叫移觉。人们在日常生活中视觉、听觉、味觉、嗅觉、触觉等各种感觉，往往会产生彼此交错的心理感觉。

导演在创作中可以充分运用当你在表现甲感觉范围的事物形象时，便超越它的范围而描绘成乙感觉范围的印象，从而造成新奇、独特、鲜活表达效果。

一旦导演有了艺术通感力，将在物象与想象的缝隙中找到出口。它们存在着相互的影响力和推动力，使电影的语境呈现通感的多义性，而不是单一性。

因此，通感的作用还在不断深入和扩大，它有助于未来的导演打开思想晴朗的天空。

导演，首先应该是一名艺术匠人，最后才有可能成为艺术家。笔者希望这部影视片（剧）导演技巧的书，把高深化为平凡，把神秘化为通俗。揭开了导演的神秘面纱，修筑了一条可以让读者直通导演这一宝座的捷径。歌唱家是"唱"出来的，演员是"演"出来的，作家是"写"出来的，画家是"画"出来的，舞蹈家是"舞"出来的，摄影家是"摄"出来的……而导演是"导"出来的。多拍片、多实践、按照笔者的传授技巧，学而致用，坚韧不拔，就一定能拍出优秀的故事片和电视剧。

如电视剧《新闻启示录》，就是将影像媒介与时事新闻（包括它的特殊传媒手段）的结合来，创造了电视剧的新门类。

又如影片《莫扎特》，人们在钢琴声中的感受画面，在画面中又感受到流动的琴音。

更深层的是"通感"，可以改变电影的影像系列。如英国影片《迷墙》，这是一部没有情节、没有事件、没有矛盾冲突和戏剧悬念的影片，它在云遮雾障中，用电影符号来超越世俗观念，用回忆、想象、联想、幻觉、思维混乱、狂想等视像，以及灵动的动画形式来表现人物异化的心理。

第四节 导演的成功法则

没有创新思维的形成，哪来创新的导演。艺术更要求不断创新，更反对机械化、平庸化、公式化、概念化和因循守旧的传统化。要培养创新型导演，必须从以下几个方面着手。

一、新思维，新视野

成功的导演都是向积极方向思考，他们思考的是如何在影视剧创作中获得成功，而不是失败。无论遇到多少困难，始终坚定如一，始终能克服重重障碍和阻力，去解决所遇到的问题。如资金问题，剧本问题、班子问题、演员选择问题、拍摄中的困难问题、后期精心制作问题、成功发行问题等等。导演能否有积极思考的态度，并具有付诸行动解决问题的魄力，决定了他们的命运。

二、导演寻求的目标，要善于做出果断的决定，要有过人的胆识

首先，有了正确的"识"，独具慧眼的"识"，才能真正地放胆去做。没有真知灼见，盲目的大胆，是愚蠢的"胆"，是破坏性的孤注一掷。

导演吴子牛对剧本是十分挑剔的，但周志方的《贞观长歌》使他十分震撼，他说：剧本中的李世民是一个辉煌的帝王形象，我认为他是中国几千年封建历史上最灿烂和明媚的一张笑脸。他执导《贞观长歌》，就是想演绎大国崛起。他引用李世民的话，"与颉利决战，我面对的是一个人，如果我退到洛阳，我将面对内部外部更多的敌人。如果这场仗我打赢了，就会省下数不清的仗；如果输了，能败在颉利这样的英雄手下也没什么丢人的。"作为导演应该有这种亮剑精神。

三、大胆执导，不怕犯错

作为导演没有指挥实拍的行动，永远都不能成长为导演！

当导演有了追寻的目标后，要迅速制定达到目标的完整计划，或实现目标的策划书，并崇尚实干，立即行动起来，当机立断，雷厉风行地加以实施。

这里，我们讲一下优秀电视剧导演高希希的故事：高希希1962年生于江西，曾在浙江美术学院学习美术，后考入北京电影学院导演系研究生班学习，现为空军电视艺术中心导演。他第一次执导是在1987年，江西电影制片厂厂长找到高希希说："由于原定的老导演因故无法执导《白云深处》，厂里决定让你接替他的工作。"时任美工的高希希一下子懵了。厂长接着说：

"我们非常认真地找你谈话，你要很认真地考虑这件事。"

高希希说："让我考虑一天。"

此时的高希希尽管酷爱电影，但更钟情美术。得自画家父亲的真传，高希希已经是一位小有名气的连环画家了。早年母亲爱给他讲故事，上中学时学校门口有一个老头，专门卖做成十二生肖形状的糖，但他从不吆喝，只是不断地讲故事。高希希和其他孩子都被他迷住了，大部分零花钱都变成了十二生肖糖。

渐渐地，高希希开始把故事讲给别人听。他满足于这种"有声有色"的生活。而此时，好奇好胜的心理加上上级交予的任务，使高希希接下了这部

四集电视剧《白云深处》。

该怎么执导呢？高希希思前想后，他把拍电视剧理解成用镜头讲故事。

讲故事运用的是声音，但拍电视剧需要的却是画面。高希希就把电视剧当成连环画来拍，一页就是一个画面。高希希说，"现在想想我的胆子也是够大的，我的第一部戏可以说是画，出来的。"

四、成功的导演从不停止学习，不因循守旧，不故步自封

要成为成功的导演，就要如饥似渴地学习，学习，再学习！不仅精通导演专业知识，而且对文、史、经、科、政治、军事和其他门类艺术的书籍都应广泛涉猎。这样导演无论拍现代戏，或拍古装戏，宫廷戏，都能得心应手不会出现不合礼仪，不符合历史环境习俗等穿帮的问题了。

法国导演戈达尔和特吕弗，在巴黎电影资料馆观看了 3000 部影片，自学成材，成了世界闻名的电影大师。而另一位法国导演吕克·贝松仅在美国好莱坞学习电影三个月，回国后从事电影导演，一炮而红，成为将法国电影与好莱坞电影艺术技巧相结合的成功典范。

北京电影学院的学生，一般要求在校四年期间，应观摩世界优秀影片 1500 部以上，斯皮尔伯格在美国南加州电影学院学的是编剧，而且没有毕业，在不断实践中，凭着他的努力和自己对电影艺术的悟性而成为世界最具影响力的导演之一。无独有偶，中国的贾樟柯，在北京电影学院攻读的也是编剧，毕业后由于自己坚定的导演志向和在实践中的闯劲，终于梦想成真。唐国强是演员出身，他不畏争议，导出了《长征》、《解放》这样优秀的电视剧。学而不厌，玉汝于成。

五、成功的导演是靠持之以恒和艰苦奋斗换来的

世界最负盛名的导演弗朗西斯·福特·科波拉在开始阶段并不十分成功，转而去搞编剧，尽管 1970 年他因创作《巴顿将军》编剧，荣获奥斯卡最佳剧本奖，但他的目标和理想，仍然是想当一名导演。经过两年的折腾和奋斗，36 岁的科波拉才以《教父》一片成名，并在 1972 年确立了他"电影教父"的地位。在美国第 47 届奥斯卡奖中，独揽 5 项大奖，在美国第 49 届奥斯卡奖中，他又以《教父续集》捧回 7 项奥斯卡奖。科波拉在拍《现代启示录》时，外景地在菲律宾，一次台风袭来，使他所拍的外景布景荡然无存，科波拉忍受了近千万美元损失的剧痛，以无比坚毅的精神卷土重来，拍完本片，后来又以此片誉满全球。

托马斯·爱迪生说过，人生中的很多失败，是因为人们没有意识到他们

在放弃的时候，离成功只有一步之遥。

六、成功的导演善于运用细节和追求完美

他们在研究制片细节和实拍中的艺术细节上从不掉以轻心，从来把自我放在一边，审时度势仔细分析并解决前进中的困难，分析缺陷和不足，以期不断改正，尽善尽美，做完美主义者。

七、成功的导演善于管理投资和时间

时间是金钱，效率是生命，他们会对投资精打细算，对时间高效率地利用，对自己的目标朝思暮想，从不让其他人或事干扰自己的目标。

八、导演想获得成功，应该具备"四独"

即独立人格、独立思考、独到见解、独特的艺术表现力。导演在创作中、完成制片中会受到来自方方面面的干扰，天上不会自己掉馅饼，天下也没有白吃的午餐，你耕耘几分，才可能收获几分。"思考"是精神活动，是殚精竭虑的过程；"见解"是发表出来的意见，是向社会和同伴的宣言书，如导演阐述便是宣扬后让别人认同，激励、拥护、赞同；"体现"是具体实施，具体再现，是作品成型。艺术是非常个性化的东西，越是个性化独特的作品，越有可能成为高级的艺术品。而独立思考、独到见解、独特表现，即非一般化的表现力是导演达到艺术目标的必由之路。笔者认为：最后一点格外重要，一个人是不是具备独立的人格，有没有独立的人格力量，是最关键的，如后面一"独"缺失，前面三独便是空中楼阁，镜花水月。作为导演炼心、练品位不可不慎。

苏联导演塔尔柯夫斯基，他顶住苏联政府的压力，所拍的《安德烈·鲁勃廖夫》，当时被视为毒草，遭到长达10年的禁映。但真正的金子是不怕火炼的，这部影片最终被全世界人民视为电影艺术中的一颗灿烂的明珠。

九、成功的导演要有亲和力

要善于同别人打交道，善于与社会各方面沟通，成功的导演既能赢得广泛的朋友又善于影响他人。

十、最重要的一条，要成为一名成功的导演要先做好人成功的导演必须是诚信的人，正直的人

成功的导演必须是诚信的人，正直的人。导演的正直和诚信，他的负责

精神，往往会为周围的人树立好榜样。他会守护自己的艺术良心，不会对原则妥协，对目标妥协，对艺术内涵和质量妥协。没有正直和诚信这最后一条优点，前面 9 条优点，如无根之木，无源之水，最后一无所成。不要让黄钟毁弃，更不可让瓦釜雷鸣，我们要坚持操守，刻苦学习和奋斗，立志做影视剧导演中的翘楚。

参考文献

[1] 卜晨光，王文君，林超 . 广播电视播音主持实验教程 [M]. 北京：中国广播电视出版社，2012.

[2] 柴瑶广播电视播音主持 [M]. 北京：北京大学出版社，2014.

[3] 陈雅丽 . 广播播音与主持（实用播音教程·第三册）[M]. 北京：中国传媒大学出版社，2002.

[4] 高贵武等 . 出镜报道与新闻主持 [MJ. 北京：中国传媒大学出版社，2012.

[5] 付程 . 播音主持教学法十二讲 [M]. 北京：中国传媒大学出版社，2005.

[6] 付程，鲁景超，陈晓鸥 . 语言表达（实用播音教程·第二册）[M]. 北京：中国传媒大学出版社，2002.

[7] 李晓华 . 新闻播音节律特征研究 [M]. 北京：中国传媒大学出版社，2008.

[8] 罗莉 . 当代电视播音主持教程 [M]. 北京：中国传媒大学出版社，2011.

[9] 罗莉 . 电视播音与主持（实用播音教程·第四册）[M]. 北京：中国传媒大学出版社，2002. 马玉坤 . 播音主持心理学教程 [M]. 北京：北京大学出版社，2008.

[10] 沈鹏飞，沈健 . 播音文体基础教程 [M]. 北京：中国传媒大学出版社，2008.

[11] 宋晓阳 . 出镜记者现场报道指南 [M]. 北京：中国广播电视出版社，2008.

[12] 童云，周云 . 文稿播读和新闻播音实务 [M]. 北京：中国广播电视出版社，2011.

[13] 姚喜双 . 中国解放区新闻播音语言规范 [M]. 北京：语文出版社，2007.

[14] 於春 . 中国电视节目主持三十年研究 [M]. 北京：中国传媒大学出版社，2013.

[15] 张颂 . 播音创作基础 [M]. 北京：中国传媒大学出版社，2004.

[16] 张颂 . 播音创作基础 [M].3 版 . 北京：中国传媒大学出版社，2011.

[17] 张颂 . 播音语言通论——危机与对策 [M]. 北京：北京广播学院出版社，2002.

[18] 谭天 . 等纪录之门——纪录片创作理念与技能 [M]. 广州：暨南大学出版社，2007.

[19] 王列电视纪录片创作教程 [M]. 北京：中国广播电视出版社，2005.

[20] 朱景和 . 纪录片创作 [M].2 版北京：中国人民大学出版社，2010.

[21] 陶涛 . 电视纪录片创作 [M]. 北京：中国电影出版社，2004.

[22] 蔡尚伟 . 电视专题 [M]. 北京：清华大学出版社，2010.

[23] 宋杰 . 纪录片——观念与语言 [M]. 昆明：云南大学出版社，2008.

[24] 欧阳宏生 . 纪录片概论 [M]. 北京：中国广播电视出版社，2004.

[25] 倪祥保 . 纪录片与专题片概论 [M]. 苏州：苏州大学出版社，2009.

[26] 聂欣如 . 纪录片概论 [M]. 上海：复旦大学出版社，2010.

[27] 何苏六 . 中国电视纪录片史论 [M]. 北京：中国传媒大学出版社，2005.

[28] 王庆福 . 中国纪录片：走向市场的类型化生产 [M]. 北京：中国戏剧出版社 .2008.

[29] 王庆福 . 纪录片创作研究 [M]. 武汉：中国出版集团世界图书出版公司，2014.

[30] 周雯，王庆福 .DV 制作 [M]. 上海：上海教育出版社，2010.

[31] 单万里 . 纪录电影文献 [M]. 北京：中国广播电视出版社，2001.

[32] 李兴国 . 中国广播电视文艺大系：电视纪录片卷 [M]. 北京：中国广播电视出版社，2008.

[33] 比尔·尼可尔斯纪录片导论 [M]. 北京：中国电影出版社，2007.

[34] ALAN ROSENTHAL. 纪录片编导与制作 [M].3 版上海：复旦大学出版社，2006.

[35] 迈克尔拉毕格 . 纪录片创作完全手册 [M]. 北京：中国传媒大学出版社，2005.

[36] 陈刚 . 这样创作纪录片：人类学视野中的纪录片研究 [M]. 北京：中国国际出版社，2008.

[37] 黎小锋，贾恺 . 纪录片创作 [M]. 上海：上海外语教育出版社，2006.

[38] 林少雄 . 多元视阈中的纪实影片 [M]. 上海：学林出版社，2003.

[39] 肖同庆 . 影像史记 [M]. 广州：南方日报出版社，2005.

[40] 陈兵 . 电视品牌建构 [M]. 北京：中国传媒大学出版社，2006.

[41] 孙凤毅 . 从纪实到现实——中国纪录片国际营销策略研究 [M]. 北京：中国传媒大学出版社，2008.

[42] 阿兰·罗森塔尔 . 纪录片编导与制作 [M]. 张文俊，译 . 上海：复旦大学出版社，2006.

[43] 王辉.电视纪实节目采制概说 [M].北京：北出版社，2010.

[44] 姚治兰.电视写作教程 [M].北京：中国传媒大学出版社，2006.

[45] 安德烈巴赞.电影是什么 [M].崔君衍，译.南京：江苏教育出版社，2005.

[46] 侯洪.等感受经典——中外纪录片文本赏析 [M].成都：四川大学出版社，2006.

[47] 简明.不列颠百科全书：第五卷 [M].中文版，北京：中国大百科全书出版社，1986.

[48] 保罗·罗沙，弗拉哈迪纪录电影研究 [M].贾恺，译.上海：上海人民美术出版社，2006.

[49] 郭镇之.中外广播电视史 [M].上海：复旦大学出版社，2005.

[50] 石屹.纪录片创作论 [M].重庆：西南师范大学出版社，2007.

[51] 王列.影视导演艺术 [M].重庆：重庆大学出版社，2013.

[52] 张仲年，赵武.影视导演 [M].上海：上海人民出版社，2009.

[53] 高雄杰.影视导演元素训练 [M].北京：中国电影出版社，2010.

[54] 潘桦.世界著名电影导演创作分析 [M].北京：中国广播电视出版社，2013.

[55] 潘桦，刘硕，徐智鹏.影视导演艺术教程 [M].北京：中国播电视出版社，2013.

[56] 张乐平.影视导演实用教程 [M].北京：中国传媒大学出版社，2010.

[57] 王心语.影视导演基础 [M1.北京：中国传媒大学出版社，2009.

[58] 韩小磊.电影导演艺术教程 [M].北京：中国电影出版社，2010.

[59] 许同均.电影导演的表演艺术 [M].北京：中国电影出版社，2004.

[60] 邵长波.电影导演应用基础 [M].北京：中国广播电视出版社，2004.

[61] 许南明.电影艺术词典 [M].北京：中国电影出版社，2005.

[62] 赵丹，银幕形象创造 [M].北京：中国电影出版社，2005.

[63] 颜纯钧.电影的读解 [M].北京：中国电影出版社，2006.

[64] 邵长波.电视导演应用基础 [M].北京：中国广播电视出版社，2000

[65] 朱景和.纪录片创作 [M].北京：中国人民大学出版社，2002.

[66] 王心语.影视导演基础 [M].北京：中国传媒大学出版社，2001

[67][美]埃里克·舍曼.导演电影 [M].丁昕，译.桂林：广西师范大学出版社，2005.

[68] 刘萍.影视导演基础 [M].武汉：武汉大学出版社，2008.

[69] 邵长波，电视导演应用基础 [M].北京：中国广播电视出版社，2000.

[70][美]Nicholas T.proferes. 电影导演的方法 [M]. 王旭锋，译 . 北京：人民邮电出版社，2009.

[71][美] 迈克尔·拉毕格 . 影视导演技术与美学 [M]. 卢蓉，等，译 . 北京：中国传媒大学出版社，2004.

[72] 饶晖，刘立滨，电影作者 [M]. 北京：中国电影出版社，2004.

[73] 〔美〕詹姆斯 .W. 凯瑞 . 作为文化的传播 [M]. 丁未译 . 华夏出版社 .2005。

[74] 郑洞天、谢小晶 . 艺术风格的个性化追求——电影导演大师创作研究 [M]. 中国电影出版社 .2002.

[75] 张风铸等 . 全球化与中国影视的命运 [M]. 北京：北京广播学院出版社，2002.

[76] 周斌 . 不一样的景观：港台电影研究 [M]. 北京：东方出版中心 .2009.

[77] 郑树森 . 文化批评与华语电影 [M]. 西宁：广西师范大学出版社 .2003.

[78] 中国台港电影研究会编 . 香港电影回顾 [M]. 北京：中国电影出版社，2000 年 .

[79] 王明臣，姜秀华，张永解，数字电视与高清晰度电视 [M]. 北京：中国广播电视出版社，2003.

[80] 李海燕，多媒体技术 [M]. 北京：中国传媒大学远程与继续教育学院，2004.

[81] 姜秀华，数字电视技术 [M]. 北京：中国传媒大学远程与继续教育学院，2002.

[82] 高厚琴，电视原理 [M]. 北京：中国传媒大学远程与继续教育学院 .

[83] 史萍，倪世兰，广播电视技术概论 [M]. 北京：中国广播电视出版社 .2003.

[84] 孟群，电视节目制作技术 [M]. 北京：高等教育出版社，2006.